《易經》入門

人人都能看得懂的《易经》

林葳 编译

http://www.hustp.com

中国 武汉

图书在版编目（CIP）数据

《易经》入门：人人都能看得懂的《易经》/ 林葳编译. --武汉：华中科技大学出版社，2013.8（2023.10重印）

ISBN 978-7-5609-9290-7

Ⅰ.①易… Ⅱ.①林… Ⅲ.①《周易》—通俗读物 Ⅳ.①B221-49

中国版本图书馆CIP数据核字(2013)第193547号

《易经》入门：人人都能看得懂的《易经》　　　　　　　　林葳　编译

责任编辑：刘晓燕
封面设计：柏拉图创意机构
责任校对：孙　倩
责任监印：张贵君
出版发行：华中科技大学出版社(中国·武汉)
　　　　　武昌喻家山　邮编：430074　电话：(027)81321915 (010)84533149
印　　刷：天津中印联印务有限公司
开　　本：710mm×1000mm　1/16
印　　张：17.5
字　　数：292千字
版　　次：2014年3月第1版第1次印刷　2023年10月第1版第19次印刷
定　　价：36.00元

本书若有印装质量问题，请向出版社营销中心调换
全国免费服务热线：400-6679-118　　竭诚为您服务
版权所有　侵权必究

前 言

上下数千年，人类一直在使用各种方法和技术去探索宇宙及人体自身的奥秘，但是直到科技高度发达的今天，宇宙与人类的关系仍然是一个巨大的问号，人们仍在孜孜不倦的追求之中。

在这漫长的历史演进过程中，人们始终把古老而深邃的经典——《易经》作为这一思维的源头，研究《易经》或"易学"，早已成为一门高深的学问。《易经》代代相传，释家林立。许多学者皓首穷经，考证训诂，留下的学术著作汗牛充栋，蔚为大观。研究的结果认为："《易经》涵盖万有，纲纪群伦。挥之弥广，卷之在握；用舍行藏，观照自在。是机神的妙旨、人事的仪则。"《四库全书》中说："易道广大，无所不包，旁及天文、地理、乐律、兵法、韵学、算术，以逮方外之炉火，皆可援《易》以为说。"

那么，我们的老祖宗在几千年之前，怎么能够得到破解宇宙的密码呢？《易经》是什么？

当今学者认为，对《易经》至少可以从两大方面来认识。

从本质上讲，《易经》是一本"卜筮"之书。"卜筮"就是对宇宙万物未来态势的发展进行预测，而《易经》便是总结这些预测规律理论的开山之作。古人用它来预测未来、决策国家大事、反映当前现象，上测天，下测地，中测人事。

《易经》又是一部具有独特思维方式的哲学著作。它是"圣人钩深致远、极深研几、崇德广业、开物成务的一门学问"，蕴含了"探赜索隐、创业立功、近取远则、观象制器的高深哲理"，堪称中华传统文化的源头。它包罗万象,被称为帝王之学。君王在《易经》中看见安邦之策,兵家从《易经》中学到军事韬略,医者视《易经》为医书,修行者视《易经》为仙书……仁者见之谓之仁,智者见之谓之智。

《易经》构成的哲学思想体系,涵盖了儒、道、墨、法、兵、名、阴阳等诸子百家。从现代人的眼光看,它涉及哲学思想、天文地理、政治策略、军事计谋、伦理道德、行为科学、思维方式、人际关系、医学养生、信息预测、文艺美学等,甚至现代的前沿科学,如计算机软件、遗传密码、混沌理论、耗散结构等,也可以从中得到启示。

正因为如此,一般人提起《易经》,就以为是"无字天书",玄奥莫测。其实,《易经》没有那么神秘,它是科学的,它就在我们的身边,我们每天的生活起居、工作事业、健康幸福,都与《易经》中六十四卦蕴含的哲理息息相关。《易经》是一个智慧的宝库,我们也许悟不透它,但不可以不读它。

本书的特色在于:先从术数的角度,窥其门户;然后登其堂奥,由浅入深,讲解其基本概念、预测原理等;再以哲学思维,解析六十四卦的人生智慧。每卦都有原文和白话翻译解释,行文流畅活泼,并运用生动案例,帮助读者加深理解。即使不能完全还原其本意,至少可以用自己的视角去感悟它。只要我们找到了这样一个进入《易经》的门径,便可徜徉其中,汲取丰富的智慧营养。

读《易经》,哲学家悟得思辨,史学家悟得历史,政治家悟得治世,军事家悟得兵法,企业家悟得经营与管理的真谛,是一种追求真理、不断接近真理的享受。我们可以品读它,体悟它,也完全可以用它谋划、指导我们的学习、生活、工作及为人处世。

目录

第一部分　走进宇宙天地之门

第一节　何为《易经》　/2
1. 《易经》是什么　/2
2. 《易经》的形成及发展　/3
3. 《易经》的功能　/5
4. 学习《易经》的意义　/6

第二节　何为阴阳　/9
1. 阴阳的划分　/9
2. 阴阳的内涵　/10

第三节　何为太极　/12
1. 伏羲"一画开天"　/12
2. 从图像了解太极　/13
3. 太极生两仪　/14
4. 两仪生四象　/15

第四节　何为八卦　/18
1. 伏羲（先天）八卦　/18
2. 文王（后天）八卦　/25
3. 解读卦象的方法　/27

第二部分　推开玄义妙智之窗

1. 乾卦：该藏则藏，该显则显　/32
2. 坤卦：马行坤道，以柔克刚　/35
3. 屯卦：居上不傲，处困思变　/39
4. 蒙卦：启蒙有规，循规则通　/43
5. 需卦：执诚而守，待机而动　/47
6. 讼卦：慎始无讼，持中止讼　/51
7. 师卦：用兵之法，民众为本　/54
8. 比卦：和谐相处，亲附之道　/58
9. 小畜卦：养精蓄锐，待势而发　/62
10. 履卦：慎行防危，胸怀坦荡　/66
11. 泰卦：阴阳交泰，察变而为　/70
12. 否卦：乱世之道，隐忍为上　/74
13. 同人卦：与人和同，齐心协力　/77
14. 大有卦：富有之道，应天而行　/81
15. 谦卦：谦虚行事，慎始善终　/85
16. 豫卦：安乐之道，顺情而动　/88
17. 随卦：通时达变，顺从之道　/92
18. 蛊卦：除弊治乱，固守本业　/96
19. 临卦：统御之术，坚守中正　/99

| 目 录 |

20. 观卦：详察万物，因势利导　　/ 103
21. 噬嗑卦：执法断狱，刚柔相济　/ 106
22. 贲卦：文饰美化，恰如其分　　/ 110
23. 剥卦：谨慎隐忍，退守待变　　/ 113
24. 复卦：正气回复，顺势而为　　/ 116
25. 无妄卦：行为无妄，心安理得　/ 120
26. 大畜卦：德智蓄养，刚健笃实　/ 124
27. 颐卦：养生之道，兼济天下　　/ 127
28. 大过卦：掌握平衡，以柔济刚　/ 131
29. 坎卦：排难脱险，同舟共济　　/ 135
30. 离卦：依附行为，柔顺中庸　　/ 139
31. 咸卦：沟通交流，情动于中　　/ 142
32. 恒卦：人贵有恒，持正守道　　/ 146
33. 遁卦：以退为进，转危为安　　/ 149
34. 大壮卦：慎用强壮，忍耐自守　/ 153
35. 晋卦：以德晋升，飞黄腾达　　/ 156
36. 明夷卦：用晦之道，内明外柔　/ 160
37. 家人卦：理家之道，各尽本分　/ 164
38. 睽卦：化分为合，求同存异　　/ 168
39. 蹇卦：匡济蹇难，力求突破　　/ 172
40. 解卦：与民休息，解困除难　　/ 176
41. 损卦：不患得失，以诚止损　　/ 180
42. 益卦：扶助他人，利人利己　　/ 184
43. 夬卦：除恶扬善，果决刚毅　　/ 188
44. 姤卦：遇合之道，防范邪恶　　/ 193
45. 萃卦：团结聚合，安和乐利　　/ 197
46. 升卦：稳健行事，顺势而升　　/ 201
47. 困卦：处困之道，思变则明　　/ 205

48. 井卦："井"德之美，求贤如渴　　　/ 209

49. 革卦：变革之道，顺天应民　　　/ 213

50. 鼎卦：去故鼎新，稳重图变　　　/ 217

51. 震卦：从容淡定，化危为安　　　/ 221

52. 艮卦：自我控制，把握尺度　　　/ 225

53. 渐卦：循序渐进，动静相辅　　　/ 229

54. 归妹卦：婚嫁之道，守德持家　　/ 232

55. 丰卦：丰不忘俭，持盈保泰　　　/ 236

56. 旅卦：行旅之道，安定于正　　　/ 239

57. 巽卦：谦虚柔顺，以屈求伸　　　/ 243

58. 兑卦：悦人悦己，相互诫勉　　　/ 246

59. 涣卦：拯济涣散，行事端正　　　/ 249

60. 节卦：节制之道，不逾规范　　　/ 253

61. 中孚卦：诚信之德，兴国安邦　　/ 257

62. 小过卦：小有过越，心存戒惕　　/ 260

63. 既济卦：防患未然，慎终如始　　/ 264

64. 未济卦：变易无穷，满怀信心　　/ 268

第一部分　走进宇宙天地之门

　　《易经》可以模拟未来宇宙变化趋势（规律）。《易经》本为卜筮而作，古人以此来求知国之兴衰、人之穷通，具有一种"通古今之变"的思维倾向。本部分简明扼要地阐述《易经》的源起、形成及发展、功能，学习《易经》的意义，阴阳的化分与内涵，何为太极，八卦的由来及卦象的解读方法等，有助于读者理解第二部分六十四卦卦爻辞，推开玄义妙智之窗。

第一节　何为《易经》

《易经》博大而精深，古老而深邃，是华夏文化的开山之作，是中华文化的总源头，是诸子百家的开始，被誉为群经之首，大道之源。《四库全书总目提要》中说："易道广大，无所不包。旁及天文、地理、乐律、兵法、韵学、算术，以逮方外之炉火，皆可援《易》以为说；而好异者又援以入《易》，故易说愈繁。"这就告诉我们《易经》之广大而精微，渗透到了哲学、生物学、医学、史学、军事学、声乐学等各个领域。

1.《易经》是什么

《易经》是什么？没有一个标准的答案，因为《易经》涵盖内容大而广，怎么回答都是对的，但又不可能全对。正如1、2、3、4、5……都可以说是自然数，但每个数字只能代表自然数中一个简单的个体，而代表不了自然数的全部。如图1-1所示。

《吕氏春秋》中说："其大无外，其小无内。"意思是说：《易经》大到没有边界，大得无法形容。如太阳系、银河系等，真可称得上"其大无外"；小到没有里界，小得无法形容，如分子、原子、质子、中子等。

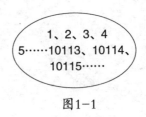

图1-1

2.《易经》的形成及发展

《汉书·艺文志》中说:"人更三圣,世历三古。"《易经》的形成与发展经历了三位圣人(如图1-2所示):第一位是伏羲,其所处时代是上古;第二位是周文王,其所处时代是中古;第三位圣人是大家较为熟悉的孔子,我们把孔子所处的时代称为近古。

上古　　　　　中古　　　　　近古
伏羲　　　　　周文王　　　　孔子

图1-2

要了解《易经》的形成及发展,首先得从伏羲说起。

伏羲应该生活在原始社会,当时科学文明尚未萌芽,人类的生存状况与大自然息息相关。遇到风和日丽之时,人们倾巢而出,去寻找食物;遇到狂风暴雨之日,人们则待巢不出。有时也会遇到早上出去的时候,天气好好的,到了中午天气突变,乌云密布,狂风大作,紧接着是倾盆大雨,从而容易引发山洪,造成人员伤亡。

伏羲当时作为部落首领,有责任保护部落成员的生命安全。聪明的伏羲开始琢磨,要是能掌握每天天气的变化规律,什么时候是晴天,什么时候有大雨,那该多好啊!于是,伏羲开始了对大自然的观察。太阳早上从东边升起,晚上从西方落下。白天之后是晚上,晚上之后又是白天,依次更替。春、夏、秋、冬轮回往复。

通过长期不断的观察,伏羲渐渐悟出了一些道理:使得宇宙万物这样有规律的运行着的，到底是谁呢？刮风下雨、潮起潮落等现象，与宇宙的变化又有什么关联呢？为了全面地搞懂这些问题，伏羲又把目光投向了深邃的星空，对日月星辰的变化进行探索，同时又从人类的生老病死、喜怒哀乐去寻找自然的规律，并把这些规律用各种符号记录下来，最后从人与自然互动互通的关联中进行总结，画出了伏羲八卦图。八卦是对人与自然的模拟图，也是人类了解宇宙的钥匙，是一本无字天书。

随着人类的不断发展与完善，又一个人物出现了，他就是周文王。周文王不仅丰富了八卦图的符号，还用文字进行了诠释，完成了抽象思维与形象的结合，使之更具无限的生机与活力。

周文王所处的时代是奴隶社会，原始社会的人与自然的矛盾转化成了奴隶社会的人与人之间的矛盾，社会斗争日益尖锐，对《易经》的研究也由此开始发生变化，从原来的以自然为本转为以人为本，着重探讨人、社会、自然三者之间的关系。伏羲八卦图，表达了人与自然只有八种抽象基本性质，显然不能全面反映世间万物的复杂变化。文王将伏羲的八卦两两重叠，生成六十四卦，六十四卦就是宇宙的64个密码。凡是密码，必定离不开数字。我们的银行卡密码、手机密码、PC机密码都要用到数字，但是这个数字是死的，1就是1，2就是2，要是把2记忆成了1，那就麻烦了。而宇宙的数字是活的、变化无穷的。人们常说"变才是永恒的不变"，64个密码在变化中蕴藏着规律，即凡事盛极必衰，极衰必盛，否极泰来，这就说明任何事物都存在着转变的规律，这就是《易经》的奥秘之处。

文王还对这六十四卦的符号用文字进行了表述，每卦的内容都包括卦画、卦辞、爻题、爻辞，这就有了《周易》。也许你会想，文王生在周朝，对《周易》的发展又作出了巨大的贡献，是不是后人为了记住他，而改名叫《周易》的吗？其实不是这样的，我们常说围绕一周，是指观物时四方八面都要看到，要看得周全，想得周密，不能有所遗漏；同时，周还指周流不停、往复循环、生生不息，所以才叫《周易》，与周朝并没有直接关系。

伏羲通过对天道、地道、人道的观察，完成了八卦图，使"易"有了天人合一的基础；文王在这个基础上对八卦进行了两两重叠，生成了六十四卦来模拟宇宙万物。但这些都不够全面，这时又出现了一位伟人，他就是我们所熟悉的孔子。

孔子是中国哲学"天人合一论"的奠基人之一，他对《易经》的注解方法主要采用了取象取义等方法，对《易经》进行了系统性的整理。孔子给出了《十翼》，共10篇，是对《易经》的注释，分别是：《彖上传》《彖下传》《象上传》《象下传》《系辞上传》《系辞下传》《文言传》《序卦传》《说卦传》《杂卦传》。从《易经》到《易传》，是中国文化的更深层进步，把具有人文主义色彩的天人之学"易"引入到了哲学领域。孔子一生最大的贡献，就是把《易经》整理出来，将《周易》从占卜之书变成了哲理之书。而这种哲理完全可以在日常生活中真正得以实践。1988年，75位诺贝尔奖的获得者在巴黎集会，会议结束后他们发表联合宣言，呼吁全世界："人类如果要在21世纪生存下去，就必须回首2500年前，去孔子那里汲取智慧。"

3.《易经》的功能

根据《易经》的观点看宇宙的万事万物，人生也好，命运也罢；开心也好，生气也罢……都有它的原则和道理，以现代人的观点来理解，理属于哲。宇宙万物既有它的理，也必有它的象。用辨证的眼光来看，宇宙万物既有它的象，也必有它的理。同时，每个象又肯定有它的数。比如一支圆珠笔，是用来写字的，可以写字肯定有它的道理；圆珠笔的形状，大小是它的象；它能写多少字，用多久，这就是它的数。当我们了解万事万物都有它的理、它的象、它的数时，再用《易经》来占卜，就有一定的科学依据了。

《易经》主要有四大功能：象、数、理、占。下面分别简述这四大功能。

第一个功能"象"。中国人很喜欢看相，也很擅长看象。迷路了，观天象，可以知南北；不知道时间了，观天象，也可以了解大概时辰。人呢，也可看相，很多江湖术士以专门给人看相来谋生，虽然有点迷信，但是也有一定的道理。当人满面春光，喜笑言开，肯定是遇到高兴事了；当人眉头紧锁，一筹莫展，肯定是遇到了什么不开心的事。因为人的相是由心来决定的，心决定相的转换，叫作相随心转。

第二个功能"数"。《易经》的数是活的，不像数值那样是死的。比如，小明语文考试得了80分，这件衣服的价格是268元，那本书的定价是30元，这些数值都是死的。为什么说《易经》的数是活的呢？一对男女结婚生子后，再代代相传，他们的子孙后代可能会遍及全世界。一家服装公司经营有道，规模不断扩大，利润越赚越多，决策者开始向多元化发展，经营项目涉及地产、金融、医疗、出版等多个领域。这里所说一对男女、一家公司，通过相互的作用，相互的转换，数也在不断的变化之中，很难给其下定数。

第三个功能"理"。《易经》的理是指推理，具有科学性。一个人或一件事，按照事物发展的规律去推理，就可以未卜先知，不需要占卜就可以预知结果。而这"理"是理所当然、势在必得、水到渠成的。开局这么好，思路又正确，顺着走下去，要达到满意的结果，肯定不是什么难事。

第四个功能"占"。很多人都想通过《易经》的占卜来达到趋吉避凶的目的，其实这是大错特错的，《易经》不主张命定论，它最常用的字是"如"。"如"是指如果，如果你这样，如果你那样。当你遇到了麻烦，如果积极地面对，找到有效的方法去化解，结果肯定不会太差。相反，如果你消极地逃避，不积极应对，任其恶性发展，结局肯定不好收拾。占卜只能给我们提供借鉴与参考，只有按照事物的发展规律去用心应对并随时作出正确的调整，该放时就放，该收时就收，才能做到如己所愿。

4.学习《易经》的意义

首先，《易经》可以作为评判事物似是而非的标准。天底下没有绝对的对与错，也很难讲清楚什么是对的，什么是错的。评判事物是非的唯一标准叫自然律。只要顺着自然的道理走下去，就会吉祥如意。如果违背了这种规律，迟早是要付出代价的。人们谴责一些不当行为时常说:"要遭报应的,不是不报,时候未到。"比如,人们为了追求利益,滥砍滥伐,造成水土流失,虽然得了一时之利,却造成生态环境的破坏,从而导致洪灾泛滥,沙尘暴、泥石流频发,给人们的生命财产安全造成了严重的威胁,结果得不偿失。一位出版从业者抱怨说出版行业太难了,既没有发行量,也没有利润。后来,他找到了一个自认为可以打破这一被动局面的方法,即将现有图书的开本变大,多加内容让书变得厚起来,再降低定价,读者会认为此书又大又厚又实惠,肯定喜欢。他很快实施了自己的计划,起初还挺有效。但两年之后,他改行了。做得好好的,为什么改行呢?通过《易经》我们就可以知道,他违背了市场发展规律。刚开始他的方法行得通是因为读者都认为便宜,也新鲜,所以有一定的销量。后来读者也慢慢明白了,真正好的图书不是生硬的文字堆砌,而是要能满足自己的知识需求,所以他的图书销量大不如以前。又因他把图书做得又大又厚,致使成本居高不下,加之图书的定价又低,这样一来利润所剩无几。近年来人工成本与运营成本不断上涨,他难以为继是必然,正如我们读过的揠苗助长的故事。所以,只有遵循事物的发展规律,顺应天道,我们才能走得更远。

其次,《易经》有一定的预测性。《易经》包罗万象,触类旁通,是一部百科全书,其中的六十四卦辞、三百八十四爻辞都是打开宇宙万象的一个个窗口。通过这些小窗口去寻找事物发展的规律,按其规律可预测出事情的结果。《易经》高度强调忧患意识,如"安而不忘危,存而不忘亡",也就是"预则立,不预则废"的道理。《易经》具有预测性,但万万不可迷信。正如今天大家休息得很好,并更新了全部捕鱼设备,预计明天出海打鱼肯定有个好收成。然而第二天正要起锚开船时,天气突变,为了安全大家只好收船而归。世间万物无时无刻不在发生变化,故《易经》的预测只能给我们提供参考与借鉴,千万不可盲从。

最后,《易经》是华夏民族的智慧结晶。没有《易经》,就没有华夏文化的核心——中庸之道,中庸之道所追求的最大价值就是求同存异。现在电视节目、各大报刊媒体都在讲全球一体化,它是人类发展的必然趋势,谁也阻挡不了。但是结果呢,只要是全球性的活动,大家都开始抵触。因为全球化引起了很多人的不安,甚至担心全球化会把本土的文化整个同化掉。确实没有哪个国家或地区希望自己的文化被同化掉,而《易经》广大包容的思想体系——求同存异就可以解决此类问题。可以说,求同存异的生存智慧是中华民族常立世界强国之林的法宝。

第二节 何为阴阳

要了解《易经》，首先得从《易经》的阴阳说起。阴阳是宇宙万事万物最基本的构成元素。伏羲的八卦告诉我们宇宙最基本的秘密，概括起来就是两个字"阴阳"。现代科学认识到任何物体都是由最小的基本元素构成，讲来讲去，却始终逃不出两个元素，一个是阴（--），一个是阳（—）。

1.阴阳的划分

伏羲每天看到太阳早上从东方升起，晚上从西方落下，周而复始。他就开始动脑筋了，东面会有那么多的太阳吗？西边会有那么大的地方存放太阳吗？经过细心观察，他把这些疑问全盘否定了，认为天底下有一种力量早上把太阳从东方托起，傍晚把太阳从西方拉下去。这一上一下，一托一拉，正好是两种互动的力量，他将这两种力量称为阴（--）阳（—）；阴阳循环反复，周而复始，因此又得出有阴就有阳，有阳就有阴这一结论。正是这股力量使得万物都受影响，从而揭开了宇宙万物的根源。

下面列举几个例子进一步说明。晴天阳光明媚，万里无云，此时天气暖和，让人心情舒畅，做事精神充沛。傍晚太阳西沉，气温慢慢下降，此时白天穿的衣物已抵挡不了逼人的寒气，人们为了防寒都缩起来。所以，人们一般把向外张称为阳，向内缩称为阴。慢慢地，人们习惯地把太阳叫作阳，把月亮叫作阴。后来，人们又把阴阳引入到生活中，如白天是阳，晚上是阴；男性是阳，女性是阴。凡是积极的事物都统称为阳，如天、日、外、大、上、高、圆、进等。凡是消极的事物都统称阴，如地、月、内、小、下、矮、缺、退等。先哲认为，阴阳两个属性是互相对立，又不可分割的一个整体。有男性没有女性，人类种族就不存在了。有女性没有男性，人类种族也将不复存在。在人体的两种血液中，如果没有动脉血与静脉血的相互转换，人早就一命呜呼了。《内经·生气通天论》中写道："阴者，藏精而起亟也；阳者，卫外而为固也。"意思是说，阴阳双方不仅是矛盾的统一，而且互为其根，阳根于阴，阴根于阳，都起源于太极，无阴则阳不存在，无阳则阴也不存在，阴阳之间相互依存，相互为用，即"一阴一阳之谓为道"。

　　阴阳不仅是相对的、变动的，而且也是不可分割的。世间万事万物都处于此消彼长的运动和变化中，它们互相作用，化生万物，是万事万物生生不息的保证。老子说："道生一，一生二，二生三，三生万物。"人们常说把一切都要分得清清楚楚，但是真的分得清楚吗？分不清楚，去年债权人借债务人一万元钱（此处把债权人称之为阳，把债务人称之为阴），今年债务人连本带息地把钱还给债权人，这应该公平吧。债权人认为不公平，他说他的股票从去年到今年涨了一倍，股价从10元涨到了20元，要是一万元不借出去，而是投到股市上，岂不是赚得更多？债务人说，当时要不是我劝你把那支基金卖掉，把钱借给我，你早就亏得没影了。双方各说各的理。所以说，阴阳是互动互通的，无法分割清楚。白天黑夜也分不清楚。本来是白天，慢慢地天黑了；本来是黑夜，又渐渐地天亮了。这是个自然的过程，因为很多东西都是无法绝对分割的。

2.阴阳的内涵

　　阴阳是宇宙万事万物最基本的构成元素，它包罗万象，不容易完全被人们体会。下面提出的三个重点，有助于我们理解阴阳的内涵。

　　（1）阴阳是相对的。如果没有相对，我们就不知道哪个是阴，哪个是阳。男性是阴是阳，这要看怎么说，男性与女性相对，那么男性就是阳，女性就是阴。有相对才有阴阳，不是绝对地说这个肯定是阴，那个肯定是阳。

（2）阴阳是会变动的。这也就解释了为什么阴阳是相对的，正如人体内的静、动脉血，它们是相互转换的。阴的会变阳，阳的会变阴。不管这两种血怎么变，都是人体内的血，这就说明了"一"的重要性。人们常说"九九还是要归一"，再怎么发生变化，最后还是要归一的，而这个"一"就是原点，就是太极。

（3）阴阳是合一的，不可分割。身体出了毛病去看中医，医生常说的一句话就是：你的阴阳失调了。也就是说人体内的阴气过多阳气过少或阳气过多阴气过少。要想恢复健康，就要调合阴阳二气，做到阴阳平衡，这样身体才会好起来。所以，阴阳是相对的，是会变化的，但阴阳又是分不开的，有阴就有阳，有阳就有阴，故称之为阴阳合一。

第三节　何为太极

太极是孔子在2500多年前提出的，在孔子之前没有人提出过，在孔子之后也没有人更改过，这足以说明这个名取得恰到好处。从字面上理解"太极"这个词，"太"由两部分组合而成，一部分是"大"，一部分是"、"。"大"是指无限大，大得无界，"其大无外"；而"、"则代表"小"，即无限小，小得连眼睛都看不到了，"其小无内"。"极"是指极限。"太极"就是大起来大得没有极限，小起来小得没有极限。

1.伏羲"一画开天"

按照后人的说法，在天地未分之前，伏羲在地上画了个"O"的符号，这个简单的符号可谓"一画开天"。我们暂时把这个符号称为"无极"（如图1-3所示）。

无极

图1-3

第一部分 走进宇宙天地之门

宇宙诞生之前，没有时间，没有空间，也没有物质和能量，一切都处在四大皆空的"无"。大约150亿年前，一个体积无限小的点爆炸，时空从这一刻开始，物质和能量也由此产生，这就是宇宙创生大爆炸。

伏羲对太阳的东升西落、月亮的阴晴圆缺、海水的潮起潮落、人的生老病死、季节的春去秋回等一切自然现象进行认真探索后，认为宇宙万物被一种强大的动能所驱动，奔腾不息，这种强大的动能是由两股力量形成的，它们就是阴（--）阳（—），也就是太极，真正的大道之源。太极是一个不可分割的整体，就如一粒种子，发芽、生长、开花、结果，年复一年，无穷匮也。正如老子所说："道生一，一生二，二生三，三生万物。"伏羲这一画，的确非常了不起。比如汽车，按大小可分为大型、中型、小型，按用途可分为越野车、商务车、小轿车……不管怎么分，它们的构造原理是一样的，所以不能说分，应该说生，只是我们习惯了说分而已。万变不离其宗，说的就是这个道理。分就分离了，分开了，不在其中了。

2.从图像了解太极

太极生两仪，两仪生四象，我们先来看看这个图，这个图可称为太极图，也可以称为两仪图（如图1-4所示）。

图1-4

从这个图的造形来看，我们可以悟出以下几点。

一是圆形。如阴代表-1，阳代表1，阴阳之和为0，而0则是圆形。另外，圆形容易变动。如儿时玩的"铁环""弹珠"，汽车的轮子，地球等都是圆的，正因为是圆的，它们才转动自如。

二是圆满，不做伤害别人的事。儒家的思想来源于《易经》，其核心思想是"中庸之道"。"中庸之道"讲究的是求同存异，而求同存异的结果就是为了圆满。

三是一个整体，互动且不可分割。阴阳是一体两面，如影随形。化学分子中，任何化合物都是由带着正负电荷的物质组成的，而物质所带的正负电荷数据是相对且永远保持平衡的，否则这种化合物便绝对不存在。《幼学琼林》中说："孤阴不生，孤阳不长。"世上只有男人，人类会消失；世界上只有女人，人类也会不存在。世上有好就有坏，好人死不完，坏人也杀不完。

3.太极生两仪

"九九归一""化整为零"，"九九"在中国古汉语中代表多、大、广，而"归一"是指无论有多大、多广，最后还得回归到"一"；"化整为零"是指不管我们把物质分成分子、原子、电子还是什么，最终还是由"0"而生，这里的"一"与"0"统称太极（如图1-5所示）。丈夫与妻子组成一个家庭后（将这个家庭称之为太极），这个家庭会生儿育女，儿女又生孙，子子孙孙代代相传。当后人寻根问祖时，根还是这对夫妻组成的家庭。

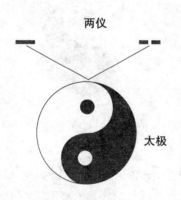

图1-5　太极生两仪图

4.两仪生四象

太极生两仪,两仪生四象,这个过程不是跳跃的而是自然形成的,它们之间具有连续性,不会中断。现实中有些东西表面上看好像是断开了,实际上却盘根错结。这说明我们有时看见的不一定是真的。

以一天的气温来说,早上起床时太阳已经升起,我们感觉不到热,所以把早上的太阳叫作少阳(如图1-6所示)。到了中午,太阳炙烤着大地,气温骤升,此时是一天中气温最高的时候,开始感觉到热了,于是把中午的太阳叫作老阳(如图1-7所示)。到了傍晚,太阳开始西沉,此时气温渐渐降低,人们不得不加衣防寒,于是把此时的太阳叫作少阴(如图1-8所示)。到了凌晨,也是一天中气温最低的时候,人们都盖着被子在温暖的被窝里睡觉,于是把此时的太阳叫老阴(如图1-9所示)。一天当中,按四象来看,从早晨开始,由少阳转向老阳;正午以后,老阳慢慢转向少阴;黄昏到半夜,少阴再变成老阴。

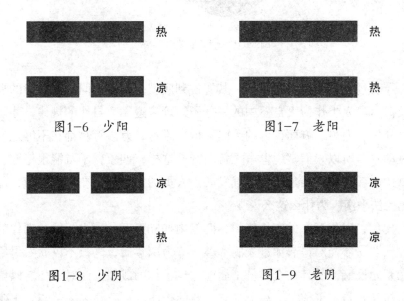

图1-6 少阳　　　图1-7 老阳

图1-8 少阴　　　图1-9 老阴

一年四季也可以按照四象来看，春天是少阳，夏天是老阳，秋天是少阴，冬天就是老阴。

无论在哪个方面，我们都可以用"太极生两仪，两仪生四象"（见图1-10所示）来看待事物的发展变化，这就是《易经》最伟大的地方。如果我们了解了阴阳变化的道理，自然就知道该怎样保护自己的身体，该怎样为人处世、待人接物。

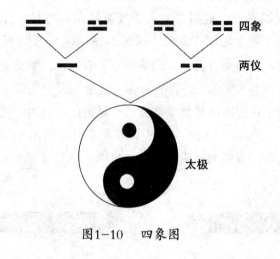

图1-10　四象图

《易经》看起来神秘难懂，其实说到底就是对宇宙间自然规律的探索及揭示。人类作为大自然中的一分子，理应遵循大自然的规律，才能安康祥乐。但另一方面，吉凶无门，世事难料，万事万物都在不停地变化运动着，所以人们常说世事无常。既然这样，四象就不可能很稳定，所以伏羲就想到，四象还会继续发展。人类的发展总是在追求平衡，却永远无法平衡。为什么这么说呢？

比如，以你现在的工作能力，两年内挣50万元的薪水才能达到你的心理预期，才能对得起你过人的本事。努力两年后，老板不仅欣然付给你50万元报酬，而且在全体员工面前肯定了你的成绩。此时你如愿以偿了，却又开始不平衡了，马上又有了新的想法，还要在未来两年内再赚60万元，故是没有平衡的时候。

万事万物也是如此，都希望平衡，但这种平衡又将很快被打破，重新不平衡，再去追求平衡，这就叫作动态平衡，用这种观念来看待所有的事情，一切都是动态平衡，而不是静态平衡。静态平衡就叫静止，静止就是死亡。不能动了，世界哪里还会生生不息呢？因此，伏羲又将两个阴上面加一个阳加一个阴，两个阳上面加一个阳加一个阴，本来是阴阳的，也可以加一个阳或一个阴，这么一来，一个也不多，一个也不少。太极生两仪，两仪生四象，四象一变就出来八卦，这是非常自然的一种变化。

第四节 何为八卦

八卦是将阴爻与阳爻以三为单位组合起来，可以演变出8种组合方式。换而言之，阴阳两种力量的不同组合，产生了8种自然现象，这8种自然现象就是八卦，又称八经卦。伏羲画出的八卦图，本是地球上的8种自然现象，其中，天被称为乾，地被称为坤，水被称为坎，火被称为离，雷被称为震，风被称为巽（xùn），山被称为艮（gèn），泽被称为兑（duì）。但八卦图只是晦涩难懂的阴阳符号，对《易经》做出承上启下贡献的周文王对伏羲八卦用文字通过"象征""比喻"的形式，对抽象的符号进行了诠释，让八卦真正地动了起来，成了鲜活的思想。因此说，伏羲是八卦的设计者，文王是八卦的建设者，孔子是八卦的加固者。

1.伏羲（先天）八卦

伏羲八卦，也称先天八卦。为什么八卦还分先天与后天呢？

国人研究问题总是讲究先整体后个体。伏羲推演八卦是以地球作为一粒微尘，研究它与宇宙的关系、天地自然的。上为天下为地，太阳从东面升起西面落下，先天八卦是天地日月的运行对地球影响的模拟图。

伏羲站在地球上仰望天空，地在脚下，太阳在天空，所以，先天八卦把天（乾）定位在上（南），把地（坤）定位在下（北），这就是我们常说的天南地北。伏羲八卦由三画构成，以三画象征天、地、人三才，以简单的形象模拟复杂的事物，可以基本满足原始社会的拟象要求，对大自然进行模拟（如图1–11所示）。

伏羲先天八卦图（由外向内看）

图1-11

先天八卦即天与地相对应。以"气终而象变"的说法而言，即事物走到终点（极端）则变向反面，正如否极泰来。所以，到了一年二十四节气中的夏至，天气就开始生阴了；到了一年二十四节气中的冬至，天气就开始生阳了。

八卦最早用来代表天、地、雷、风、水、火、山、泽八种基本象征意义，并表示乾、坤、震、巽、坎、离、艮、兑八种性质，它们反映用矛盾对立的乾坤、震巽、坎离、艮兑象征矛盾对立的天地、雷风、水火、山泽。

《易经·说卦传》说：天地定位，山泽通气，雷风相薄，水火不相射，八卦相错。意思是说，天地确定上下位置，山泽气息相通，雷风相迫而动，水火不相厌恶，八卦相互错杂。这是先天八卦方位的理论依据，是讲八卦自身匹配对应之体。伏羲八卦按其所代表的事物的性质两两相对，分成四时，每对都是两个性质相反的事物，互相对立地各处一端，即阴阳相对。这四对交错起来，就构成了先天八卦方位图，从图中可分析出阴阳相对的关系。

因世界纷杂，非文字所能概括，所以孔子说过："书不尽言，言不尽意，圣人立象以尽意……"所以，伏羲八卦是用8个符号，代表天地间的八种自然现象。《易经》用形象的比喻阐明深刻的道理，是一个完全由符号构成的巨大的系统，我们不能完全把它看成一个具体的东西来解读，只有通过观物取象来理解《易经》。

伏羲仰望天空，认为天有三种变化的可能：一种是天上面起变化，一种是天空中起变化，一种是天底下起变化。伏羲把这三条线分别代表上、中、下（如图1-12所示）。天底下能动的是什么呢？伏羲所处的时代，没有任何交通工具，天底下能动的基本上只有草木，但能让草木晃动的是什么？就是风。所以，我们把天底下能动的称为"风"（如图1-13所示）。

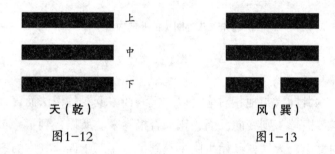

天（乾）　　　　　　风（巽）

图1-12　　　　　　图1-13

天空中能动的又是什么呢？有人认为肯定是鸟，但是一只鸟飞来飞去实在太平常了，大家都不会去注意它。那么，在天空中既能动又会引起人们注意的是什么呢？是火。伏羲生在原始社会的公有制时代，食物都是平均分配，当人们把捕获的猎物用火烤熟时，会产生滚滚的浓烟，大家远远看到烟火，就知道可以分取食物了，于是离开自己的住处去分享美食，所以，当时把天空中能动的东西称为"火"（如图1-14所示）。

火（离）

图1-14

第一部分 走进宇宙天地之门

天上能动的东西又是什么呢？伏羲那个时代既没有飞机，也没有卫星，就连风筝也没有，那天上什么东西会动呢？有一次，伏羲来到湖边，看见天空中的景象平静地映在湖面上，通过湖面可以把天空中的景象尽收眼底，于是把天上能动的东西称为"泽"（如图1-15所示）。

泽（兑）

图1-15

大自然中最主要的元素，就是天和地，所以伏羲氏首先创造了天的符号，并由天衍生出了风、火、泽这三个符号，也就是大自然的三种现象。

当伏羲俯瞰大地，认为地也有三种变化的可能：地跟天一样很宽广，也是由一层一层组成的，所以伏羲也画了三画。但地和天也有所不同，天是连续的，没有界线划分，但地却是断裂的，有界线之分。正所谓：天无边，地有界。比如，大到国家与国家之间，小到每一家与每一家之间，都有界线划分，而且分得很清楚，各自在各自的区域内活动，互不侵犯，互不干涉。所以，三条连在一起的横线叫天，三条断开的横线叫地（如图1-16所示）。

地（坤）

图1-16

地也有三种可能的变化：地底下动，地当中动，地上面动。

· 21 ·

地底下动的是什么呢？有人首先想到地里的蛇、鼠、昆虫等物。但是，地底下的昆虫爬行对人不会有任何影响。有人说是地震，地震可使山崩地裂，太可怕了，而且频繁地发生地震就不适合人类居住了。于是人们又联想到了打雷。可是有人提出质疑，打雷是在天上，怎么会在地上呢？但是天上一打雷，就能感觉到地在动，好像整个地都要裂开了，如同有一股力量要从地里迸发出来一样。所以，打雷的时候，大家通常会感觉到地底下在动，且有惊无险，于是把地底下动的称为"雷"（如图1-17所示）。

地当中动就很容易想象了。大地当中有一条条的水脉，绵延不绝，川流不息，那就是河，也就是水（如图1-18所示）。

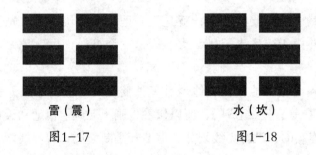

雷（震）　　　　　　　水（坎）

图1-17　　　　　　　图1-18

地上面动的东西太多太多了，但是，最能让大家注意的是山。有人会问，山也会动吗？山也是在动的，山动则能长高，即使世界上最高的山脉——喜马拉雅山每年都在长高，只是长的幅度小，较为缓慢，不够明显而已，所以有了"不动如山"一说（如图1-19所示）。

山（艮）

图1-19

第一部分　走进宇宙天地之门

通过伏羲对八个符号的解释后，理解与记忆伏羲八卦的八个符号就不难了。我们来回顾一下：

三条连续的横线是天，天下面动是风，天空中动是火，天上面动是泽；三条断开的横线是地，地下面动是雷，地当中动是水，地上面动是山。这就是八卦符号的来源（如图1-20所示）。

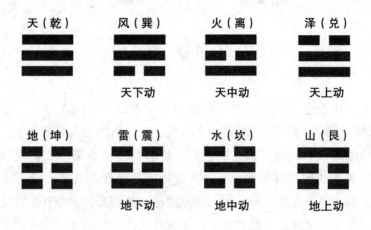

图1-20

既然伏羲八卦的每个卦象对应的是地球上的八种自然现象：天、地、水、火、雷、风、山、泽，那么，在八卦中它们为什么又被称为乾、坤、坎、离、震、巽、艮、兑呢？

最早八卦成图时期，主要表现为人与自然的关系。随着社会的不断进步，八卦图逐步转换成了人与人之间的关系，如果总用这种很具体的自然现象的东西来象征，八卦的作用就太有限了。后来，人们将八卦由原来的天、地、水、火、雷、风、山、泽生成为乾、坤、坎、离、震、巽、艮、兑。这八种特性正好吻合这八种自然现象，而且与人类有关的事物都离不开这八种特性。（如图1-21所示）

· 23 ·

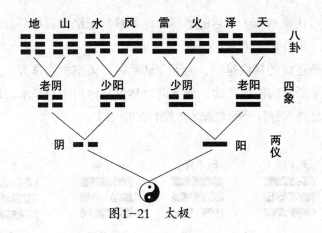

图1-21　太极

　　天为什么会生成乾呢？我们在祈福时常说"天随人愿"。当我们把一件事做到极致，并遵循仁、义、礼、智、信的为人处世之道时，尽管事情的结果有时难以预料，但老天终会给一个善果。我们吃饭也得靠天。天上的阳光普照大地，给万物以舒适温暖的环境，让万物生根发芽。当万物干渴难耐时，天又普降雨露，滋润万物，使其茁壮成长。当我们的命运与食品全都靠天了，还有什么比天更重要呢？所以我们把"天"称之为"乾"。

　　地为什么会生成坤呢？在大地里撒下一粒种子，它会让其发芽、开花，长出累累硕果；把有害的垃圾埋入大地，它毫无怨言；在大地上开渠筑路，它欣然承受……地正如默默奉献的母亲，总是无私无畏，百依百顺，所以我们把"地"称为"坤"。

　　天为乾，地为坤，在中国的文字中，常用"乾坤"两个字来代表整个天下。

　　水为什么会生成坎呢？"坎"由一个"欠"与一个"土"组成，从字面上理解是缺少土，缺土的地方就有水。地在我们脚下，让我们有种踏实的感觉，可是一碰到水，难免就有点心慌。人们常说，隔山容易隔水难。人一旦"欠土"，就有可能遭遇逆境，所以我们会说坎坷、坎险等。

　　火为什么会生成离呢？伏羲在观天时，太阳像火一样暖烘烘的，每天从东方升起，接着就离开东方，慢慢转向西方，故把"火"称为

"离"。哪里起火了,人们想到的第一件事是赶紧撤离。要想让火不再燃烧,唯一的办法是釜底抽薪。

山为什么会生成艮呢?艮表示有韧性,告诫我们不要急功近利,欲速则不达。山的巍峨、挺拔,不是一蹴而就的,而是经过千万年的成长才达到的,故把"山"称为"艮"。同时也告诫我们,做任何事情都要懂得适可而止,不要过分贪心,千万别为了名利而不惜透支健康,否则,即使赚到了钱,身体却累垮了,有钱也没有命去享用它。

雷为什么会生成震呢?因为打雷时,整个大地都在震动,雷霆万钧,威力相当大,所以"雷"被称为"震"。

风为什么会生成巽呢?太阳总有照不到的地方,可风却哪里都吹得进去,正所谓"世上没有不透风的墙"。风没有任何的偏心,刮风时所有的草木都是倒向一边,非常整齐。凡是整齐没有私心,而且哪里都进得去的东西,我们就把它称为"巽"。

为什么泽会变成兑呢?泽是代表天上的东西在动,古代没有飞机、宇宙飞船、没有卫星,观察不到天上会动的事物,只有通过地面上的湖面倒影来观察。观察天上面动而不得不兑换一下位置,故把"泽"称为"兑"。

2.文王(后天)八卦

文王八卦也称后天八卦。先天八卦把自然的变迁作为研究对象,随着时代的变迁,人们开始把研究重点转向"人",由以自然为本转向以人为本。但在以人为本的前提下,宇宙中小小的地球变得无限广阔,于是八卦图的排列就不同了,产生了后天八卦,并且成为生活在地球北半球的华夏子孙与天时、地利、人和的各种关系图,而且这种关系图的观察点可以不断变化与调整(如图1-22所示)。

文王后天八卦图（由外向内看）

图1-22

《说卦传》中写道："帝出乎震，齐乎巽，相见乎离，致役乎坤，说言乎兑，战乎乾，劳乎坎，成言乎艮。"后天八卦是根据这个法则而画的。

"帝出乎震"，这里震的方位为正东。我们应理解为：太阳从东方升起；是四季之中的春，一年之始；是一天中的清晨，一日之始。

"齐乎巽"，这里巽的方位为东南。我们应理解为：太阳不久就表现出了它影响万物的能力，万物滋长；是四季之中的春夏之间；此时是一天中的9至11点之间。

"相见乎离"，这里离的方位为正南。我们应理解为：太阳正当中，是一天中气温最高的时候；是四季之中的夏，万物都在充分发育。

"致役乎坤"，这里坤的方位为西南。我们应理解为：日偏西时；是四季之中的夏末秋初；自然界蓬勃之象已收。

"说言乎兑"，这里兑的方位为正西。我们应理解为：此时太阳开始西沉；是四季之中的仲秋气象；这时兑卦已是一阴来到，一切开始进入阴的境界。

"战乎乾"，这里乾的方位为西北。我们应理解为：此时已入夜；

是四季之中的深秋之时；阳能的乾卦进入阴境，阴阳就有交战的现象。

"劳乎坎"，这里坎的方位为正北。我们应理解为：此时是子夜；是四季之中的隆冬之时；万物所归，在极阴的境界中，一阳在其中矣，这是新的转机。

"成言乎艮"，这里艮的方位为东北。我们应理解为：此时已进入黎明，夜去冬尽，宇宙间一切开始暗中萌动，新的阳能萌发起来。

我们把用这个法则来解释世界万物，没有哪个事物是不符合这个法则的，所以说，按照易卦来推论天下大小之事，是有一定的科学道理的。

后天八卦图就是人类社会的关系总图，世界万物在阴阳裂变中层出不穷，但万变不离其宗——基本的单元形式仍是八卦。每个卦象都是天、地、人的完整组合，当其中一个因素发生变化时，其他的因素也会产生相对应的连锁反应。文王以后天八卦为蓝本，全方位地描述了天、地、人的"象"与阴阳关系。

3.解读卦象的方法

卦者，象也，是指一种现象悬挂在我们眼前，所以称为卦。卦以符号构成，代表着天、地、人之间无穷变幻的"象"。

解析卦有两个关键字，第一个关键字是"爻"（yáo）。爻是八卦的基本单位，代表着宇宙间的两种原动力。"爻者，交也。"为什么说爻就是交呢？这就说明每一个卦都在告诉我们，宇宙万事万物都在交流，不停地产生关联，引起变化，所以称为"爻"。爻可分为阴爻（--）和阳爻（—）。乾卦所有的爻都是阳爻，而坤卦所有的爻都是阴爻（如图1-23所示）。

乾卦　　　　　　　　坤卦

图1-23

第二个关键字是"六"。因为每个卦都是由六个基本单位组成,所以称为六爻。这就告诉我们,每件事都是由各个步骤组成,不能多,多了就显得烦琐;也不能少,少了做起事情来就欠圆满。现实中把每件事分成六个步骤来做就可恰到好处。

将伏羲八卦的八个自然现象两两相撞,产生了64种新的现象,就叫做六十四卦。《易经》中的六十四卦把宇宙中所有的事情进行了归纳概括,最后发展成了64种情境(如图1-24所示)。

人们之所以把《易经》当成智慧宝典,就是因为每当遇到不顺心的事情时,可以从《易经》中寻求相应情境,找出几种应对策略,让事情得到圆满解决。

上象爻卦▶ 下象爻卦▼	乾 天	坎 水	艮 山	震 雷	巽 风	离 火	坤 地	兑 泽
乾 天	1 乾为天	5 水天需	26 山天大畜	34 雷天大壮	9 风天小畜	14 火天大有	11 地天泰	43 泽天夬
坎 水	6 天水讼	29 坎为水	4 山水蒙	40 雷水解	59 风水涣	64 火水未济	7 地水师	47 泽水困
艮 山	33 天山遁	39 水山蹇	52 艮为山	62 雷山小过	53 风山渐	56 火山旅	15 地山谦	31 泽山咸
震 雷	25 天雷无妄	3 水雷屯	27 山雷颐	51 震为雷	42 风雷益	21 火雷噬嗑	24 地雷复	17 泽雷随
巽 风	44 天风姤	48 水风井	18 山风蛊	32 雷风恒	57 巽为风	50 火风鼎	46 地风升	28 泽风大过
离 火	13 天火同人	63 水火既济	22 火山贲	55 雷火丰	37 风火家人	30 离为火	36 地火明夷	49 泽火革
坤 地	12 天地否	8 水地比	23 山地剥	16 雷地豫	20 风地观	35 火地晋	2 坤为地	45 泽地萃
兑 泽	10 天泽履	60 水泽节	41 山泽损	54 雷泽归妹	61 风泽中孚	38 火泽睽	19 地泽临	58 兑为泽

图1-24

第一部分　走进宇宙天地之门

　　《易经》六十四卦的理解与记忆都不是太难，难的是每卦中每一爻的代码。每一卦最底下的那个爻叫初爻，往上依次是二爻、三爻、四爻、五爻，最后一爻叫末爻（如图1-25所示）。

图1-25

　　初与末皆代表时间，《易经》最重视的就是时间。任何事情，时间一改变，结果也就变了。所以，我们常常讲瞬息万变、日新月异等。

　　六爻的顺序除了按时间排列外，还可以按方位排列，如下爻、二爻、三爻、四爻、五爻、上爻。位置排列比时间排列更具体，位置的排列不仅包括一个人的身份、地位、场合，还包括环境、结果等一系列的变化。

　　卦象除了按时间与位置的排序外，阴阳爻怎么表述呢？先哲们对此专门给出了定义，凡是阳的都称为九，凡是阴的都称为六（如图1-26所示）。

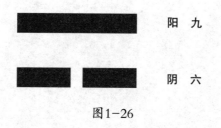

图1-26

　　第一爻称为初爻。"初"表示时间，任何事物开始的时间都非常重要。比如孩子的出生年月日时，一定要记准了。因为年龄将影响孩子的

· 29 ·

一生，求学、求职、工作生活等方方面面都与年龄有关联，而年龄是从孩子的出生之日起开始计算的。此外，结婚嫁娶、开业庆典都得选个黄道吉日，可见开始的时间对事物的发展确实很重要。

按方位排列时，第六爻称为上爻。为什么用"上"而不用"末"来称呼第六爻呢？因为"上"表示位置或结果。比如，某某通过努力考上清华或北大；某某在物理学方面非常有建树，被选为中科院院士；某某带兵有方，屡战屡捷，被晋升为将军等。任何人、任何事发展到最后的结果都很重要，故最后一爻用"上"（如图1-27所示）。

图1-27

以上我们把《易经》的一些基本常识用现代语言进行了简单介绍，为读者学习下一章的内容打下基础。

第二部分　推开玄义妙智之窗

《易传》是一部充满玄义妙智的模糊哲学著作。《易传》是从卜筮中推说出义理。孔子告诫学易之人先读经文即卦爻及卦爻辞，懂得易的本旨后，然后节节推开去，可以无穷无尽。

这一部分与原创者基本无关，是后人根据自己的悟性，在哲学意义上的演绎归纳。

一、研究人类发展的普遍规律（道），靠悟性理解超自然现象、社会现象，不带任何政治立场、没有统一的社会规范、没有道德行为标准（即研究共性的东西，而不是针对某个时代、某个社会甚至某个阶层）。它是万物运动的逻辑真理，这些"卦"中仅代表物理运动之"象"，没有掺入人（或个人）的价值认识标准，没有好坏之念、尊卑之感，因而具有普遍的真理性。

二、研究时空的社会意义，时空延伸得越长越广，人就显得越藐小，是非概念、好坏善恶标准就越模糊。

三、探讨人的主观能动性，即人可以通过某些修为，通过思维和行为改变命运，趋吉避凶，并能由此对社会产生巨大影响。

1. 乾卦：该藏则藏，该显则显

乾卦（客卦）乾卦（主卦）

乾：元，亨，利，贞。

【译解】乾卦象征天：元始，亨通，和谐，贞正。

《彖》曰：大哉乾元！万物资始，乃统天。云行雨施，品物流形。大明终始，六位时成，时乘六龙以御天。乾道变化，各正性命，保合大和，乃利贞，首出庶物，万国咸宁。

【译解】《彖辞》说：浩大啊，天的原始之态！万物依靠它开始产生，它统领着大自然。浮云飘行，降下甘甜的雨水，万物在阳光雨露的滋润下成长。光辉灿烂的太阳反复运转，于是有了四季周而复始。乾卦六爻按不同的时位组合而有所成就，就像阳气（太阳）按时乘着六条巨龙驾驭大自然。大自然的运行变化，使万物各具本性和生命，而太和元气得以保全，万物各有其利，万物能守正故持久生长。天居万物之首，阳气周流不息，又重新萌生万物，天下万方都和美顺昌。

《象》曰：天行健，君子以自强不息。

【译解】《象传》说：天道运行周而复始，刚强不息，谁也不能阻挡，君子应效法天道，自立自强，不停地奋斗下去。

初九，潜龙勿用。

【译解】初九，龙尚潜伏在水中，养精蓄锐，暂时还不能发挥作用。
《象》曰："潜龙勿用"，阳在下也。
【译解】《象传》说：龙象征阳。"龙尚潜伏在水中，养精蓄锐，暂时还不能发挥作用"，是因为此爻位置最低，阳气不能散发出来的缘故。

九二，见龙在田，利见大人。

【译解】九二，龙已出现在地上，利于出现德高势隆的大人物。
《象》曰："见龙在田"，德施普也。
【译解】《象传》说："龙已出现在地上"，犹如阳光普照，天下人普遍得到恩惠。

九三，君子终日乾乾，夕惕若，厉无咎。

【译解】九三，君子整天自强不息，晚上也不敢有丝毫的懈怠，这样即使遇到危险也会逢凶化吉。
《象》曰："终日乾乾"，反复道也。
【译解】《象传》说："整天自强不息"，是因为要反复从道而行，不敢有丝毫大意。

九四，或跃在渊，无咎。

【译解】九四，龙或腾跃而起，或退居于渊，均不会有危害。
《象》曰："或跃在渊"，进无咎也。
【译解】《象传》说："龙或腾跃而起，或退居于渊，均不会有危害"，因为能审时度势，故进退自如，不会有危害。

九五，飞龙在天，利见大人。

【译解】九五，龙飞上了高空，利于出现德高势隆的大人物。

《象》曰："飞龙在天"，大人造也。

【译解】《象传》说："龙飞上了高空"，象征德高势隆的大人物一定会有所作为。

上九，亢龙有悔。

【译解】上九，龙飞到了过高的地方，必将会后悔。

《象》曰："亢龙有悔"，盈不可久也。

【译解】《象传》说："龙飞到了过高的地方，必将会后悔"，因为物极必反，事物发展到了尽头，必将走向自己的反面。

用九，见群龙无首，吉。

【译解】用九，出现群龙也不愿意为首的现象，是很吉利的。

《象》曰："用九"，天德不可为首也。

【译解】《象传》说："用九"的爻象说明，天虽生万物，但却不居首、不居功。

【智慧解析】

乾卦是《周易》六十四卦的第一卦。乾卦是纯阳之卦，代表着一种顶天立地的男子汉精神。所谓"天行健，君子以自强不息"，这是人类生存的自然法则。由此，乾卦即是说，一个人应该胸怀大志，以天下为己任。据《乾文言》的意思，元者，善之长也，是聪明智慧、具备一定才能的意思。亨者，嘉之会也，是通达的意思。"元""亨"二字，是说一个人胸怀大志，才会有大的发展，才会真正通达顺利。利者，义之和也，是礼义的意思。贞者，事之干也，是诚信的意思，故"利""贞"二字，是说一个人应有高尚的文化修养和道德品质。

本卦以龙为喻，阐释积极进取的人生哲学。然而，这一卦更具智慧的地方是：进取须具备条件，首先是个人品德才能兼备；进取也不是一味地冒进，而是在条件不成熟的时候（阳气初生），该藏就要藏（潜龙勿用），条件一旦成熟，该显则显（或跃在渊）。做人做事要时时警惕慎行，安不忘危，显隐有度，不可过分。人的位置是由低到高，从"潜龙"到"亢龙",须循序渐进。每个位置上有每个位置的表现(飞龙在天),你可以在这个位置上做到最好,但不可越位。这样才能进退无忧,成功才有更大的把握。当一个人的事业处于巅峰状态时,如果不考虑退路,则必有悔恨(亢龙有悔)。

三国时期的刘备,在势单力薄、依附曹操之时,一点也不敢露出胸中大志,更不敢出风头,为防被曹操谋害,就住处后园种菜,亲自浇灌,以为韬晦之计。一次,曹操煮酒论英雄,指出他是当今英雄,刘备大惊失色,吃饭的筷子都被吓掉了。恰巧传来一阵雷声,才得以掩饰过去。刘备可算得是藏器待时的潜龙了吧,而西汉的韩信则是一条"亢龙",结局很悲惨。

因此,在人生的路途上,学习和运用《周易》,为人处世既要胸怀远大理想,自强不息,锐意进取,又要懂得韬光养晦,刚柔相济,阴阳相辅相成,才能平安吉祥。

2. 坤卦:马行坤道,以柔克刚

坤卦(客卦)坤卦(主卦)

坤:元,亨,利牝马之贞。君子有攸往,先迷;后得主,利。西南得朋,东北丧朋。安贞吉。

【译解】坤卦象征地：元始，亨通，如果像雌马那样柔顺，则是吉利的。君子依此之道从事某项事业，虽然开始时不知所从，但结果会是有利的。如往西南方，会得到朋友的帮助；如往东北方，则会失去朋友的帮助。如果保持现状，也是吉利的。

《彖》曰：至哉坤元！万物资生，乃顺承天。坤厚载物，德合无疆。含弘光大，品物咸亨。牝马地类，行地无疆，柔顺利贞。君子攸行，先迷失道，后顺得常。西南得朋，乃与类行；东北丧朋，乃终有庆。安贞之吉，应地无疆。

【译解】《彖辞》说：至善啊，大地的元始之气！万物赖以生长，它顺从、承受于天。地体深厚，负载万物，与天之德相合，作用无穷。它蕴含一切，使之成长，万物因此欣欣向荣。雌马是地面最富耐力的动物，行程无限，温柔和顺，有利于坚持正道。君子有所远行时，争先向前会迷失正道，随后顺从而行才符合常理。向西南走将得到朋友，因为能与同类偕行；向东北走将失掉朋友，最终却有喜庆。安于坚持正道是吉祥的，是与大地的无量美德相应的。

《象》曰：地势坤，君子以厚德载物。

【译解】《象传》说：坤象征大地，君子应效法大地，胸怀宽广，包容万物。

初六，履霜，坚冰至。

【译解】初六，脚踏上了霜，就知道气候变冷了，冰雪即将到来。

《象》曰："履霜，坚冰"，阴始凝也；驯致其道，至坚冰也。

【译解】《象传》说："履霜，坚冰雪"，说明阴气开始凝聚；按照这种情况发展下去，必然迎来冰雪的季节。

六二，直方大，不习无不利。

【译解】六二，正直，端正，广大，具备这样的品质，即使不学习也不会有什么不利。

《象》曰：六二之动，直以方也。"不习无不利"，地道光也。

【译解】《象传》说：六二爻若是出现变化的话，总是表现出正直、端正的性质。"即使不学习也不会有什么不利"，是因为地德广大、包容万物的缘故。

六三，含章可贞，或从王事，无成有终。

【译解】六三，胸怀才华而不显露，如果辅佐君主，能恪尽职守，功成不居。

《象》曰："含章可贞"，以时发也；"或从王事"，知光大也。

【译解】《象传》说："胸怀才华而不显露"，是要在合适的时机才发挥出来，"如果辅佐君主"，必能大显身手，一展抱负。

六四，括囊，无咎无誉。

【译解】六四，扎紧袋口，藏起才华，不说也不动，这样虽得不到称赞，但也能免遭祸患。

《象》曰："括囊无咎"，慎不害也。

【译解】《象传》说："扎紧袋口，不说也不动，可以免遭祸患"，说明小心谨慎从事，是不会有害的。

六五，黄裳，元吉。

【译解】六五，黄色的衣服，最为吉祥。

《象》曰："黄裳，元吉"，文在中也。

【译解】《象传》说："黄色的衣服，最为吉祥"，是因为黄色代表中，行事以中道为准则，当然是吉祥的。

上六，龙战于野，其血玄黄。

【译解】上六，阴气盛极，与阳气相战郊外，天地混杂，乾坤莫辨，后果是不堪设想的。

《象》曰："龙战于野"，其道穷也。

【译解】《象传》说:"阴气盛极,与阳气相战于郊外",说明阴气已经发展到尽头了。

用六,利永贞。

【译解】用六,利于永远保持中正。

《象》曰:"用六"永贞,以大终也。

【译解】《象传》说:用六的爻辞说,"永远保持中正",即使阴盛到了极点也会向阳转化。

【智慧解析】

在万物生成的过程中,天创生万物,地负载完成生命。地顺从天。坤卦六爻都是阴爻,是纯粹的阴,最为柔顺。地的法则是祥和、纯正、柔顺地遵循天道,而刚毅行动;安静地谨言慎行,所以行动方正;追随而不超越,包容而不排斥,具备至柔至顺的秉性。

坤卦以雌马为象征,表明地道生育、抚养万物,而又依天顺时,性情温顺,这就是坤道。它以"先迷后得"证明"坤"顺从"乾",依随"乾",才能把握正确方向,喻为人处世像母马那样性情柔顺,驰骋不息,遵循正道(坤的中正之道),获取吉利。

坤卦有四德,如牝马、后得主、安贞吉等。但与乾卦的进取之德不同,它是突出柔顺与承受之德,强调以辅佐顺从为职责的。孔子认为:"坤厚载物,德合无疆。"从而得出:"地势坤,君子以厚德载物。"这是一句至理名言,它的意思是,大地的气势厚实和顺,君子因此增厚美德,容载万物。

在为人处世时,要运用坤卦以柔克刚,外柔内刚,外圆内方。在内,待人厚实温顺,胸怀包容宽阔,坚守为臣之道;在外,"不为天下先",冷眼观战,见机行事。

隋代薛道衡,十三岁就能讲《左氏春秋》,在隋文帝时做了内史侍郎,炀帝时任潘州刺史。大业五年,他被召还京,写了一篇《高祖颂》。炀帝看了很不高兴,说:"这只不过是文词华丽而已!"炀帝为什么持这种态度呢?因为他本人自认为文才高而傲视天下之士,并且嫉妒心极强，不想让别人超过自己。御史大夫乘机说薛道衡自负才气，不听训示，心中无君，炀帝便下令把薛道衡绞死。

天下人都认为薛道衡死得冤枉。其实，这是因为他不懂得柔顺之计，不知道收敛锋芒所致。

老子说："柔弱胜刚强。"并认为："天下莫柔弱于水，而攻坚强者莫之能胜。"世间没有比地下流的水更柔弱的了，然而水滴石穿，能攻击最强硬的东西。可见，坤卦的柔弱并非软弱无力，其中含有无比坚忍不拔的性格。

因此，我们要懂得含蓄谦虚，收敛锋芒，保持内方外圆的涵养，处世应坚守以静观动、以柔克刚、以不变应万变的原则，以柔顺包容的方式奠定事业成功的基石。

3. 屯卦：居上不傲，处困思变

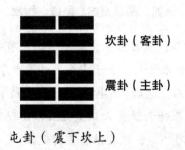

屯卦（震下坎上）

屯：元，亨，利，贞；勿用有攸往，利建侯。

【译解】屯卦象征初生：元始，亨通，和谐，贞正。不要急于发展，首先要立君建国。

《彖》曰：屯，刚柔始交而难生。动乎险中，大亨贞。雷雨之动满盈，天造草昧，宜建侯而不宁。

【译解】《彖辞》说：屯卦象征初生，阳刚阴柔开始结合，艰难也随之产生。在艰险之中变动，如能坚持正道是极为亨通的。雷雨将作，乌云雷声充满于天地间，正如大自然造设万物于草创之际、冥昧之时，这时应该建立诸侯，不可安居无事。

《象》曰：云雷屯，君子以经纶。

【译解】《象传》说：屯卦的卦象是震（雷）下坎（水）上，为雷上有水的表象，水在上表示雨尚未落，故释为云。云雷大作，是即将下雨的征兆，故屯卦象征初生。这里表示天地初创，国家始建，正人君子应以全部才智投入到创建国家的事业中去。

初九，磐桓，利居贞，利建侯。

【译解】初九，万事开头难，在初创时期困难特别大，难免徘徊不前，但只要能守正不阿，仍然可建功立业。

《象》曰：虽"磐桓"，志行正也。以贵下贱，大得民也。

【译解】《象传》说：虽然"徘徊不前"，但志向和行为纯正。只要能下定决心，深入基层，仍然会大得民心。

六二，屯如，邅如，乘马班如。匪寇，婚媾。女子贞不字，十年乃字。

【译解】六二，有时驻守，有时不进，有时又乘马调动。不是来掠夺的盗匪，而是来求婚的。女子守贞，过了十年才怀孕。

《象》曰：六二之难，乘刚也。"十年乃字"，反常也。

【译解】《象传》说：六二爻之所以出现困难，是由于阳刚一方所造成的。"十年乃字"，这是很反常的现象。

六三，即鹿无虞，惟入于林中，君子几，不如舍，往吝。

【译解】六三，追逐鹿时，由于缺少熟悉地形和鹿性的虞官引导，致使鹿逃入树林中去。君子此时如仍不愿舍弃，轻率地继续追踪，必然会发生祸事。

《象》曰："即鹿无虞"，以从禽也。君子舍之，往吝穷也。

【译解】《象传》说:"追逐鹿缺少熟悉地形和鹿性的虞官引导",是因为获鹿之心过于急切。君子应及时放弃,否则必有祸事或导致穷困。

六四,乘马班如,求婚媾,往吉,无不利。

【译解】六四,四马前进,步调不一,但若坚定不移地去求婚,结果必然是吉祥顺利的。

《象》曰:"求"而往,明也。

【译解】《象传》说:坚定不移地去追求,是明智之举。

九五,屯其膏,小贞吉,大贞凶。

【译解】九五,只顾自己囤积财富而不注意帮助别人,是很危险的。那样做,办小事虽有成功的可能,但办大事必然会出现凶险。

《象》曰:"屯其膏",施未光也。

【译解】《象传》说:"只顾自己囤积财富而不注意帮助别人",这样的人即使想有所作为,其前景也不大光明。

上六,乘马班如,泣血涟如。

【译解】上六,四马前进,步调不一,进退两难,悲伤哭泣,泣血不止。

《象》曰:"泣血涟如",何可长也?

【译解】《象传》说:"悲伤哭泣,泣血不止",这种状况怎能维持长久呢?

【智慧解析】

"屯"是停滞、产生烦恼之意,表示草木之芽对坚硬地面的突破。"屯其膏"从一个侧面反映了食物的不足、生活的艰难,同时也是人们应对生活艰难的一种策略。在这种情况下,做点小事是可以的,但不具备做大事的条件,即使做也不能大有作为,因此断语告诫说"小贞吉,大贞凶"。

西汉初年，在经历了长达多年的战争后，民力衰竭，物资匮乏，百废待兴，难以大有作为。因此统治者采取了"休养生息"的政策，一点点地恢复民力、国力，这就是"小贞吉"。反之，如果在民力、国力已经较强的情况下大兴土木，就会重蹈秦朝灭亡的覆辙，这就成了"大贞凶"。因此，要居上不傲才能永保国运昌盛。

　　从另一方面看，屯难之时，也是"奋发有为"的开始。有的人通过自己的努力和一定的运气可以逐渐通达起来，关键是要有处困思变的思维。

　　圣人孔子的学问不可谓不大，志向不可谓不高，态度不可谓不积极，行动不可谓不努力，然而生在那样一个乱世，仁义之道是行不通的。乱世用刑，盛世才用仁。国清才子贵，家富小儿娇。孔子奋斗了大半辈子，仍然到处碰壁，惶惶如丧家之犬，最后不得不回到老家教书为生。这就说明，并非任何事情只要有开始就一定会有光明的未来，而是一定要有正确的方向和方法。

　　有一名企业家，14岁被迫辍学，用自己还很稚嫩的肩膀，毅然挑起赡养慈母、抚育弟妹的家庭重担。他先在舅父的钟表公司当泡茶扫地的小学徒。他总是第一个到达公司最后一个离开公司，辛苦而艰难地熬过了3个年头。17岁时，他在一家五金制造厂以及塑胶带制造公司当推销员，开始了推销生涯，并在很短的时间内就成为最优秀的员工之一。这使他逐渐明白了一个道理，那就是推销工作首先必须对自己充满自信，不管怎样艰辛，都要尽最大努力，设法让客户感到你的产品是既廉价又好的。

　　他在担任某实业有限公司总经理时，工厂面临倒闭的危机，作为公司领头人，他必须担负起"力挽狂澜"的重任，"扶大厦于将倾"。

　　面临倒闭，这位企业家不认为它仅仅是危机，相反，他认为这是实行企业改革、探索新产品、开拓新市场，从而获得新生的有利时机。对此，他不慌乱，不放弃，积极想办法，走访英国、荷兰等国家，吸收新的管理模式，引进了许多新工艺，并且开发研制出了备受世人青睐的塑胶花。该实业公司由此获得了转机，并且东山再起，迅速发展起来。

这位企业家的发展道理正如屯卦告诉我们的,处于艰难创始之时,要把握事物的发展规律,处困思变,恰当地行事,以求化险为夷;当事业处于上升阶段,要居上不傲,永远保持旺盛的斗志。

4. 蒙卦:启蒙有规,循规则通

蒙卦(坎下艮上)

蒙:亨。匪我求童蒙,童蒙求我;初筮告,再三渎,渎则不告。利贞。

【译解】蒙卦象征启蒙:亨通。不是我有求于幼童,而是幼童有求于我,第一次向我请教,我有问必答,如果一而再、再而三地没有礼貌地乱问,则不予回答。利于守正道。

《彖》曰:蒙,山下有险,险而止,蒙,蒙亨,以亨行,时中也。匪我求童蒙,童蒙求我。志应也。初筮告,以刚中也。再三渎,渎则不告,渎蒙也。蒙以养正,圣功也。

【译解】《彖辞》说:蒙昧,犹如山下有险阻,遇险阻则止步不前,这是蒙昧之象。蒙卦可以表示亨通,由于启蒙者按照亨通的法则行事,这就是灵活适时的中道。启蒙,不是我去求蒙昧的童子,而是蒙昧的童子来求我,这样双方的志趣才能相应。初次请问给以回答,因为蒙师有阳刚气质,能行中道,有能力发蒙。对同一问题再三地滥问,那是一种亵渎,就不再回答,因为滥问便亵渎了启蒙教育。童稚蒙昧的时候,应该涵养纯正无邪的本性,这是圣人施教的功业。

《象》曰:山下出泉,蒙;君子以果行育德。

【译解】《象传》说:蒙卦的卦象是坎(水)下艮(山)上,为山下有泉水之表象,但要想发现甘泉,必须设法准确地找出泉水的位置,即意味着必须先进行启蒙教育。君子必须行动果断,才能培养出良好的品德。

初六,发蒙,利用刑人,用说桎梏;以往吝。

【译解】初六,要进行启蒙教育,贵在树立典型,以便防止罪恶发生;如不专心求学,而是急功冒进,将来必然会后悔。

《象》曰:利用刑人,以正法也。

【译解】《象传》说:"用树立典型的办法来进行启蒙教育",是为了确立正确的法度,以便遵循。

九二,包蒙,吉。纳妇,吉。子克家。

【译解】九二,周围都是上进心很强的蒙童,希望获得知识,这是很吉利的。如果迎娶新媳妇,也是吉祥的。由于渴望接受教育,上进心很强,所以连孩子们已经能够治家了。

《象》曰:"子克家",刚柔接也。

【译解】《象传》说:"由于渴望接受教育,上进心很强,所以连孩子们都已经能够治家了",这是因为刚柔相济,孩子们受到了很好的启蒙教育的结果。

六三,勿用取女,见金夫,不有躬,无攸利。

【译解】六三,不能娶这样的女子,她的心目中只有美貌的郎君,不能守礼仪,也难以保住自己的节操,娶这样的女子是没有什么好处的。

《象》曰:"勿用取女",行不顺也。

【译解】《象传》说:"不能娶这样的女子",主要是指这个女子的行为是不合乎礼仪的,即这个女子没有受过良好的启蒙教育。

六四,困蒙,吝。

【译解】六四,人处于困难的境地,不利于接受启蒙教育,因而孤陋寡闻,结果是不大好的。

《象》曰:"困蒙"之"吝",独远实也。

【译解】《象传》说:"人处于困难的境地,不利于接受启蒙教育",是因为疏远有真才实学的老师。

六五,童蒙,吉。

【译解】六五,蒙童虚心地向老师求教,这是很吉祥的。

《象》曰:"童蒙"之"吉",顺以巽也。

【译解】《象传》说:"蒙童虚心地向老师求教,这是很吉祥的",这是因为蒙童对老师采取了谦逊的态度。蒙童谦逊,则老师乐教,其教育结果自然是比较有效的,当然也是吉祥的。

上九,击蒙,不利为寇,利御寇。

【译解】上九,启蒙教育要及早实行,要针对蒙童的缺点,先发制人。不要等到蒙童的问题彻底暴露再去教育,而要防患于未然,事先进行启蒙教育。

《象》曰:"利御寇",上下顺也。

【译解】《象传》说:"启蒙教育要及早实行,要针对蒙童的缺点,先发制人",因为只有这样,才能使老师和蒙童互相配合,达到顺利的目的。

【智慧解析】

蒙卦上卦的艮表示山,下卦的坎表示水,山下有水,即自山麓涌出泉水的状态。水成蒸气为雾,泉水从山上流出飘升成雾气,山与水构为蒙蒙之象。而山下流出泉水,就犹如山泉湿润土地,滋生万物;又如雨露滋润童心,启蒙幼童。

蒙卦阐明启蒙有一定的规则,按照规则开展启蒙教育,才能让人有所收获。

"严厉有度"就是一个基本准则。教育要科学合理,既要有严厉措施,又要有以人为本的思想。过度严厉往往适得其反,当然,过于宽松也不利于受教者的成长。"包容吉利"就是要与人为善,包容他人的蒙昧或过错,并加以教导。

基于这种认识,施教者的态度应该是"初筮告,再三渎,渎则不告"。意思是:占卜时,第一次卜筮神将预示未来的吉凶祸福,如果占卜者不相信或不愿相信所预示的而继续占卜,这是对神的不敬,是对神的亵渎,神将不再作出预示。在教育活动中也是一样的情形,如果受教育者屡教不改,屡教无益,便是对教育者的不敬,对教育的亵渎,因而教育者将放弃对其教育。

但蒙卦又提示:"包蒙,吉。纳妇,吉。"意思是说,聪明的人能够包容蒙昧的人是吉祥的。要包容蒙昧者而不是排除他们,要帮助他们走上正常的人生之路。

孔子在教学过程中对弟子的教育从来都是严厉有度,非常注意教育学生的方式、方法,既对学生严格要求,又照顾学生的情绪、自尊,尽力避免因自己不恰当的言行伤害学生不成熟的心灵。

比如他对弟子的批评就很注意分寸。当他批评子路弹瑟"奚为于丘之门"后,一些弟子便不敬重子路了。于是,孔子当着大家的面说:"由也升堂矣,未入于室也。"

孔子在严格要求弟子的同时又很关心爱惜他们。比如弟子司马牛生了病,孔子专程前去探望,从窗子里拉着他的手,好言进行安慰。得意弟子颜回死了,孔子哭得十分哀恸。

孔子正是以平易近人、诚恳关切的态度教育弟子,以包容引导对待弟子的过错,因而赢得了弟子们的尊敬,更赢得了后世的赞誉。这就是蒙卦所说的严厉有度、包容吉利的精神的体现。

蒙卦包含着教育他人和接受他人教育两个层面的内容,也就是说,我们每个人既是教育者,同时也是受教者。蒙卦启示人们,教育他人时应循循善诱、诲人不倦,而接受他人教育时更应虚心求教、学人之长。只有这样,才算得上是一个明智德高之人。这样的人越来越多,我们的社会才会不断进步,我们的民族素质也随之不断提升。

5. 需卦:执诚而守,待机而动

需卦(乾下坎上)

需:有孚,光亨,贞吉,利涉大川。

【译解】需卦象征等待:具有诚实守信的品德,光明正大,做事才会亨通顺利,占问的结果是吉祥的,出外远行,渡过宽阔的河流会很顺利。

《彖》曰:需,须也,险在前也。刚健而不陷,其义不困穷矣。"需,有孚,光亨,贞吉",位乎天位,以正中也。"利涉大川",往有功也。

【译解】《彖辞》说:需,意思是等待,因为前面有艰险。乾性刚健,勇于进取,而又能不陷入险中,其意义就在于避开穷途和困境。"需卦象征等待,具有诚实守信的品德,光明正大,做事才会亨通顺利",这是因为九五居于天位,处于正中。"利涉大川",说明如此行事必获成功。

《象》曰：云上于天，需；君子以饮食宴乐。

【译解】《象传》说：需卦的卦象是乾（天）下坎（水）上，为水在天上之表象。水汽聚集天上成为云层，密云满天，但还没有下雨，需要等待；君子在这个时候需要吃喝、饮酒作乐，即在等待的时候积蓄力量。

初九，需于郊，利用恒，无咎。

【译解】初九，在郊外等待，必须有恒心，长久耐心地静候时机，不会有什么祸患。

《象》曰："需于郊"，不犯难行也；"利用恒，无咎"，未失常也。

【译解】《象传》说："在郊外等待"，表明不能冒险轻率前行；"长久耐心地等候时机，不会有什么祸患"，表明没有偏离正道，没有偏离天地恒常之理。

九二，需于沙，小有言，终吉。

【译解】九二，在沙滩上等待，虽然要受到别人的一些非难指责，但耐心等待终究会吉祥。

《象》曰："需于沙"，衍在中也；虽"小有言"，以终吉也。

【译解】《象传》说："在沙滩上等待"，表明宽宏大量不急躁；"虽然受到别人的一些非难和指责"，但终究能吉祥。

九三，需于泥，致寇至。

【译解】九三，在泥泞中等待，招引来抢劫盗寇。

《象》曰："需于泥"，灾在外也；自我"致寇"，敬慎不败也。

【译解】《象传》说："在泥泞中等待"，说明灾祸还在外面，尚未殃及本身；自己"招引来盗寇"，说明要处处谨慎小心，才能避开危险。

六四，需于血，出自穴。

【译解】六四，在血泊中等待，不小心陷进深穴，用尽全力才能逃脱出来。

《象》曰："需于血"，顺以听也。

【译解】《象传》说："在血泊中等待"，表明此时必须沉着冷静，顺应时势，听天由命，以等待转机。

九五，需于酒食，贞吉。

【译解】九五，准备好酒食招待客人，占问的结果是吉祥的。

《象》曰："酒食，贞吉"，以中正也。

【译解】《象传》说："准备好酒食招待客人，占问的结果是吉祥的"，说明此时处于中位，完美无缺。

上六，入于穴，有不速之客三人来，敬之，终吉。

【译解】上六，进入洞穴之中，忽然有不请自来的三位客人到来，对他们恭恭敬敬，以礼相待，终究获得吉祥。

《象》曰："不速之客"来，"敬之，终吉"。虽不当位，未大失也。

【译解】《象传》说："不请自来的客人"到来，"对他们恭恭敬敬，以礼相待，终究获得吉祥"，表明此时尽管处在不适当的地位，但还没有遭受大的损失。

【智慧解析】

需卦上坎下乾，坎为云，乾为天，象征云聚集在天上，酝酿着下雨的气象。上卦的坎是危险的河川，下卦的乾有刚健之意，表示虽然前面有危险，但乾刚健，不会陷入坎的困险之中。需卦的整体卦意象征等待、隐忍、自重、踌躇。人生中有很多时候，必须隐忍自重，等待时机的到来，但等待有不同的方法，不同的人有不同的情形。

三国时期的诸葛亮自称"卧龙"，所居的隆中，有山而不高，但却秀雅可观；有水而不深，但澄清见底；有林虽不大，却茂盛至极。在这里，诸葛亮常与崔州平、石广元、徐元直煮酒谈天，品茶论道，弈棋观梅，表面上一派逍遥的样子，内心却忧国忧民，胸怀鸿鹄之志，有济世匡王的雄心。只因世事混乱，不得明主，所以他静居于隆中的草庐中，耐心等待时机。他深知，明主可遇而不可求，躁动往求将有失身价。

在中国历史上的政治斗争中，经过长期等待、积蓄力量方才获得成功的事例，比比皆是。周灭商，经过了文王的努力经营，"三分天下有其二"，完成了对商都的钳形包围，但终于没有起兵，仍在等待时机。武王即位，继续经营，九年后"观兵于孟津"，对商朝做了一次试探性的军事行动，八百诸侯前来会盟，但武王认为时机仍没有成熟，还需等待。又等了两年，商纣王杀戮元老功臣，引起朝野危机；商军主力又在东南作战，国都空虚。武王认为灭商时机已到，这才下令东征，大举伐商，于牧野一战击溃商军，推翻了商王朝。

辩证法讲求量变与质变，只有量变积累到一定的程度后才会发生质变，而在没有到达这个程度之前，只能等待机会，作好准备。因此，需卦认为"刚健而不陷，其义不困穷矣"。也就是前方有困难，只要做到稳健而不陷于困境，就不会遭到凶险。

常言道，欲速则不达。现在的社会很浮躁，有多少人期待一夜暴富或是一夜成名，但这是不现实的。我们需要培养自己的耐心，不断积累实力，因为机会总是留给有准备之人的。

6. 讼卦：慎始无讼，持中止讼

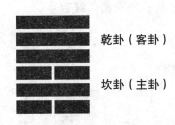

讼卦（坎下乾上）

讼：有孚窒惕，中吉，终凶。利见大人，不利涉大川。

【译解】讼卦象征打官司：这是因为诚实守信的德行被阻塞，心中畏惧有所戒备引起，坚守正道居中不偏会吉祥，坚持把官司打到底则凶险。如有德高望重的大人物出现则会有利，但出外远行，要渡过宽阔的大河则不会顺利。

《象》曰：讼，上刚下险，险而健，讼。讼有孚窒惕，中吉，刚来而得中也。终凶，讼不可成也。利见大人，尚中正也。不利涉大川，入于渊也。

【译解】《象辞》说：讼卦，阳刚居上，坎险在下，阴险而又刚健，就会与人争讼。争讼要内心诚实，克制、警惕，适可而止是吉祥的，这说明刚健者争讼要保持适中。争讼到底有凶险，是成不了事的。只有相信公正，才利于出现大人，因为裁决争讼须崇尚保持中正。就像不利于涉越大河，那样会陷入深渊。

《象》曰：天与水违行，讼；君子以作事谋始。

【译解】《象传》说：讼卦的卦象是坎（水）下乾（天）上，为天在水上之表象。天从东向西转动，江河百川之水从西向东流，天与水是逆向相背而行的，象征着人们由于意见不合就会打官司。所以君子在做事前要深谋远虑，从开始就要消除可能引起争端的因素。

初六，不永所事；小有言，终吉。

【译解】初六，不久将陷于争端之中；虽然会受到一些非难和指责，但终究会吉祥。

《象》曰："不永所事"，讼不可长也；虽"小有言"，其辩明也。

【译解】《象传》说："不久将陷于争端之中"，说明与人争端决不可长久，决不可互不让步，相持不下；（适当让步）虽然会"受到一些非难和指责"，但通过摆事实讲道理，可以明辨是非。

九二，不克讼，归而逋，其邑人三百户，无眚。

【译解】九二，打官司失利，迅速逃回来，跑到只有三百户人家的小国中，在此居住可以避开灾祸。

《象》曰："不克讼，归（而）逋"，窜也；自下讼上，患至掇也。

【译解】《象传》说："打官司失利，迅速逃回来"，因为自己处于下位，与上面有权有势的人打官司，必然要失败，而且有灾祸降临，但逃走避开，灾祸就没有了。

六三，食旧德，贞厉，终吉；或从王事，无成。

【译解】六三，安享着原有的家业，吃喝不愁，坚守正道，处处小心防备危险，终究会吉祥；如果从事大的事情，将一事无成。

《象》曰："食旧德"，从上吉也。

【译解】《象传》说："安享着原有的家业"，说明只要顺从上级，则可以获得吉祥的结果。

九四，不克讼，复即命，渝，安贞吉。

【译解】九四，打官司失利，经过反思改变了主意，决定不打官司了，安分守己，必然会得到吉利的结果。

《象》曰："复即命，渝，安贞"，不失也。

【译解】《象传》说："打官司失利，经过反思改变了注意，决定不打官司了，安分守己"，没有什么损失。

九五，讼，元吉。

【译解】九五，官司得到了公正的判决，开始获得吉祥的结果。

《象》曰："讼，元吉"，以中正也。

【译解】《象传》说："官司得到公正的判决，开始获得吉祥的结果"，表明此时居于正中地位，得到了大人物的公正判处。

上九，或锡之鞶带，终朝三褫之。

【译解】上九，因打官司获胜，君王偶然赏赐给饰有皮束衣带的华贵衣服，但在一天之内却几次被剥下身来。

《象》曰：以讼受服，亦不足敬也。

【译解】《象传》说：因为打官司获胜而得到赏赐，没有什么值得尊敬的。

【智慧解析】

需卦是"水天需"，讼卦则是"天水讼"，两者是互为覆卦的关系。讼卦的卦象是"天水讼"，天在上而水在下，两者没有交集。上卦刚强而下卦险恶，难免要诉讼。君子遇到小人，且君子小人互相违道，在没有共识的情况下，又有利益纠葛，所以争讼在所难免。

遇到这样的情况，孔子的主张是："听讼，吾犹人也，必也使无讼乎！"

怎样才能做到不打官司呢？首先应谨慎小心地对待每一件小事，慎始无讼；万一免不了要诉讼，不管对方态度如何，首先自己要保持内心诚实，尊重事实而不感情用事，这是基本点，这就是立足于"孚"。其次，要堵塞忿争之心，克制这种有害的欲望，警惕因一时之愤而失去理智，努力从自己这一方平息争讼。第三，确实非争不可时，也要保持中正立场来止讼。此卦反映了我国古人的息讼思想，即如执法（广义）公正无私，则天下讼息。

法治社会重视法治信仰，以法律中正为上。全社会认真传承人类共同的法治信仰是法治建设的根本所在，是法治建设首要的活动，是开始的、基础的工作。在此基础上要明是非、作判断，打官司是必要的，但不是充分、完美的，讼争毕竟是不好的。但是，既然社会是由平等、独立、自由的个体所组成，完全息讼也是不可能的，否则也就没有了法制文明的社会。就个体（广义）而言，却要有无讼思想，以社会公德为上，提升修养，逐渐达到爱人、爱己、爱天地万物的境界。

7. 师卦：用兵之法，民众为本

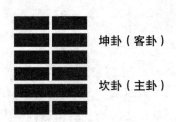

师卦（坎下坤上）
师：贞，丈人吉，无咎。
【译解】师卦象征兵众（师指军队）：坚守正道、德高望重、富有经验的长者统率军队可以得到吉祥，不会有什么灾祸。

《象》曰：师，众也。贞，正也。能以众正，可以王矣。刚中而应，行险而顺。以此毒天下，而民从之，吉又何咎矣。

【译解】《象辞》说：师，是兵众的意思。贞，是持正的意思。能使众多的军队守持正道，就可以成就王业了。统帅刚健居中，而与君王相应；进行危险的战争，而能得到兵众的依顺。凭借这些来攻伐天下，百姓愿意服从，这是吉祥的征兆，哪里还谈得上灾祸呢？

《象》曰：地中有水，师；君子以容民畜众。

【译解】《象传》说：师卦的卦象是坎（水）下坤（地）上，是地中有水之表象。地中蕴藏汇聚了大量的水，取之不尽，用之不竭，象征兵源充足；君子要像地中藏水一样容纳天下百姓，养育众人，这样就会有众多的士兵可用。

初六，师出以律，否臧凶。

【译解】初六，出师征战必须要有严明的纪律，如果军纪混乱必然有凶险。

《象》曰："师出以律"，失律凶也。

【译解】《象传》说："出师征战必须要有严明的纪律"，要号令整齐，行动一致，赏罚分明。如果军纪不良，指挥不灵，必然发生凶险。

九二，在师，中吉，无咎；王三锡命。

【译解】九二，在军中任统帅，持中不偏可得吉祥，不会有什么灾祸；君王多次进行奖励，并委以重任。

《象》曰："在师，中吉"，承天宠也；"王三锡命"，怀万邦也。

【译解】《象传》说："在军中任统帅，持中不偏可得吉祥，不会有什么灾祸"，这是承受"天命"，因此得到君王的宠幸；"君王多次进行奖励"，说明怀有治国平天下，使万邦悦服的宏大志向。

六三，师或舆尸，凶。

【译解】六三，士兵不时运送战死者的尸体回来，凶险。

《象》曰："师或舆尸"，大无功也。

【译解】《象传》说:"士兵不时运送战死者的尸体回来",说明不能知己知彼,在敌强我弱的情况下,不自量力发动进攻,结果战败,没有任何功绩可言。

六四,师左次,无咎。

【译解】六四,率军暂时撤退,免得遭受损失。

《象》曰:"左次,无咎",未失常也。

【译解】《象传》说:"率军暂时撤退,免得遭受损失",说明深通兵法,懂得用兵有进有退的常理。

六五,田有禽,利执言,无咎;长子帅师,弟子舆尸,贞凶。

【译解】六五,田野中有野兽出没,率军围猎捕获,不会有损失;委任德高望重的长者为军中主帅,必将战无不胜;委任无德小人,必将运送着尸体大败而回,占问的结果必然是凶险的。

《象》曰:"长子帅师",以中行也;"弟子舆尸",使不当也。

【译解】《象传》说:"委任德高望重的长者为军中主帅,必将战无不胜",表明居中持正,行为有法度,必然获胜;"委任无德小人,必将运送着尸体大败而回",说明用人不当,必招致大败,自食恶果。

上六,大君有命,开国承家,小人勿用。

【译解】上六,凯旋,天子颁布了诏命,分封功臣,或封为诸侯,或封为上卿,或封为大夫,但决不可以重用小人。

《象》曰:"大君有命",以正功也;"小人勿用",必乱邦也。

【译解】《象传》说:"天子颁布诏命,分封功臣",是为了按功劳大小而公正封赏。"决不可以重用小人",是因为重用小人必然危害并扰乱邦国。

【智慧解析】

师卦是异卦(下坎上坤)相叠。上卦为坤卦,代表大地、国土、百姓；下卦为坎卦，代表水泽、沟渠、危险。卦象显示地面深陷，地下有沟有坑，有危险。就人事而论，寓意广大的国土面临危险，百姓处于水深火热之中，正是军队出征、国家处于战争状态之象。从六爻来看，只有下卦的二爻是阳爻，代表积极主动的力量；其他阴爻都代表消极被动的力量。二爻阳爻代表发布命令的统军大将，其他阴爻代表接受命令的众多士兵，正是一名将军受命统兵出征之象。

社会发展使国家产生，国家产生争斗，则发生战争。从局部看，战争似乎有正义与不正义之分。

春秋中期，秦国在穆公即位后，国势日盛，已有图霸中原之意，但东进的道路被晋所阻。公元前628年，秦穆公得知郑文公和晋文公相继亡故，就想越过晋境偷袭郑国。十二月，秦派孟明视等率军出袭郑国，次年春顺利通过崤山隘道，越过晋国南境。秦军临近郑国边界时，恰与赴周贩牛的郑国商人弦高相遇。机警的弦高断定秦军必是袭郑，于是一面冒充郑国使者犒劳秦军，一面派人回国报信。

孟明视以为郑国有备，战机已失，只好率军回国。新即位的晋襄公得知此事后，决心打击秦国气焰，以维护晋文公开创的霸业。

为了不惊动秦军，晋襄公命先轸率军秘密赶至崤山，率军埋伏于崤山隘道两侧。秦军从崤山返回时，由于上次经过时很顺利，毫无戒备。晋襄公身着丧服亲自督战，晋军将士个个奋勇杀敌。秦军身陷隘道，进退不能，惊恐大乱，全部被歼。这就是局部意义上的正义之战。

称霸中原的渴望占据了秦穆公原本开阔的心胸，消灭郑国、征服晋国的诱惑蒙蔽了他原本智慧的双眼。最终，渴望变成了失望，诱惑变成了陷阱。

有一个成语故事叫"螳螂捕蝉，黄雀在后"。如果你想侵略别人，或者算计别人，人家已经在一旁等候着你了，你会有什么好结果呢？

所谓"贞"，正也，用兵之道，以正为本。只有把民众团结在正义的旗帜之下，遵循正道，万众一心，才能师出有名，以正讨不正，最终得以推行王道，成就王业，使天下归附。

8. 比卦：和谐相处，亲附之道

比卦（坤下坎上）

比：吉。原筮，元永贞，无咎。不宁方来，后夫凶。

【译解】比卦象征亲密无间，团结互助：吉祥。探本求原，再一次卜筮占问，知道要辅佐有德行的长者，只要长久不变地坚守正道，就不会有祸害。连不安分的诸侯也会来朝贺，还有少数来得迟的诸侯将有凶险。

《彖》曰：比，吉也。比，辅也，下顺从也。原筮，元永贞，无咎，以刚中也。不宁方来，上下应也。后夫凶，其道穷也。

【译解】《彖辞》说：亲附，会得到吉祥。"比"是亲附、辅助的意思，指九五以下的阴爻顺从上面的阳刚之君。经过考察研究而作决定，所亲附者有尊长之德，可以长久不变，能够坚守正道，不会有灾祸，因为九五刚健而居中。不安分的诸侯也来朝贺，说明上下相互应合。来得迟的诸侯将有凶险，因为他们已走入困境。

《象》曰：地上有水，比；先王以建万国，亲诸侯。

【译解】《象传》说：比卦的卦象为坤（地）下坎（水）上，象征地上有水。大地上百川争流，流水又浸润着大地，表明地与水亲密无间，互相依存；以前的历代君主明白这个道理，所以分封土地，建立万国，安抚、亲近各地诸侯。

初六，有孚比之，无咎；有孚盈缶，终来有它，吉。

【译解】初六，具有诚实守信的德行，亲密团结，辅佐君主，不会有灾祸；诚信的德行如同美酒注满了酒缸，吸引远方的人纷纷前来归附，结果是吉祥的。

《象》曰：比，之初六，有它吉也。

【译解】《象传》说：比卦的第一爻位（初六），表示一开始便具有诚信的德行，致使远方来人归附，自然吉祥。

六二，比之自内，贞吉。

【译解】六二，内部亲密团结，努力辅佐君主，结果是吉祥的。

《象》曰："比之自内"，不自失也。

【译解】《象传》说："内部亲密团结，努力辅佐君主"，说明没有偏离正道。

六三，比之匪人。

【译解】六三，与行为不端正的人交朋友，而且关系亲密。

《象》曰："比之匪人"，不亦伤乎？

【译解】《象传》说："与行为不端正的人交朋友，而且关系亲密"，难道不是一件很可悲的事吗？

六四，外比之，贞吉。

【译解】六四，在对外交往中互相信任，亲密团结，尽力辅佐贤明的君主，其结果是吉祥的。

《象》曰：外比于贤，以从上也。

【译解】《象传》说：在外面亲密团结朋友，辅佐贤君，说明要顺从居于尊上地位的君主，才会有好的结果。

九五，显比；王用三驱，失前禽，邑人不诫，吉。

【译解】九五，光明无私，亲密团结，互相辅助；跟随君王去田野围猎，从三面驱赶，网开一面，看着禽兽从敞开的一面逃走，毫不在乎，君王的部下也不戒备，吉祥。

《象》曰："显比"之吉，位正中也，舍逆取顺，"失前禽"也；"邑人不诫"，上使中也。

【译解】《象传》说："光明无私，亲密团结，互相辅助"，可获得吉祥，因为此时居于正中位置，抛弃逆天行事的举动而顺其自然，就好像围猎时网开一面，"让禽兽从敞开的一面逃掉"；"君王的部下也不戒备"，这是君王的贤德感化了他们的缘故。

上六，比之无首，凶。

【译解】上六，与众人亲密团结、互助友爱，但自己不居于领导地位，将有凶险。

《象》曰："比之无首"，无所终也。

【译解】《象传》说："与众人亲密团结、互助友爱，但自己不居于领导地位，将有凶险"，说明自己将来没有可以归附的地方，无立足之地。

【智慧解析】

比卦的上卦为坎卦，坎为水；下卦为坤卦，坤为地，水在地上流淌便是比卦的卦象，是谓"水地比"。比卦的装卦顺序与师卦相反，互为覆卦，故而此两卦意义相反，"师"为战，"比"为和，表现物极必反，战后必和。

全卦唯一的阳爻居九五位，象征着相互亲近，安定团结。

比，即亲密、友爱、和睦相处。人与人的关系、国家统治关系、社会治理关系都需要"比"。其中，坚持仁爱是"比"的最高原则，这样什么时候都有好的结果。此卦讲人（广义）要谨慎处世，顺从"大人"

（即掌握真理的智者"君子"）。"大人"统治，"小人"顺从，人类社会应建立万国一统的世界（即人类社会大联合，民众大团结）。

康熙年间，官居文华殿大学士兼礼部尚书的张英遇到了这样一件事：生活在桐城老家的家人要整修府第，但因宅基地地界不清，与邻居吴家出现争执。双方互不相让，闹到官府。家里人写信将此事告诉张英，希望张英利用官威、权势施加影响，打赢官司。

张英得知事情原委后，赋诗一首，以诗代信，送回家中，诗云："千里修书只为墙，让他三尺又何妨。万里长城今犹在，不见当年秦始皇。"家人见书，主动在争执线上退让了三尺，垒建院墙，而邻居吴氏见状也深受感动，退地三尺，建宅置院，于是两家的院墙之间有了一条宽六尺的巷子。

张英在涉及自己家人切身利益的时候，没有利用手中的权势压制对方，而是以高远的眼光、开阔的心胸劝说家人退让为先。这种看似违背常态的做法蕴含着更高的智慧、更远的眼光。心胸宽广、放眼长远、恭谦礼让的人，无论何时都是受人尊敬的，这也是避凶趋吉的良方。

邻里间如此，一个国家甚至全人类也应如此。《周易》是在为天下而设谋，非为一人、一族、一国而谋。它的真理性无国界。《周易》不愧是人类真正的自然法思想之祖宗，以屯、蒙、需、讼、师、比六卦的演化过程，揭示人类生存发展的必然规律，告诉人们欲达到无忧，"化干戈为玉帛"，和谐相处，才是必由之路。

9. 小畜卦：养精蓄锐，待势而发

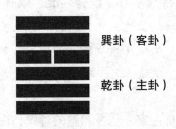

小畜卦（乾下巽上）

　　小畜：亨；密云不雨，自我西郊。
　　【译解】小畜卦象征小有积蓄：亨通顺利；从西方天空吹来浓密的积云，但还没有下雨。

　　《彖》曰："小畜"，柔得位而上下应之，曰小畜。健而巽，刚中而志行，乃亨。密云不雨，尚往也。自我西郊，施未行也。
　　【译解】《彖辞》说：小畜，阴柔得位而上下阳刚都来应它，所以称"小畜"。强健而又顺逊，阳刚居中而志向可以实行，因此也会亨通顺利。浓云密布却不降雨，说明阳气还在上升；若有风从西方吹来，说明阴阳交会已经开始，但尚为畅行。
　　《象》曰：风行天上，小畜；君子以懿文德。
　　【译解】《象传》说：小畜卦的卦象是乾（天）下巽（风）上，是风飘行天上的表象。风在天上吹，密云不雨，气候不好不坏，收成一般，所以只能"小有积蓄"；君子面对这种情况，于是修养美好的品德，用心作好文章等待发达的时机。

初九，复自道，何其咎？吉。

【译解】初九，自己从原路返回，哪里会有什么灾祸呢？吉祥。

《象》曰："复自道"，其义吉也。

【译解】《象传》说："自己从原路返回"，表明这行动很适宜，符合常理，因而吉祥。

九二，牵复，吉。

【译解】九二，带着不识路的人一道从原路返回，吉祥。

《象》曰："牵复"在中，亦不自失也。

【译解】《象传》说："带着不识路的人从原路返回"，表明此时处于居中位置，自己不会失掉阳刚的德行。

九三，舆说辐，夫妻反目。

【译解】九三，行在半路上，大车的辐条忽然从车轮中脱出来，车不能再行了，回到家里，夫妻因此大吵大闹着要离婚。

《象》曰："夫妻反目"，不能正室也。

【译解】《象传》说："夫妻因此大吵大闹着要离婚"，说明丈夫不能以家规要求妻子，自己也没有给妻子做出表率，所以妻子不守妇道。

六四，有孚；血去惕出，无咎。

【译解】六四，具有诚实守信的德行，互相信任；抛弃心机与戒备心理，这样就没有灾祸。

《象》曰："有孚"，"惕出"，上合志也。

【译解】《象传》说："具有诚信之德"，"抛弃心机与戒备心理"，表明这样符合居于尊上地位的权势者的意愿。

九五，有孚挛如，富以其邻。

【译解】九五，具有诚信的德行，与别人紧密联系并互相帮助，自己致富也要使邻人跟着一同富起来。

《象》曰："有孚挛如"，不独富也。

【译解】《象传》说："具有诚信的德行，与别人紧密联系并互相帮助"，表明要与人共同富裕，不独自享受富贵。

上九，既雨既处，尚德载；妇贞厉，月几望。君子征凶。

【译解】上九，下起了细雨，但不久又停下来，阳刚者的德行会被弥漫的阴气所掩盖；这时妇人要坚守正道，因为十五月圆，十六就开始亏了，要小心防备危险。男子出征，必有凶险。

《象》曰："既雨既处"，德积载也；"君子征凶"，有所疑也。

【译解】《象传》说："下起了细雨，但不久又停下来"，表明这时阴气弥漫掩盖了阳刚之德；"男子出征，必有凶险"，说明阴湿之气聚集，到处一片茫茫，方向不清，情况不明，自然会发生危险。

【智慧解析】

小畜卦象征微小的蓄聚，都能使人亨通。其上卦为巽，下卦为乾，乾刚巽柔，风行天上为得位，在下乾之气受热欲上升，被上行之风畜止而待用。

卦辞说：小有成就的时候，人们会认为凡事都是亨通顺达的。因此，内心还会不自觉地产生更大的渴望，想取得更大的成绩；但又由于此时力量不足，因此产生欲进而不得，欲退而不甘的忧郁、苦闷。这种情形就像西方的天空浓云密布，却不下雨一样令人着急。越是这样的时候，越需要大智慧。

公元617年，李渊被诏封为太原留守，北边的突厥以数万兵马多次冲击太原城池，李渊遣部将王康达率千余人出战，几乎全军覆灭。后来他巧使疑兵之计，才勉强吓跑了突厥兵。更可恶的是，在突厥的支持和庇护下，部将郭子和、薛举等纷纷起兵闹事，李渊防不胜防，随时都有被隋炀帝借口失责而杀头的危险。

人们都以为李渊怀着刻骨仇恨，会与突厥决一死战。不料李渊却派遣谋士刘文静为特使，向突厥屈节称臣，并表示愿把金银珠宝统统送给始毕可汗。

李渊为什么这么做呢？其实，他早有自己的盘算。他根据天下大势，已断然决定起兵反隋。太原虽是一个军事重镇，但并不是理想的发家基地，必须西入关中，方能号令天下。不过，太原又是李唐大军万万不可丢失的根据地。那么，用什么办法才能保住太原，顺利西进呢？

当时李渊手下不过三四万人马，既要全部屯驻太原，应付随时出没的突厥，又要追剿有突厥撑腰的农民起义军，已是捉襟见肘。而现在要进伐关中，显然不能留下重兵把守，唯一的办法是采取示弱政策，让突厥"坐受宝货"。

李渊甘于让步，得到了突厥的不少资助，始毕可汗送给他不少马匹和士兵。李渊又乘机购来许多马匹，不仅为其打造一支战斗力极强的骑兵奠定了基础，而且汉人素惧突厥兵英勇善战，军中有突厥骑兵，自然凭空增加了声势。

小畜卦包含着养精蓄锐、蓄势待发的精神内涵，启示人们在事业竞争中稍有一些小积蓄时，要清醒地认识到这些积蓄是为后一步的发展做准备的。小有积蓄、小有资本的时候，要继续努力上进，不能自以为是；面对不利的形势，更不能意志消沉，失去斗志。

10. 履卦：慎行防危，胸怀坦荡

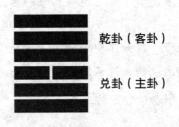

履卦（兑下乾上）

履：履虎尾，不咥人，亨。

【译解】履卦象征小心行动：踩在老虎尾巴上，老虎却没有回头咬人，当然亨通顺利。

《彖》曰：履，柔履刚也。说而应乎乾，是以履虎尾，不咥人，亨。刚中正，履帝位而不疚，光明也。

【译解】《彖辞》说：履，是指柔爻在刚爻之上的意思。应该和悦地与阳刚者应合，所以踩在老虎尾巴上，老虎却没有回头咬人，当然亨通顺利。阳刚居中而守正，能够践履帝位而避免弊病，这才称得上正大光明。

《象》曰：上天下泽，履；君子以辩上下，定民志。

【译解】《象传》说：履卦的卦象是兑（泽）下乾（天）上，为天下有泽之表象。上有天，下有泽，说明要处处小心行动，如行在沼泽之上，一不注意就会陷下去；君子要深明大义，分清上下尊卑，坚定百姓的意志，遵循礼仪而行，必然秩序井然。

初九，素履，往无咎。

【译解】初九，心地纯朴，品行端正，处处小心行事，无论到什么地方都没有灾祸。

《象》曰："素履"之往，独行愿也。

【译解】《象传》说："心地纯朴，品行端正，处处小心行事"，表明要专心致志，遵循礼仪实现自己的意愿。

九二，履道坦坦，幽人贞吉。

【译解】九二，小心行走在平坦宽广的大道上，幽居的人安于闲逸恬静的生活，结果是吉祥的。

《象》曰："幽人贞吉"，中不自乱也。

【译解】《象传》说："幽居的人安于闲逸恬静的生活，结果是吉祥的"，说明自己内心平静，自然毫不紊乱，循礼仪而行的信念坚固。

六三，眇能视，跛能履。履虎尾，咥人，凶；武人为于大君。

【译解】六三，眼睛快瞎了，但勉强能看到一点点；腿跛了，但勉强能走几步。不小心踩在老虎尾巴上，老虎回头就咬人，凶险；勇敢的武士要竭力为君主效劳。

《象》曰："眇能视"，不足以有明也；"跛能履"，不足以与行也；"咥人"之凶，位不当也；"武人为于大君"，志刚也。

【译解】《象传》说："眼睛快瞎了，但勉强能看到一点点"，不足以分辨事物；"腿跛了，但勉强能走几步"，不能出外远行；老虎"回头就咬人"是凶险的，表明这时处的位置很不妥当；武士要竭力为君主效劳，表明武士的志向刚强。

九四，履虎尾，愬愬，终吉。

【译解】九四，踩着了老虎尾巴，感到恐惧害怕，但谨慎小心，终究吉祥。

《象》曰："愬愬终吉"，志行也。

【译解】《象传》说:"感到恐惧害怕,但谨慎小心,终究吉祥",说明小心遵循礼仪而行就能实现自己的志愿。

九五,夬履,贞厉。

【译解】九五,刚毅善于作出决断,小心行动,就能避免危险。

《象》曰:"夬履,贞厉",位正当也。

【译解】《象传》说:"刚毅果断善于作出决断,小心行动,就能避免危险",说明此时虽处于正当的位置,但也不能疏忽大意。

上九,视履考祥,其旋元吉。

【译解】上九,回头看看走过的路,详细察看一下吉凶祸福,继续前行就可顺应阴柔自然之道,这样很吉祥。

《象》曰:"元吉"在上,大有庆也。

【译解】《象传》说:"很吉祥",高居尊上之位,表明有大的福分,值得庆祝。

【智慧解析】

履卦上乾下兑,乾为天,表示刚强、有为;兑为泽,表示温柔、从悦的形态,好像柔弱者小心翼翼地跟随在强壮者的后面,与刚正强健配合。整体卦意象征脚踏实地采取行动执行任务。

"履"即礼,即人们立身处世的准则,礼以和为贵。事物多了,人也多了,势必产生大小、尊卑、美恶的差异。如能以谦虚柔弱与他人相处,慎行防危,胸怀坦荡,那么,即使再恶劣的人也不会伤害你,更何况刚正之人?

履卦中唯六三爻是阴爻,其他全是阳爻,六三爻是成卦之主,它可以说是处在群阳的包围之中。"履"要求各守己之位,各安己之分。如何行动?它要求人素朴与他人相处,做到立志专一,坚守内心世界的安恬,进退就绰绰有余。"履虎尾",需要勇敢,需要果决,但不违礼,需要审慎,需要智谋。

宋代吕端是有名的相国,他在小事上很会装糊涂,而在大事上需要决断时又十分聪慧和果敢。当初宋太宗要起用吕端为相，有人就向太宗劝告："吕端为人糊涂，不可重用。"宋太宗却颇为赞赏他，说："吕端小事糊涂，大事不糊涂。"决意以吕端为相。

宋太宗病危时，内侍王继恩忌恨太子英明过人，私下里和参知政事李昌龄等打算立楚王为皇位继承人。吕端到宫禁中去探问太宗的病情，发现太子不在皇帝身边，怀疑其中有变，就在笏上写了"病危"两个字，命令亲近可靠的官员请太子马上入宫侍候。

太宗去世后，李皇后叫王继恩来召吕端进宫。吕端知道情况有变，马上哄骗王继恩，让他带着自己进了皇帝的书阁检查太宗先前所赐的手写诏书，把诏书锁起来才去见皇后。皇后说："皇帝已经去世了，立太子应当立长子，这是顺理成章的事。"吕端说："先帝立太子，早有诏令。现在天子刚刚离去，难道可以马上就违抗天子的命令，在皇位继承人问题上提出别的不同说法吗？"于是就拥戴太子继承皇位，为宋真宗。

宋真宗在举行登基仪式时，在天子座位前垂着帷帘接见群臣。吕端平正地站在殿下，先不拜天子，而是请求天子卷起帷帘。他上殿仔细看过，认清的确是原太子，然后才下台阶，带领群臣拜见天子，高呼万岁。

由此可见，吕端对小事糊涂，不要小聪明，是"大智若愚"，这样的人不会一直采取近乎"糊涂"的策略，在必要的时候能够表现出大智的一面：见识和决断。

慎行防危，而又胸怀坦荡，是一种做人的大智慧。

11. 泰卦：阴阳交泰，察变而为

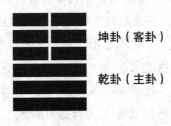

泰卦（乾下坤上）

泰：小往大来，吉，亨。

【译解】泰卦象征通达：弱小者离去，强大者到来，吉祥，亨通。

《彖》曰：泰，小往大来，吉亨，则是天地交而万物通也，上下交而其志同也。内阳而外阴，内健而外顺，内君子而外小人。君子道长，小人道消也。

【译解】《彖辞》说：通泰，意味着阴气往上升，阳气向下降，吉祥而亨通。这是由于天地之气交和使得万物生生不息，上下尊卑交和使得人们的意向一致。阳在内，阴在外；刚健者在内，柔顺者在外；君子在内，小人在外。这说明君子的正道日益滋长，小人的邪道日渐消亡。

《象》曰：天地交，泰；后以财成天地之道，辅相天地之宜，以左右民。

【译解】《象传》说：泰卦的卦象为乾（天）下坤（地）上，地气上升，乾气下降，为地气居于乾气之上的表象，阴阳二气一升一降，互相交合，顺畅通达；君主这时要掌握时机，善于裁决调理，以成就天地交合之道，促成天地化生万物之机宜，护佑天下百姓，使他们安居乐业。

初九，拔茅茹，以其汇，征吉。

【译解】初九，拔起了一把茅草，它们的根相连在一起，真是物以类聚，所以找它时要以其种类来识别，往前行进是吉祥的。

《象》曰："拔茅"，"征吉"，志在外也。

【译解】《象传》说："拔起一把茅草"，"往前行进是吉祥的"，说明有远大的志向，有在外建功立业的进取心。

九二，包荒，用冯河，不遐遗；朋亡，得尚于中行。

【译解】九二，有包容大川般的宽广胸怀，可以徒步涉过大河急流；礼贤下士，对远方的贤德之人也不遗弃；不结成小团体，不结党营私，能够辅佐公正有道德的君主。

《象》曰："包荒"，"得尚于中行"，以光在也。

【译解】《象传》说："有包容大川般的宽广胸怀"，"能够辅佐公正有道德的君主"，说明自己光明正大，道德高尚。

九三，无平不陂，无往不复；艰贞无咎，勿恤其孚，于食有福。

【译解】九三，没有平地不变为陡坡的，没有只出去不回来的，处在艰难困苦的环境中坚守正道就没有灾害，不要担心不能取信于人，安守本分，享用自己的俸禄是很有福分的。

《象》曰："无往不复"，天地际也。

【译解】《象传》说："没有只出去不回来的"，叶落归根，人回故乡，事物的正反两个方面往往互相转化，表明此时正在天地交合的边缘，处于变化之中。

六四，翩翩不富，以其邻不戒以孚。

【译解】六四，像飞鸟翩翩下降，虚怀若谷，这样与左邻右舍相处，不互相戒备，彼此以诚相见，讲求信用。

《象》曰："翩翩不富"，皆失实也；"不戒以孚"，中心愿也。

【译解】《象传》说:"像飞鸟翩翩下降,虚怀若谷",说明此时不以个人的殷实富贵为念;"与左邻右舍相处,不互相戒备,彼此以诚相见,讲求信用",因为这是大家内心共同的意愿。

六五,帝乙归妹,以祉元吉。

【译解】六五,商代帝王乙嫁出自己的女儿,因此得到了福分,是十分吉祥的事。

《象》曰:"以祉元吉",中以行愿也。

【译解】《象传》说:"得到了福分,是十分吉祥的事",说明因为实现了长期以来心中祈求的意愿,所以结果是吉祥的。

上六,城复于隍,勿用师;自邑告命,贞吝。

【译解】上六,城墙倒塌在久已干涸的护城壕沟里,这时绝不可进行战争;应减少烦琐的政令,以防止可能出现的土崩瓦解的局面。

《象》曰:"城复于隍",其命乱也。

【译解】《象传》说:"城墙倒塌在久已干涸的护城壕沟里",说明形势已经向错乱不利的方面转化,其前景是不大美妙的。

【智慧解析】

泰卦,阴气往上升,阳气向下降,吉祥而亨通。

阴阳代表万事万物对立的两个方面,它们不但处于对立状态,也会和谐地统一在一起,这就是"阴阳相交"。《周易》明于天之道,察于民之故,既讲自然界的规律,也讲社会人事的规律。它认为,自然界有规律,社会人事也有规律,而且两种规律有其惊人的一致性。天地之间与人类社会有时会出现一种不多见的和谐状态,这就叫作"泰"。因为天地之气交和使得万物生生不息,上下尊卑交和使得人们的意向一致。

但是,任何事物发展到一定阶段,都会朝反方向转化,而且转化需要具备客观条件与内在因素。天地无时不变,人世也无时不变,变化就是发展。纷纷纭纭之中,只有适者才能生存。

第二部分 推开玄义妙智之窗

春秋时期，晋献公死后，他的五个儿子为争夺王位展开了激烈的争夺。公子重耳遭受陷害，逃到狄国（今河北正定县）。后来，他的同父异母兄弟夷吾当上国君，称晋惠公。为除后患，晋惠公派人前往狄国刺杀重耳。重耳连夜带着狐偃等人，再次逃难。他们一路隐姓埋名，风餐露宿，历尽艰辛，粮食不够吃，衣服不够穿，不得不靠野菜充饥，甚至乞讨度日。整个逃难的艰苦岁月里，狐偃紧跟公子重耳，帮他渡过重重难关。

秦穆公一心要帮助公子重耳回晋国做国君，便于公元前636年出动大军，亲自护送他到了黄河边。上船的时候，公子重耳的随从把逃难时用的物品全都搬到船上，一样也舍不得扔掉。重耳见了哈哈大笑，说："我回去做国君，要什么有什么，还要这些破破烂烂干什么？"

忠心耿耿的狐偃把这一切看在眼里，心中十分难过。他想，公子未得富贵，先忘贫贱，将来怎么会是个好君主？于是，他把秦穆公送给他的一块白玉拿出来，对重耳说："如今公子过河，对岸就是晋国，你内有大臣，外有秦国，我就留在这里吧。现奉上这块白玉，以表我的心意。"

重耳听了十分诧异，说："我全靠你们帮助，才有今日。大家在外面吃了十九年的苦，现在回去，有福同享，你怎能不回去？"

狐偃说："以前公子在患难之中，我还有些用处。现在公子回去做国君，情形不同了，自然另有一批新人使唤。我们就好比这些旧衣破鞋，还带回去做什么？"

重耳听了恍然大悟，直怪自己不该得意忘形，他红着脸，流着泪对狐偃说："这全都是我的不是，做人应该饱不忘饥。"

他们过了黄河，打了胜仗，重耳做了晋国国君，就是晋文公。

晋公子重耳在外流浪了十九年，在秦穆公帮助他回晋国做国君的路上，过黄河上船时，他决定抛弃所有使用过的旧东西。从这个细节上，饱经人事的老臣狐偃已经预见到了这群随臣的命运，所以，他决定不再跟随重耳渡过黄河。

古人对于人类社会的治乱、泰否的演变，早就有了宏观认识。《诗经》中"高岸为谷，深谷为陵"的描述，正是沧海桑田式的历史变化的形象写照，可与本卦所述的"无平不坡，无往不复"、"城复于隍"互为印证。其中的深沉哲理，是值得反复领悟的。

12. 否卦：乱世之道，隐忍为上

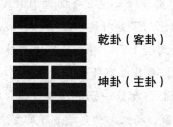

否卦（坤下乾上）

否：否之匪人，不利，君子贞；大往小来。

【译解】否卦象征闭塞：一个卦闭的社会，人们相互之间的来往是不通畅的，天下没有便利之处，君子必须坚守正道；这时强大者离去，弱小者到来。

《彖》曰："否之匪人，不利，君子贞；大往小来。"则是天地不交而万物不通也，上下不交而天下无邦也。内阴而外阳，内柔而外刚，内小人而外君子，小人道长，君子道消也。

【译解】《彖辞》说：闭塞不是人间正道，不利于君子坚持正义；阳气往上升，阴气向下降。这是由于天地阴阳不能交接，以致万物生长不能畅通，君臣上下不能交接，以致天下不成为邦国。阴在内，阳在外；柔顺者在内，刚健者在外；小人在内，君子在外。这说明小人的邪道日益滋长，君子的正道日渐消亡。

《象》曰：天地不交，否；君子以俭德辟难，不可荣以禄。

【译解】《象传》说：否卦的卦象为坤（地）下乾（天）上，为天在地上之表象。天在极高之处，地在极低之处，天地阴阳之间因而不能互相交合，所以时世闭塞不通，这时君子必须坚持勤俭节约的美德，以避开危险与灾难，不能谋取高官及丰厚的俸禄，去追求荣华富贵。

初六，拔茅茹，以其汇，贞吉，亨。

【译解】初六，拔起一把茅草，只见它们的根连在一起，物以类聚，找它们时要以其种类来识别；结果是吉祥的，亨通。

《象》曰："拔茅"，"贞吉"，志在君也。

【译解】《象传》说："拔起一把茅草"，"结果吉祥"，说明忠心耿耿，有为君主建功立业的远大志向。

六二，包承，小人吉；大人否，亨。

【译解】六二，阿谀奉承有权势的人，小人因此获得吉祥；德高望重的大人物不听信阿谀奉承，则是吉利的。

《象》曰："大人否，亨"，不乱群也。

【译解】《象传》说："德高望重的大人物不听信阿谀奉承，则是吉利的"，因为德高望重的大人物是不能与小人为伍的。

六三，包羞。

【译解】六三，由于受纵容而胡作非为，终于招致羞辱。

《象》曰："包羞"，位不当也。

【译解】《象传》说："由于受纵容而胡作非为，终于招致羞辱"，说明此时处的位置不正。

九四，有命无咎，畴离祉。

【译解】九四，奉行天命，替天行道，开通闭塞，没有灾祸，大家互相依附都可以获得福分。

《象》曰："有命无咎"，志行也。

【译解】《象传》说："奉行天命，替天行道，开通闭塞，没有灾祸"，说明要实现济困扶危、替天行道的志向。

九五，休否，大人吉；其亡其亡，系于苞桑。

【译解】九五，时世闭塞不通的局面将要停止，德高势隆的大人物可以获得吉祥；居安思危，常常以"不久将要灭亡，不久将要灭亡"，这样的警句来提醒自己，才能像系结在一大片丛生的桑树上那样牢固，安然无事。

《象》曰："大人"之吉，位正当也。

【译解】《象传》说："德高势隆的大人物"吉祥，说明此时处于居中位置，合适得当。

上九，倾否；先否后喜。

【译解】上九，时世闭塞不通的局面将要改变，发生了天翻地覆的变化；起初闭塞不通，后来顺畅通达，大家欢喜高兴。

《象》曰：否终则倾，何可长也！

【译解】《象传》说：闭塞到了极点必然要发生倾覆，物极必反，否极泰来，一种局面是不会长久持续不发生变化的！

【智慧全解】

泰卦是阴阳二气融会，而否卦坤下意味着地之阴气沉降而不上升，乾上意味着天之阳气升腾而不降落。这样，阴阳二气反向运动，分离而不相交接，由此而造成天地闭塞不通，这就是"否"。阴阳失常，上下不交，天地闭塞，这是乱世的象征。

此消彼长是大自然的运动规律。"君子"之道消，"小人"之道必长。社会否闭不通，没有"人道"，没有理性。在这样恶劣的社会环境中，需敬君子，畏小人。

五代时期的冯道，瀛州人。他经历了五代十个皇帝，最初执掌书记，后升为端明殿学士、同平章位司空。他是农民出身，相貌粗野朴实。有一次入朝，朝中大臣任赞、刘岳在他的后面，冯道边走边回头看了几次，任赞问刘岳："他这是干什么？"刘岳说："他家的《兔园册》掉了。"冯道听后很生气，把刘岳降为秘书监。

《兔园册》是唐初虞世南奉皇帝之命写的书,是乡间老师教农牧民的启蒙读本,刘岳的意思是嘲笑冯道幼稚无知。但开小人的玩笑就是开自己前途的玩笑。刘岳因一句玩笑话被贬,自然在情理之中。

人与自然处于征服、对立状态,也都是一种否态,是人类社会的危机时代,这就是"小人"得势的时代。自古"正邪不两立""道不同不相为谋",但是,小人离我们很近,我们无法拒绝和逃避。明白了这个道理,"君子"要学会隐,避免小人陷害;国家要学会不参与世界争斗;人类要学会适时地控制发展,保护环境。

13. 同人卦:与人和同,齐心协力

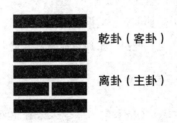

同人卦(离下乾上)

同人:同人于野,亨,利涉大川,利君子贞。

【译解】同人卦象征与人和睦相处:和别人亲密地走在宽广的原野上,亨通,有利于渡过大河急流,有利于君子坚守正道。

《彖》曰:同人。柔得位,得中而应乎乾,曰同人。同人,曰同人于野,亨,利涉大川,乾行也。文明以健,中正而应,君子正也。唯君子为能通天下之志。

【译解】《彖辞》说：与人和同，由于柔顺者处于正位，守持中道，与上面的刚健者相应，所以能够和同于人。同人卦指出和人亲密地在宽广的原野上，亨通，有利于渡过大河急流，这说明刚健者的行动发挥了作用；秉性文明而又刚健，行为中正而又互相配合，这是君子柔顺持守正道。只有君子才能与天下人的心志相通。

《象》曰：天与火，同人；君子以类族辨物。

【译解】《象传》说：同人卦的卦象是离（火）下乾（天）上，为天下有火之表象。天在高处，火势熊熊而上，天与火亲和相处，君子要明白物以类聚、人以群分的道理，明辨事物，求同存异，团结众人以治理天下。

初九，同人于门，无咎。

【译解】初九，一出门（与人交往）便能与人和睦相处，不会有什么灾祸。

《象》曰：出门同人，又谁咎也！

【译解】《象传》说：一出门便能与人和睦相处，又有谁会来危害你呢？

六二，同人于宗，吝。

【译解】六二，只和本宗本派的人和睦相处，必然会惹来一些麻烦。

《象》曰："同人于宗"，吝道也。

【译解】《象传》说："只和本宗本派的人和睦相处"，不能团结各个阶层的人，这是引起麻烦的根源。

九三，伏戎于莽，升其高陵，三岁不兴。

【译解】九三，把军队埋伏在密林草莽之中，占据附近的制高点频频瞭望，三年都不敢出兵打仗。

《象》曰："伏戎于莽"，敌刚也；"三岁不兴"，安行也？

【译解】《象传》说："把军队埋伏在密林草莽之中"，说明敌人力量强大，我方力量弱小。"三年都不敢出兵打仗"，表明敌我力量相差悬殊，怎么敢冒险轻进呢？

九四，乘其墉，弗克攻，吉。

【译解】九四，准备登城向敌人进攻，但终于没有进攻，是吉祥的。

《象》曰："乘其墉"，义弗克也，其"吉"，则困而反则也。

【译解】《象传》说："准备登城向敌人进攻"，但终于没有进攻，是因为发现这种进攻是不仁义的，这样做能获得吉祥，是因为在困惑时能及时醒悟，反过来能按正确的方法行事。

九五，同人，先号啕，而后笑，大师克相遇。

【译解】九五，与人和睦相处，开始大声痛哭，后来破涕为笑，大军作战告捷，志同道合者相会在一起。

《象》曰：同人之先，以中直也；大师相遇，言相克也。

【译解】《象传》说：与人和睦相处，开始大声痛哭，说明这时内心中正诚信，因不知战事的胜败而焦急痛哭；大军遇到了志同道合者，终于获得了战争的胜利，于是欢笑起来。

上九，同人于郊，无悔。

【译解】上九，在艰难的境地也愿与人和睦相处，遇不到志同道合者，也不后悔。

《象》曰："同人于郊"，志未得也。

【译解】《象传》说："在艰难的境地也愿与人和睦相处，遇不到志同道合者"，说明此时团结众人，而希望天下大同的愿望没有实现。

【智慧解析】

同人卦是讲个人与全社会关系的，自同而异，自异而同，逐渐发展。

在逆境中，人们会寻求联合以抵御敌人，所以，同人卦说明了人在遇到困难时希望有人帮助！

东汉末年，朝廷曾封曹操为镇东将军，屯驻兖州。曹操派人去接父亲。曹家一行四十余人路过徐州赶往兖州。徐州太守陶谦设宴款待，并派兵护送。没想到被派去的士兵竟是黄巾军余部，这些军士在护送途中，将曹家老小全部杀死。曹操闻讯哭倒在地，发誓要向陶谦报杀父之仇。于是带领大军往徐州进发，一路上杀戮百姓，挖掘坟墓，最后将徐州城团团围住。

势单力薄的陶谦向北海太守孔融求援。孔融与陶谦交情深厚，决定出兵。部队正要出发，一支起义的黄巾军来借粮食，孔融不肯，黄巾军便把北海城四面围住。城内顿时陷入绝境，一片哀哭声。孔融只好派太史慈向刘备求助。刘备早就听说过孔融此人，觉得值得一交，当即带兵解了北海之围，把敌军赶跑。孔融由悲转喜，对刘备感恩不已。随后，刘备又应孔融之请去救徐州。后来刘备得到徐州。

对此，后人或褒或贬，但无论如何，能够救人于危难之中，共同为善，就可以算得上是行"同人"之道。实际上，后来刘备也因这些"同人"之举而得到了更多"同人"之助。要有"同人于野"的胸襟，这也是卦辞中提出的第一个要点。

同人卦阐述的其实就是我们现在所说的人际关系问题，它包含着与人合群、同心同德、齐心协力、合力奋斗的精神实质，启示人们要突破狭隘的心理，团结众人，共同建设美好的家园和社会。不仅要小"同"，而且要天下大"同"。

从原始部落在原始森林中燃起熊熊大火吓跑野兽开始，到当代的华尔街舞灯，从旷日持久的"以巴和谈"，到联合国的圆桌会议，善良的人们都想走出闭塞，走出黑暗，都想跳一曲世界的圆舞曲——光明、温暖、友爱，这是人类追求的境界。

但天下大同毕竟难以实现。欲与天下人同，但同必有异，同则生异，异必归同。所以，要胸怀天下，自身要正，不走不长久的"小人"之"道"；要团结最广大的民众，不搞割据势力或小团体活动，做到刚健无私，文明明理，中正无偏，坚决不可同人与宗，这便是"君子"的"正道"。如此，心志自然会与天下人相交通，由此天下人自然与之相和同。要明白：人与人是平等的，人与国家是平等的，人与社会是平等的，人与自然万物是平等的。如此，才有世界大同之根基。

14. 大有卦：富有之道，应天而行

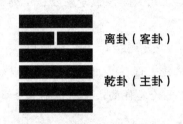

大有卦（乾下离上）

大有：元亨。

【译解】大有卦象征大有收获：至为亨通。

《彖》曰：大有，柔得尊位大中，而上下应之，曰大有。其德刚健而文明，应乎天而时行，是以元亨。

【译解】《彖辞》说：大有，阴柔者居于尊位，大而得中，上下阳刚与它相应，称为"大有"。品德刚健而又文明，能够顺应自然规律，适时行事，所以是至为亨通的。

《象》曰：火在天上，大有；君子以遏恶扬善，顺天休命。

【译解】《象传》说：大有卦的卦象是乾（天）下离（火）上，为火在天上之表象。火焰高悬于天上，象征太阳照耀万物，世界一片光明，农业大丰收，大有收获。君子在这个时候要阻止邪恶，颂扬一切善行，顺应天命，替天行道，以保护万物性命。

初九，无交害，匪咎；艰则无咎。

【译解】初九，不互相来往，也不彼此伤害，没有什么祸患；要牢记过去的艰难困苦,才能免于引起祸患。

《象》曰:大有初九,无交害也。

【译解】《象传》说:大有卦的第一爻(初九),说明此时不互相往来,一动不如一静,就不会有什么是非,自然没有什么祸患。

九二,大车以载,有攸往,无咎。

【译解】九二,用大车装载着财物,送到前面的地方,必然没有什么祸患。

《象》曰:"大车以载",积中不败也。

【译解】《象传》说:"用大车装载着财物",说明很富有,只要把财物放于车中,无论怎样颠簸震荡,都不会倾覆。

九三,公用亨于天子,小人弗克。

【译解】九三,王公前来朝贺,向天子贡献礼品并致以敬意,小人不能担任如此重要的职务。

《象》曰:"公用亨于天子",小人害也。

【译解】《象传》说:"王公前来朝贺,向天子贡献礼品并致以敬意",小人若担任如此重要的职务,必然发生变乱,成为祸害。

九四,匪其彭,无咎。

【译解】九四,虽然家财万贯,但不过分聚敛财物,就不会发生灾祸。

《象》曰:"匪其彭,无咎",明辨晢也。

【译解】《象传》说:"虽然家财万贯,但不过分聚敛财物,就不会发生灾祸",说明目光远大,智慧过人,能明辨是非,懂得凡事不能做过头的哲理。

六五,厥孚交加,威如,吉。

【译解】六五,以诚实守信的准则对外交往,对上尊敬,对下怀柔,必然增加个人的威信,是吉祥的。

《象》曰："厥孚交加"，信以发志也；"威如之吉"，易而无备也。

【译解】《象传》说："以诚实守信的准则对外交往，对上尊敬，对下怀柔"，说明以自己的诚实信用感动别人，使别人也变得诚实守信起来；"必然增加个人的威信，是吉祥的"，说明平易近人，纯真简朴，无所防备，反之则使人敬畏。

上九，自天佑之，吉无不利。

【译解】上九，上天保佑有德之人，赐福于己，吉祥，无往不利。

《象》曰：大有上吉，自天佑也。

【译解】《象传》说：大有卦第六爻位（上九）吉祥，是上天保佑有道德的人，是上天赐给的福分，只有顺天应人，才能大有收获，得到大量的财富。

【智慧解析】

大有卦的整体卦意象征大有成就，柔得尊位大中，而上下应之，曰大有。指人生学有所成或者功业有成，启示人们在成功之时，切不可骄傲自满，得意忘形。祸福相依是一种自然规律。此卦的互卦为夬卦，也就是盛运之中，仍然潜伏着挫折的因素和凶兆。

所以本卦讲，人在盛大富有时要知道开始的艰难和结局的善终问题，所以人人都需要谦虚，这样必得"天"（力量、道、光明）之佑助。一般而言，"君子"要不居功自傲，发自内心的谦虚，越谦虚越好。这不违背自然规则，如仍有不服"君子"管理者，则可以使用法律惩罚、警诫之"天道"和"人道"都是恶盈好谦，这就是天人合一，这就是自然规律与社会规律的一致性。

人们常说："死生有命，富贵在天。"实际上命就是天，天就是命，也就是说生死、富贵都是由命运安排的。顺应天道，创造出有利条件，往往就可以创造出奇迹。拥有了有利条件，再运用智慧，更会无往而无不利。

汉高帝刘邦就是顺天应道的一个典型例子。公元前209年，陈胜、吴广在大泽乡起义反秦，刘邦知道实现自己远大抱负的时机已到，便率众响应。在沛县少年豪杰和官吏萧何、曹参、樊哙等人的支持下，他杀了秦朝的沛县县令，攻占县城，正式宣布反秦起义。

刘邦的义举得到了丰沛一带江湖豪杰、地方官吏和父老乡绅的拥护，当地少年子弟纷纷参加义军，队伍迅速发展到三千多人。刘邦在沛县一带素有人缘，因此被公推为这支义军的统帅，号称"沛公"，从此他走上了艰苦的称霸之路。

《易经》说，一个人在起步阶段，不会大有收获，不至于因骄傲而造成过失；但小得成功便会得意忘形，骄傲自大。项羽最终的失败正说明了这一点。真正有大抱负者，追求的是全面丰收的大富大有的完美境界。大有卦的卦象，就象征着这一完美境界。所以，"其德刚健而文明，应乎天而时行，是以元亨"——顺应天道方可长保富有，诚信威严才能富有天下。不大其所有，才能保其大有。这就是富有之道的辩证哲学。

15. 谦卦：谦虚行事，慎始善终

谦卦（艮下坤上）

谦：亨，君子有终。

【译解】谦卦象征谦虚：谦虚的美德可以使百事顺利，但谦虚并非人人都能坚持下去的，而只有君子才能坚持到底。

《彖》曰：谦，亨。天道下济而光明，地道卑而上行。天道亏盈而益谦，地道变盈而流谦，鬼神害盈而福谦，人道恶盈而好谦。谦尊而光，卑而不可逾。君子之终也。

【译解】《彖辞》说：谦虚则亨通。天道的规律是下济万物而天体却愈加光明，地道的规律是低处卑下而地气却源源上升。天道的规律是亏损满的，补益虚的；地道的规律是倾陷满的，充实虚的；鬼神的规律是危害满的，加福于虚的；人道的规律是厌恶满的，喜好虚的。谦虚的人居于尊位时，其道德更加光大；处于卑位时，其品行也不可逾越。只有君子能够始终保持谦虚。

《象》曰：地中有山，谦。君子以裒多益寡，称物平施。

【译解】《象传》说：谦卦的卦象是艮（山）下坤（地）上，为高山隐藏于地中之表象，象征高才美德隐藏于心中而不外露，所以称作谦。君子总是损多益少，衡量各种事物，然后取长补短，使其平均。

初六，谦谦君子，用涉大川，吉。

【译解】初六，谦虚而又谦虚的君子，可以涉过大河（意思是能够克服一切困难，排除一切障碍），最终必然安全吉祥。

《象》曰："谦谦君子"，卑以自牧也。

【译解】《象传》说："谦虚而又谦虚的君子"，即使处于卑微的地位，也能以谦虚的态度自我约束，而不因为位卑就在品德方面放松修养。

六二，鸣谦，贞吉。

【译解】六二，谦虚的美名远扬四方，固守中正就可获得吉祥。

《象》曰："鸣谦，贞吉"，中心得也。

【译解】《象传》说："谦虚的美名远扬四方，固守中正就可获得吉祥"，这是说六二爻以心中纯正赢得名声，而不是靠沽名钓誉获取名声。

九三，劳谦君子，有终，吉。

【译解】九三，勤劳而又谦虚的君子，必能把美德保持到底，最终一定是吉祥的。

《象》曰："劳谦君子"，万民服也。

【译解】《象传》说："勤劳而又谦虚的君子"，所以天下的百姓都服从他。

六四，无不利，㧑谦。

【译解】六四，没有任何不吉利，要发扬光大谦虚的美德。

《象》曰："无不利，㧑谦"，不违则也。

【译解】《象传》说："没有任何不吉利，要发扬光大谦虚的美德"，这不违背谦虚导致亨通的原则。

六五，不富，以其邻利用侵伐，无不利。

【译解】六五，虽不富有，但却虚怀若谷，有利于和近邻一起征伐那些骄傲蛮横、不可一世的人，不会有任何不吉利的结果。

《象》曰："利用侵伐"，征不服也。

【译解】《象传》说："利用侵伐"，是指征伐那些骄横而不可一世的人。

上六，鸣谦，利用行师，征邑国。

【译解】上六，谦虚的美德远扬四方，有利于征伐邻近的小国。

《象》曰："鸣谦"，志未得也；可用"行师，征邑国"也。

【译解】《象传》说："谦虚的美名远扬四方"，但安邦定国之志未酬，所以可用"行师，征邑国"的办法来惩处那些骄横不可一世的小国。

【智慧解析】

谦卦上坤下艮，坤为地，特性是广大和适应；艮为山，特性是被动和阻止。上卦地阴之气是向下运动的，而下卦山阳之气是向上运动的，正是阴阳和合、上下交通之象，象征谦虚、亨通，君子能够保持谦虚至终。谦是至德，谦逊不自满的人才能使自己立于不败之地。

有一次，孔子带着几个学生到庙里去祭祀，刚进庙门就看见座位上放着一个引人注目的祭器，据说这是一种盛酒的器具。学生们看了都觉得很新奇，纷纷提出疑问。

孔子没有回答，却问寺庙里的人："请问您，这是什么器具啊？"守庙的人一见这人谦虚有礼，也恭敬地说："夫子，这是放在座位右边的器具呀！"于是，孔子仔细端详着祭器，口中不断重复念着"座右"，然后对学生们说："放在座位右边的器具，当它空着的时候是倾斜的，装一半水时就变正了，而装满水呢，它就会倾覆。"

听了老师的话，学生们都以惊异的目光看着他，然后又看着那新奇的祭器。孔子看出了大家的心思，和蔼地问道："你们不相信吗？咱们还是提点水放到祭器里试试吧！"学生们就打来了水，往祭器里倒了一半水后,器具果然就正了。孔子立刻对他们说:"看见了吧,这不是正了吗?"他又让学生继续往器具里倒水,刚装满了水器具就倾倒了。孔子赶忙告诉他们:"倾倒是因为水满所致啊!"自此,人们便称不自满是孔子的座右铭。

谦逊对于任何一个人都是至关重要的,但只有"道德"高尚的"君子"才能久于其"道",终生谦逊。谦是重要的,也是艰难的。倘若"君子"治国能遵循"谦道",则社会可以得大治。所以,《易经》上说,人在具备了得意的才华的资本之后,却又不得意,这才是吉祥的。

16. 豫卦:安乐之道,顺情而动

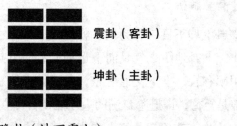

豫卦(坤下震上)

豫:利建侯行师。

【译解】豫卦象征欢乐愉快:有利于建立诸侯的伟大功业,出师征战。

《彖》曰:豫,刚应而志行,顺以动,豫。豫,顺以动,故天地如之,而况建侯行师乎?天地以顺动,故日月不过,而四时不忒。圣人以顺动,则刑罚清而民服。豫之时义大矣哉!

【译解】《彖辞》说:欢乐,这里是指阳刚与阴柔相应,意愿得以实现，顺应情理而动，就感到欢乐。欢乐和谐，既然是由于顺应情理而动所产生，所以连天地的运行都是如此，何况建立诸侯的伟大功业、出师征战这些事呢？天地顺物理而动，所以日月运转不致失误，四时更替不出差错。圣人顺民情而动，所以刑罚清明，民众服从。欢乐的特定意义大得很啊！

《象》曰：雷出地奋，豫。先王以作乐崇德，殷荐之上帝，以配祖考。

【译解】《象传》说：豫卦的卦象为坤（地）下震（雷）上，为地上响雷之表象。雷在地上轰鸣，使大地振奋起来，这就是大自然愉快高兴的表现。上古圣明的君主，根据大自然欢乐愉快时雷鸣地震的情景创造了音乐，并用音乐来崇尚推广伟大的功德。他们以盛大隆重的仪礼，把音乐献给天帝，并用它来祭祀自己的祖先。

初六，鸣豫，凶。

【译解】初六，自鸣得意，高兴过了头，结果乐极生悲，必遭凶险。

《象》曰：初六，"鸣豫"，志穷凶也。

【译解】《象传》说：豫卦的第一爻位（初六），"自鸣得意，高兴过了头"，说明没有雄心壮志，志向容易满足，一满足，就得意忘形，结果必遭凶险。

六二，介于石，不终日，贞吉。

【译解】六二，正直而不同流合污的品德坚如磐石，还不到一天时间，就明白了欢乐愉快的深刻道理，能守正必获吉祥。

《象》曰："不终日，贞吉"，以中正也。

【译解】《象传》说："还不到一天时间，就明白了愉快欢乐的深刻道理，能守正必获吉祥"，这是因为能居中守正，在欢乐中既不过分，也不会不满足，因而获得吉祥。

六三，盱豫悔，迟有悔。

【译解】六三，以谄媚奉承的手段取悦上司，以求得自己的欢乐，势必导致悔恨。若执迷不悟，悔恨不及时，就会招致更大的悔恨。

《象》曰："盱豫"，"有悔"，位不当也。

【译解】《象传》说："用谄媚奉承的手段取悦于上司，以求得自己欢乐"，"势必招致更大的悔恨"，这是由于六三爻所处位置不正的缘故。

九四，由豫，大有得；勿疑，朋盍簪。

【译解】九四，人们由于他而得到欢乐，大有所获；毋庸置疑，朋友会像头发汇聚于簪子一样，聚集在他的周围。

《象》曰："由豫，大有得"，志大行也。

【译解】《象传》说："人们由于他而得到欢乐，大有所获"，表明九四爻的阳刚之志，可以放手实现。

六五，贞疾，恒不死。

【译解】六五，国中出现了不少弊病，但仍能长时间地维持下去而不致灭亡。

《象》曰：六五"贞疾"，乘刚也，"恒不死"，中未亡也。

【译解】《象传》说：豫卦的第五爻位（六五）指出，"国中出现了不少弊病"，但有刚强之臣辅佐，"仍能长时间地维持下去而不致灭亡"，这是因为它居中，只要保持中庸，就会长时间地坚持下去而不致灭亡。

上六，冥豫成，有渝无咎。

【译解】上六，已处在天昏地暗的局面之中，但却执迷不悟，仍沉溺于寻欢作乐之中，十分危险。但只要及时觉悟，改弦易辙，则可避免祸害。

《象》曰："冥豫"在上，何可长也？

【译解】《象传》说："已处在天昏地暗的局面之中，但却执迷不悟，仍沉溺于寻欢作乐之中"，并高高在上，不察下情，这样的欢乐愉快怎能长久地保持呢？

第二部分　推开玄义妙智之窗

【智慧解析】

豫卦与谦卦卦形相反，上卦为震卦，代表鸣雷，就人物来说代表有名望的成功人士；下卦为坤卦，代表没有名望的一般百姓。鸣雷在平地之上，以人事而论则象征一个人有成就之后洋洋自得，到处夸耀。豫，就是骄傲、怠慢、自视清高的意思。上卦雷阳之气是向上运动的，而下卦地阴之气是向下运动的，正是阴阳不调、上下不通之象。以人事来说，有作为的大人物以功名自居，生起虚骄之心，对一般百姓开始不屑一顾，这当然是坏事，人们的关系自然不和谐。因此，豫卦是凶卦，卦辞告诫我们：要善于团结人，共同做事才会吉利；骄傲自满，一意孤行，会招来凶祸。

三国时关羽远征樊城曹军驻地，为防备东吴大将吕蒙偷袭，他在荆州留下重兵防范。这时，陆逊给吕蒙献计说："关羽自恃英勇无敌，所怕的就是你。如果将军辞职，关羽一定轻敌，届时荆州唾手可得。"吕蒙依计而行。不久，陆逊取代吕蒙的消息传来，关羽仰天大笑说："孙权怎么不长眼睛呢？用了陆逊这个乳臭未干的孩子！"忽又听得报告：陆将军派使者送来名马、锦缎等礼物，还有公函一封。

关羽拆开公函一看，里面尽是卑躬屈膝，乞求蜀吴两家永结同心的话，不由得再次纵声长笑。使者刚走，关羽即调出荆州精兵去攻取樊城。结果，吕蒙率吴军一举攻破城防空虚的荆州，关羽被迫败走麦城，手下又劝谏他："小路恐有埋伏，可走大路。"而关羽的最后一句话是："虽有埋伏，吾何惧哉？"最后迎接他的是被俘、被杀的结局。

豫，也是讲人的心态。比如上下和悦顺畅的时候，正是可以大有作为的时机。因为这时民心可用，士气正旺，抓住这个有利时机，出兵打仗必能成功。换句话说，要想有所作为，必须营造上下和悦、顺畅的局面。这就是"豫"的精神力量和积极意义。"豫"由"顺以动"而产生行为。顺，是顺乎民情，顺乎天理，应乎人心，顺动才能致豫。古人对"安乐"作这样的理解，确实颇有令人深思的精辟之理。

东晋宰相谢安曾指挥其弟谢石、其侄谢玄、其子谢琰等率军抗击前秦入侵，于淝水一战大败前秦军队。消息传来时，谢安正在对客弈棋，忽然得知淝水大捷，他脸上了无喜色，若无其事，仍然下棋如故。客人询问何事，他只轻描淡写地说："小孩子们已经破了秦军。"这正体现了谢安的临危不惧、从容不迫、喜怒不形于色的深沉性格。

由此可见，生活富有、内心充实而能谦虚自处的人，必有安逸和乐的结果。

17．随卦：通时达变，顺从之道

随卦（兑上震下）

随：元亨，利贞，无咎。

【译解】随卦象征随从，随和：如果随从、随和，便能始终亨通，和谐有利。固守正道，没有任何危险。

《象》曰：随，刚来而下柔。动而悦，随。大亨贞无咎，而天下随时。随时之义大矣哉！

【译解】《象辞》说：随从，阳刚能前来居于阴柔之下。有所行动一定会使人悦服，乐于随从。坚持大亨通的正道不会有过错，天下人都会适时地来随从。适时的随从，意义大得很啊！

《象》曰：泽中有雷，随；君子以嚮晦入宴息。

【译解】《象传》说：随卦的卦象是震（雷）下兑（泽）上，为泽中有雷之表象。泽中有雷声，泽随从雷声而震动，这便象征随从。君子行事要遵从合适的作息时间，白天出外辛劳工作，夜晚则回家睡觉安息。

初九，官有渝，贞吉。出门交，有功。

【译解】初九，思想随时代而变化，坚持正道可获吉祥。出门交朋友，一定能成功。

《象》曰："官有渝"，从正吉也；"出门交，有功"，不失也。

【译解】《象传》说："思想随时代而变化"，但无论怎么变，都必须始终遵从正道，这样就可以获得吉祥；"出门交朋友，一定能成功"，这是因为其唯正是从，见善则从，没有过失的缘故。

六二，系小子，失丈夫。

【译解】六二，倾心随从于年轻小子，则会失去阳刚方正的丈夫。

《象》曰："系小子"，弗兼与也。

【译解】《象传》说："倾心随从于年轻小子"，（则会失去阳刚方正的丈夫），因为二者是互相排斥的，是不可兼得的。

六三，系丈夫，失小子。随有求得，利居贞。

【译解】六三，随从阳刚方正的丈夫行事，则必然丢失年轻小子。随从于丈夫，有求必得，有利于安居乐业，坚守妇道，贞节处世。

《象》曰："系丈夫"，志舍下也。

【译解】《象传》说："随从阳刚方正的丈夫行事"，专心不二，说明其志在于舍弃下方的年轻小子。

九四，随有获，贞凶；有孚在道，以明，何咎！

【译解】九四，他人追随自己，虽有收获，但有可能发生凶险。虽有凶险，但只要心存诚信，不违正道，使自己的美德显明，还会有什么危害呢？

《象》曰："随有获"，其义凶也；"有孚在道"，明功也。

【译解】《象传》说："他人追随自己，虽有收获"，但因居位不当，有"震主"之嫌，所以可能有凶险。但只要"心存诚信，不违正道"，则可逢凶化吉，这是由于立身光明磊落所带来的功效。

九五，孚于嘉，吉。

【译解】九五，把诚信带给诚实善良之人，可获吉祥。

《象》曰："孚于嘉，吉"，位正中也。

【译解】《象传》说："把诚信带给诚实善良之人，可获吉祥"，这是因为九五爻得正居中，不倚不偏。

上六，拘系之，乃从，维之。王用亨于西山。

【译解】上六，只有拘禁起来强迫、命令他，他才不得不顺服追随，再用绳索捆绑紧，才能追随到底。君王在西山设祭，要出师讨伐那些不顺从的人。

《象》曰："拘系之"，上穷也。

【译解】《象传》说："拘禁起来强迫、命令他"，这是因为上六爻高居随卦最上爻，这是穷途末路啊。

【智慧解析】

随卦象征随从：遵循自然规律，秉持正义与诚信，通时达变，随时、随事、随人、随心，自然会有吉祥的结果。

理解此卦，如果非要弄清楚是阴随阳还是阳随阴，就等于钻进了死胡同。其实，遵循"日出而作，日落而息"的起居常规，懂得天地万物千般变化、万般变化，基本规律不会变，固守自然规律是"随"；不拘守故常，懂得通时达变，也是"随"。爻辞中"官有渝"，即不要固执己见，思想观念要随着时代的发展而变化。这两层意思，才是随卦的核心。

生活中，由于你随人，人才来随你，物随己与否，是由己是否随物决定的。也就是说,安逸和乐必然要有自然的活动和自由,动而悦。"随"要正,才可大亨无咎。不可任意而随,恣意淫乐。"随"讲自然法则时,时间也十分重要。白天工作,晚上宴乐,早起晚睡。自然如此,道德如此,生命亦是如此。"随"是有条件的,该随的随,不该随的不随,原则是要以守正为前提,唯善是从。而舍己从人,则德业自进,这是随的要义。

现实中不可能每个人都是创造性人才,或者是领袖式人物。作为领袖式的人物,必须有能力值得别人追随。而作为普通人,只有追随英明的领袖才能对历史作出贡献。所以,每个人都面临选择,什么才是自己应该追随的。毛泽东曾说过:先当学生,后当先生。这句话与本爻的精神是一致的。你先要随从群众,与群众打成一片,代表他们的利益;然后群众才会随从你,跟随你前进。把诚信、正义带给民众,民众就会拥护你。

生活中也是如此,选择好了才会随从而共进,因而也就有了"良臣择主而侍,良禽择木而栖"的说法。

如果不是这样而又想让人随从,那就要用武力或通过战争来达到目的。这显然是不吉的选择。

18. 蛊卦：除弊治乱，固守本业

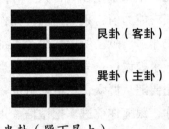

艮卦（客卦）

巽卦（主卦）

蛊卦（巽下艮上）

蛊：元亨，利涉大川；先甲三日，后甲三日。

【译解】蛊卦象征救弊治乱，拨乱反正：从开始就很亨通，利于涉越大河。不过，在做大事之前，要考察现状、分析事态；在做大事以后，要讲究治理措施，预计到后果。

《彖》曰：蛊，刚上而柔下，巽而止蛊。蛊，元亨而天下治也。利涉大川，往有事也。先甲三日，后甲三日，终则有始，天行也。

【译解】《彖辞》说：蛊乱，由于上下刚柔不交，柔顺而又遇阻，就形成了蛊乱。除弊治乱，从开始就很亨通，意味着天下大治。利于涉越大河，说明治蛊要勇往直前，有所作为。在做大事之前，要考察现状分析事态，在做大事以后，要讲究治理措施，预计到后果，说明旧的告终，才是新的开始，这是大自然的运行规律。

《象》曰：山下有风，蛊；君子以振民育德。

【译解】《象传》说：蛊卦的卦象是巽（风）下艮（山）上，为山下起大风之表象，象征救弊治乱、拨乱反正。这时，君子救济人民，培育美德，纠正时弊。

初六，干父之蛊，有子考，无咎；厉终吉。

【译解】初六，挽救父辈所败坏了的基业，由能干的儿子来继承父辈的事业，必无危害；即使遇到艰难险阻，只要努力奋斗，最终必获吉祥。

《象》曰："干父之蛊"，意承考也。

【译解】《象传》说："挽救父辈所败坏了的基业"，表明其志在继承父辈的遗业。

九二，干母之蛊，不可贞。

【译解】九二，救治母辈所造成的弊病，要耐心等待，如果时机不成熟的话，就要坚守正道，等待时机。

《象》曰："干母之蛊"，得中道也。

【译解】《象传》说："救治母辈所造成的弊病"，刚柔适中，既要顺应，又要匡救，不可偏颇。

九三，干父之蛊，小有悔，无大咎。

【译解】九三，要挽救父辈败坏了的基业，其间必发生失误，因而会产生懊悔，但不会有大的危害。

《象》曰："干父之蛊"，终无咎也。

【译解】《象传》说："挽救父辈败坏了的基业"，最终不会有祸害。

六四，裕父之蛊，往见吝。

【译解】六四，宽缓地挽救父辈败坏了的基业，慢慢往前发展，必然会因耽误时机而遗憾惋惜。

《象》曰："裕父之蛊"，往未得也。

【译解】《象传》说："宽缓地挽救父辈所败坏了的基业"，往前发展，难以达到挽救的效果。

六五，干父之蛊，用誉。

【译解】六五，挽救父辈败坏的基业，一定会受到人们的赞誉。

《象》曰："干父之蛊，用誉"，承以德也。

【译解】《象传》说："挽救父辈所败坏的基业，一定会受到人们的赞誉"，因为以美德继承父辈的遗业，总是会受到欢迎的。

上九，不事王侯，高尚其事。

【译解】上九，不侍奉王侯，超然物外，孤芳自赏，使自己的德行至高无上。

《象》曰："不事王侯"，志可则也。

【译解】《象传》说："不侍奉王侯"，这高洁的志向，可作为人们学习的准则。

【智慧解析】

蛊卦的上卦艮为山，下卦巽为风，所以是山下有风。上卦艮为山是停止不动的，下卦巽为风是变动的，比喻不良的风气习俗在逐渐生长变化。卦象刚柔背离，"以喜随人必有蛊"，意思是说，当社会环境变坏（有别于随卦的和谐社会），腐败、淫邪之风盛行，还继续顺情随意沉溺于享乐，必然会发生变故。随和蛊二卦对应，蛊之主旨是乱世任意"随"必招祸，只有除弊治乱、拨乱反正，才能固守本业。

蛊的故事是，古时有好事之人将一百只虫子（如蜈蚣、蝎子、蜘蛛等）放在一个瓮里，然后封住口，埋在地下，过几年后再打开。能够存活下来的虫子就是最强的，是虫中之王。这个故事的含义在于：一开始瓮中一片混乱，没有秩序，后来，经过一番打拼，终于取得了最后胜利，并逐渐成了虫中之王"。

蛊害必治，所以本卦强调拨乱反正，挽救败坏了的基业的急迫性和必要性。但由乱变治，由害转亨，只是客观的可能性。将可能变为现实，还需要主观能动性发挥作用。"干者"不仅需要有济险犯难的极大勇气，还要有周密谋划、贯彻始终的科学精神。禹之父鲧以湮法治水失败,禹舍弃湮法,采取导法治水成功。从表面上看,禹似乎违背了"父之道",实际上是消除了父辈的过错,继承并完成了父辈的事业。这正是革故鼎新、"干父之蛊"的精神。

当然,治乱的方法很重要,在纠正前辈、领导遗留的弊端时,不可操之过急,不能简单地固执守正,强行扭转,以免把事情弄僵。而要委曲周旋,在可能的情况下争取治弊的最佳成效。但"裕父之蛊"也不可取,刚柔适中,才能得到成功。而且,蛊卦的最后还告诫人们,治弊大功告成之后,应该退出名利之争,保持自己志向的高洁。这才是真正大吉大利的。

本卦以精深的哲理、象征的形式,揭示了惩治腐败的举措法则,是古人政治生活的生动反映。

19. 临卦:统御之术,坚守中正

临卦(兑下坤上)

临:元亨,利贞。至于八月有凶。

【译解】临卦象征督导:能亨通无阻,祥和有益,坚守正道。但是到了八月(阳衰阴盛),会有凶险。

《象》曰：临，刚浸而长，说而顺，刚中而应。大亨以正，天之道也。至于八月有凶，消不久也。

【译解】《象辞》说：以上临下，说明此时阳刚之气逐渐增长，万物喜悦而顺从，刚健者居中而上下相应。由于坚持正道而获得大亨通，这是自然的法则。到了八月将有凶险，这是因为阳气消减，好运不可能长久（不变）。

《象》曰：泽上有地，临；君子以教思无穷，容保民无疆。

【译解】《象传》说：临卦的卦象是兑（泽）下坤（地）上，为地在泽上之表象。泽上有地，地居高而临下，象征督导。君子由此受到启发，煞费苦心地教导人民，并以其无边无际的盛德保护人民。

初九，咸临，贞吉。

【译解】初九，感应尊贵者，使其行督导之责，可获吉祥。

《象》曰："咸临，贞吉"，志行正也。

【译解】《象传》说："感应尊贵者，使其行督导之责，可获吉祥"，说明其志向和行为都很正派。

九二，咸临，吉，无不利。

【译解】九二，感应尊贵者，使其行督导之责，可获吉祥，不会有什么不利。

《象》曰："咸临，吉，无不利"，未顺命也。

【译解】《象传》说："感应尊贵者，使其行督导之责，可获吉祥，不会有什么不利"，这是由于不囿于命运安排的樊笼，自身努力的结果。

六三，甘临，无攸利；既忧之，无咎。

【译解】六三，居高临下，靠甜言蜜语去督导，必无所利；但是，已经觉悟，能忧惧改过，就不会有祸害。

《象》曰："甘临"，位不当也。"既忧之"，咎不长也。

【译解】《象传》说："居高临下，靠甜言蜜语去督导"，这是因为六三爻位置不当的缘故。但是,"已经觉悟,能忧惧改过",危害就不会长久了。

六四,至临,无咎。

【译解】六四,亲善地督导下级,必然没有祸害。

《象》曰:"至临,无咎",位当也。

【译解】《象传》说:"亲善地督导下级,必然没有祸害",这是因为六四爻位置得当的缘故。

六五,知临,大君之宜,吉。

【译解】六五,以聪明才智来实行督导,这是伟大君主最适宜的统治之道,能获得吉祥。

《象》曰:"大君之宜",行中之谓也。

【译解】《象传》说:"伟大君主最适宜的统治之道",说的就是行中庸之道。

上六,敦临,吉,无咎。

【译解】上六,温柔敦厚地实行督导,能获得吉祥,没有危害。

《象》曰:"敦临"之吉,志在内也。

【译解】《象传》说:"温柔敦厚地实行督导"能吉祥,说明其志在于利国利家(在内)。

【智慧解析】

地泽临(临卦)教民保民,属中上卦。本卦六爻大部分是从正面列举正确的统治之术,其断语大部分也是吉的。君主坚守中正,并运用正确的统治之术,无疑有利于其统治,因此卦辞说"元亨,利贞",喻君主亲临天下,治国安邦,上下融洽。

"知临"即统御之术,核心就是管人的艺术。

汉高帝刘邦可以说是一位"知临"的典型。据《史记·淮阴侯列传》记载,刘邦曾经与韩信谈论各位将领的才干能力。刘邦问韩信道:

"像我这样,能带领多少人马?"韩信说:"您不过能带十万人马。"刘邦又问:"那你能带多少?"韩信说:"我是多多益善耳!"——带得越多越好。刘邦听了有些不服气,有些讥笑地说:"'多多益善',怎么会被我擒获?"韩信说:"您善于统率将领,这是我被您擒获的原因。"的确如韩信所说,刘邦虽然不善于带兵,但善于统率将领。这样一来,实际上所有的兵又都在他的统率之下。

古人信奉天人相应,往往以自然现象来类比社会现象。在自然界中,春生、夏长、秋杀、冬藏,到了秋天,七月阴气始生,八月阴气已盛,草木凋零,万物萧条,因此以"八月"比喻统治的残暴、苛虐。以残暴、苛虐之道统治天下,民众口服而心不服,非长治久安之道,长此以往,势必激起民众的反抗,最终被推翻,因此说"至于八月有凶"。

临卦警示:天下有事,有志之士不能坐待,应当积极参与,躬身实践,有所作为。但挽救危亡,必须结合群众,运用组织的力量,因此统御领导的才能就非常重要。而且时机稍纵即逝,监临必须及时。领导应以高尚的人格感召,以威信维持纪律,恩威并济,不可以诱骗为手段,而应当运用智慧,运用组织,知人之明,选拔贤能,严于律己,宽以待人,敦厚而不苛刻。这样才能人人心悦诚服,上下融洽,发挥组织力量,有所作为。

20. 观卦：详察万物，因势利导

巽卦（客卦）

坤卦（主卦）

观卦（坤下巽上）

观：盥而不荐，有孚颙若。

【译解】观卦象征瞻仰：瞻仰了祭祀开头盛大的倾酒灌地的降神仪式，就可以不去看后面的献飨礼了，因为这时心中已经充满了诚敬肃穆的情绪。

《彖》曰：大观在上，顺而巽，中正以观天下。观，盥而不荐，有孚颙若，下观而化也。观天之神道，而四时不忒；圣人以神道设教，而天下服矣。

【译解】《彖辞》说：站在高处，眼界开阔，纵观一切。要温顺而谦逊，以持中守正的观念去观察万事万物。观看祭礼，祭者把手洗净，还没有供献祭品，已经表现出充满诚挚的样子，在下面观礼的人就会受到感化。观看天然的神奇规律，四时交替毫无差错；圣人借用这种神奇规律来施行教化，就能使天下人顺服。

《象》曰：风行地上，观；先王以省方观民设教。

【译解】《象传》说：观卦的卦象是坤（地）下巽（风）上，为风吹拂于地上而遍及万物之表象，象征瞻仰。先代君王仿效风吹拂于地而遍及万物的精神，视察四方，留心民风民俗，用教育来感化民众。

初六，童观，小人无咎，君子吝。

【译解】初六，像幼稚的儿童一样观察景物，这对无知的庶民来说不会有害处，但对承担教化重任的君子来说，就未免有所遗憾惋惜。

《象》曰："初六，童观"，小人道也。

【译解】《象传》说："观卦的第一爻位（初六），像幼稚的儿童一样观察景物"，这是浅薄的小人之道。

六二，窥观，利女贞。

【译解】六二，由门缝中偷观景物，有利于妇女保持节操，坚持正道。

《象》曰："窥观"，"女贞"，亦可丑也。

【译解】《象传》说："由门缝中偷观景物"，"对于有利于妇女保持节操，坚守正道"，但对男子汉来说，这样的行为就丢丑了。

六三，观我生，进退。

【译解】对照高尚的道德标准来省察自己的言行，审时度势，小心谨慎地决定进退。

《象》曰："观我生，进退"，未失道也。

【译解】《象传》说："对照高尚的道德标准省察自己的言行，审时度势，小心谨慎地决定进退"，这样做是不失原则的。

六四，观国之光，利用宾于王。

【译解】六四，观瞻一个国家的文治武功，有利于成为君王的宾客和辅佐。

《象》曰："观国之光"，尚宾也。

【译解】《象传》说："观瞻一个国家的文治武功"，说明此国崇尚贤士。

九五，观我生，君子无咎。

【译解】九五，比照高尚的道德标准省察自己的言行，不断地完善自己，君子就不会有祸患。

《象》曰："观我生"，观民也。

【译解】《象传》说："比照高尚的道德标准省察自己的言行，不断地完善自己"，便可知万民的德行。

上九，观其生，君子无咎。

【译解】上九，君子时刻瞻仰君主的德行和作为，并按照君主的德行和作为行事，这样才不会有祸患。

《象》曰："观其生"，志未平也。

【译解】《象传》说："君子时刻瞻仰君主的德行和作为"，因为君子始终以天下为己任，天下未安，其志难平。

【智慧解析】

观卦，属中上卦，与临卦互为综卦，交相使用。在上者以道义观天下；在下者以敬仰瞻上，顺服归从。即从不同的角度观察万物，借用各种神奇规律来施行教化。

比如，祭祀神明（规律神）要精诚专一，让万民得到教育。真理无所偏私，是客观中正的。天不言语而起作用，"君子"也不言而信，为万民的榜样，必须有"君子"之"德"——使民众潜移默化，社会自然和谐、太平，民众必然拥戴。

汉文帝曾想盖一座露台，但与工匠一核算，需花费黄金百斤，相当于一百户中等人家的财产，便毫不犹豫地取消了这个计划。据载，文帝在位二十三年，"宫室、苑囿、车骑、服饰，无所增益"。他自己身穿"弋绨"做的袍子（弋绨是当时极为普通的衣料），所宠爱的慎夫人"衣不曳地"（穿短裙以节省布料）。他们的帷帐连花纹都没有，十分简朴。就连造陵寝，他也反复叮咛，建陵要因地制宜，从简办事，不许劳民伤财："治霸陵皆以瓦器，不得以金银铜锡为饰，因其山，不起坟。"临终前，文帝还特地下遗诏说："厚葬以破业，重服以伤生，吾甚不取。"主张薄葬，反对浪费。文帝为天下百姓做出了表率，国内上下同心，终于成就了一个物阜民丰、国泰民安的封建盛世。

在上者的一举一动，是万众瞩目的焦点，无时无刻不被注视着，因而无论做什么事都不可掉以轻心，不能轻率行动，必须诚信严正，以道义展示于天下，才能得到人们的信仰与尊敬，使他们服从领导。相对的，在上者对外要观察民情，对民间疾苦有所作为；对内则要省察自己的言行作为，不断反省检讨。

至于"观"的方法，有高瞻，站在高处，眼界阔大，温顺而谦逊，以持中守正的观念去观察万事万物，这才是"观天下"的"大观"，才算穷尽了"观"之道；还有近观，是洞察入微，知人情人心，才能看清自己的处境，知进知退。所以，"君子"要高瞻远瞩，不可似"小儿"只见眼前利益的童观。最后，"君子"身处国家的光明时代，要积极发挥作用，展示自我才能，为百姓服务，效力国家。

21. 噬嗑卦：执法断狱，刚柔相济

噬嗑卦（震下离上）

噬嗑：亨，利用狱。

【译解】噬嗑卦象征咬合：亨通无阻，有利于使用刑法。

《彖》曰：颐中有物，曰噬嗑。噬嗑而亨，刚柔分，动而明，雷电合而章。柔得中而上行，虽不当位，"利用狱"也。

【译解】《彖辞》说：嘴里有东西，咬断了才能合上嘴。噬嗑卦的亨通，由于包含刚柔分明的两个因素，能够迅速行动而又明察秋毫，像雷和电一样互相配合。柔爻居中，并且在上体，虽然不当位，利于执法断狱。

《象》曰：雷电，噬嗑；先王以明罚法。

【译解】《象传》说：噬嗑卦的卦象是震（雷）下离（火）上，为雷电交击之表象。雷电交击，就像咬合一样；雷有威慑力，电能放光明，古代帝王效法这一现象，明其刑法，正其法令。

初九，屦校灭趾，无咎。

【译解】初九，足戴脚镣，断掉了脚趾头，不会有施刑过重的祸患。

《象》曰："屦校灭趾"，不行也。

【译解】《象传》说："足戴脚镣，断掉了脚趾头"，受到警戒，不至于旧罪重犯。

六二，噬肤，灭鼻，无咎。

【译解】六二，施刑会伤及犯人的皮肤，毁掉犯人的鼻子，不会有施刑过重的祸患。

《象》曰："噬肤，灭鼻"，乘刚也。

【译解】《象传》说："施刑会伤及犯人的皮肤，毁掉犯人的鼻子"，这是因为必须用重刑使罪犯屈服。

六三，噬腊肉，遇毒；小吝，无咎。

【译解】六三，实施刑法就像咬坚硬的腊肉并遇到毒物那样不顺利，但这不过是稍有憾恨，还不至于造成祸害。

《象》曰："遇毒"，位不当也。

【译解】《象传》说："像遇到毒物那样不顺利"，这是因为六三爻居位不正当的缘故。

九四，噬干胏，得金矢；利艰贞，吉。

【译解】九四，实施刑法就像咬带骨头的肉那样困难，但因具有金箭般刚直品德，因此有利于在艰难中坚守正道，其结果是吉利的。

《象》曰："利艰贞，吉"，未光也。

【译解】《象传》说："有利于在艰难中坚守正道，其结果是吉利的"，说明法治应该继续发扬光大。

六五，噬干肉，得黄金；贞厉，无咎。

【译解】六五，实施刑法就像吃干硬的肉脯那样艰难，但它具有黄金般刚强坚硬的品质，所以只要坚守正道，防备凶险，便无祸害。

《象》曰："贞厉，无咎"，得当也。

【译解】《象传》说："只要坚守正道，防备凶险，便无祸害"，这是因为实施刑法得当的缘故。

上九，何校灭耳，凶。

【译解】上九，肩负重枷，遭受严惩，失掉耳朵，有凶险。

《象》曰："何校灭耳"，聪不明也。

【译解】《象传》说："肩负重枷，遭受严惩，失掉耳朵"，这是因为不听劝告，不能改恶从善，太不聪明了，结果受到这样的重刑。

【智慧解析】

噬嗑卦是火雷噬嗑，刚柔相济，属上上卦。

《彖辞》说："颐中有物，曰噬嗑。噬嗑而亨，刚柔分，动而明，雷电合而章。柔得中而上行，虽不当位，利用狱也。"法治是政治的根本，为消除罪恶，保障善良，建立及保持秩序，往往不得不采取不得已的刑罚手段。罪恶必须及早加以阻止，采用重罚是必要的。但刑罚难免使人犹豫，遭遇挫折。因此，执法断狱，必须中庸、正直、明察、果断，刚柔并济，坚持原则，公正执行。

秦朝时期的法律是很严密的，但是奸邪诈伪的事情仍然层出不穷，情况发展到最严重的时候，官吏和百姓竟然相互欺骗，国家也因此一蹶不振。汉朝建立后，破坏方形（刚性）的法制，换成圆形（柔性）的，对秦朝法律做了较大变动，法律由繁苛而至宽简，就像可以漏掉小鱼的渔网，然而官吏的政绩反而纯厚美盛，不至于做出奸邪之事，百姓也都平安无事。由此可见，国家政治的美好，在于君王的宽厚，而不在法律的严酷。

所以，孔子说："子为政，焉用杀。""不教而杀谓之虐。"显然，孔子主张德治。用狱之事，过柔则失之宽，过刚则失之暴。不重柔不重刚，而是以柔局刚且得中，用狱最为适宜。"明罚"，就是事先将犯什么科、定什么罪的罚例规定下来，并明确告知民众，令民众有所依照，不至于因为不懂法而犯法受刑。"敕法"，是指公布于民众的法令制度，要严行告诫，使民众有所畏惧，尽可能不犯法受刑。治狱要明，这是执法者"道德"问题，由于在主客观因素上有某些弱点，所以在执法治狱时遇到重重困难，十分艰苦。这就要求执法者秉性阳刚，正直不阿。所以，孔子的法律思想的主导是人治主义，而不是法治主义。

此卦还讲，刑罚不可过于轻，要罚当其罪，该重则重，该轻方轻，乱世当以重刑为上。对于不守法者自身而言，不要总是被动地接受惩罚，也应通过刑罚警诫而自退"虎口"，不要自取其咎，冥顽不化，危害自身。显然，儒家的法治思想包含着德治精神，这是多么深刻的法治思想啊！

22. 贲卦：文饰美化，恰如其分

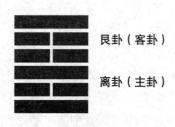

贲卦（离下艮上）

贲：亨，小利有攸往。

【译解】贲卦象征装饰：亨通，利于柔小者前去行事。

《彖》曰：贲，亨。柔来而文刚，故亨。分刚上而文柔，故小利有攸往，天文也。文明以止，人文也。观乎天文，以察时变。观乎人文，以化成天下。

【译解】《彖辞》说：文饰，亨通。以阴柔来文饰阳刚，所以亨通。分出阳刚居上，文饰阴柔，所以对于事业发展有小利，这是大自然的文饰。文明礼仪而有一定的限度，这是人类社会的文饰。观察大自然的文饰，可以了解四时变迁的规律。观察人类的文饰，可以教化天下。

《象》曰：山下有火，贲；君子以明庶政，无敢折狱。

【译解】《象传》说：贲卦的卦象是离（火）下艮（山）上，为山下燃烧着火焰之表象。山下的火焰把山上的草木万物照得通明，如同披彩，这就叫装饰。君子像火焰一样，使众多的政务清明，但却不能用修饰的方法来断官司。

初九，贲其趾，舍车而徒。

【译解】初九，装饰自己的脚趾头，舍弃乘坐车马而徒步行走。

《象》曰："舍车而徒"，义弗乘也。

【译解】《象传》说："舍弃乘坐车马而徒步行走"，这是因为按道义不该乘坐车马。

六二，贲其须。

【译解】六二，装饰长者的胡须。

《象》曰："贲其须"，与上兴也。

【译解】《象传》说："装饰长者的胡须"，是说六二爻与它上面的九三爻同心而互饰之意。

九三，贲如，濡如，永贞吉。

【译解】九三，装饰得光泽柔润，永远坚守正道，便可获得吉祥。

《象》曰："永贞"之吉，终莫之陵也。

【译解】《象传》说："永远坚守正道"，便可获得吉祥，是说只有永久坚持正道，才能最终不受人凌辱。

六四，贲如皤如，白马翰如；匪寇，婚媾。

【译解】六四，装饰得那样素雅，全身洁白如玉，乘坐着一匹雪白的骏马，轻捷地往前奔驰；前方的人并非敌寇，而是自己求聘的婚配佳人。

《象》曰：六四当位，疑也；"非寇婚媾"，终无尤也。

【译解】《象传》说：六四爻虽则当位得正，但心中却疑虑重重；"前方的人并非敌寇，而是自己求聘的婚配佳人"，说明尽管放心前往，最终将无所怨恨。

六五，贲于丘园，束帛戋戋；吝，终吉。

【译解】六五，装饰山丘陵园，质朴无华，再拿一束微薄的丝绢来聘纳贤士；虽可能产生遗憾，但最终必获吉祥。

《象》曰：六五之吉，有喜也。

【译解】《象传》说：贲卦的第五爻位（六五）的吉祥，说明必有喜事临门。

上九，白贲，无咎。

【译解】上九，装饰素白，不喜好华丽，没有祸害。

《象》曰："白贲，无咎"，上得志也。

【译解】《象传》说："装饰素白，不喜好华丽，没有祸害"，说明正符合朴素无华的志向。

【智慧解析】

贲卦是山火贲，异卦相叠。离为火为明，艮为山为止。贲卦阐释礼仪的原则，饰外扬质，属中上卦。核心意义是为建立与维持秩序，刑罚是不得已的手段；人为的文饰有利于和谐，但应当恰如其分，重内涵和实质，实际的效用不在外表的形式。不可被外表的形式迷惑，不可因一时得失动摇，不可因虚荣而铺张，陷入烦琐和虚幻。应当领悟，一切文饰都是空虚的，唯有重实质，有内涵的朴实面目，才是文饰的极致。

我们这个社会是有装饰的，或者说是有粉饰的，用《易经》的话说是文饰。没有文饰，太原始，可能并不美观。

粉饰与时尚有关。唐代女性以丰满、健壮为美，"一枝红艳露凝香"的杨贵妃代表了唐代女子浓妆艳抹的时尚。而明代则是"盖下体之服，宜淡不宜浓，宜纯不宜杂"，略施粉黛者多。一个时代有一个时代的评价标准，总的来说，饰不可过，亦不可缺。所以，很多聪明的女子总是淡妆轻抹；太浓了，会适得其反。

女子如此，社会更是如此。适当的文饰是必要的，可以反映人们的思想倾向和社会的精神面貌；过分了就会适得其反，成为"文胜灭质"。特别是在太平盛世，尤其要头脑清醒，坚持求实精神，不要被"假、大、空"的表面浮华所迷惑。卦中说的"白贲"，就是由绚丽归于纯白,以白为饰,以无色为美,进入返璞归真的美的最高境界。"求实"才是正道,坚持永守正道,才能获吉,这就叫"永贞吉"。

23. 剥卦:谨慎隐忍,退守待变

剥卦(坤下艮上)

剥:不利有攸往。

【译解】剥卦象征剥落:不利于前去行事。

《彖》曰:剥,剥也。柔变刚也。不利有攸往,小人长也。顺而止之,观象也。君子尚消息盈虚,天行也。

【译解】《彖辞》说:剥,是剥落的意思。由于阴柔的侵蚀改变了阳刚的性质。不利于前去行事,因为小人的势力正在增长。要顺应形势,停止进取,这是从观察卦象得到的启示。君子崇尚消息盈亏互相转化的哲理,这是大自然的运行规律。

《象》曰:山附于地,剥;上以厚下安宅。

【译解】《象传》说:剥卦的卦象是坤(地)下艮(山)上,好比高山受侵蚀而风化,逐渐接近于地面之表象,因而象征剥落;位居在上的人看到这一现象,应当加强基础,使它更加厚实,只有这样才能巩固其住所而不致发生危险。

初六，剥床以足，蔑，贞凶。

【译解】初六，剥落床体先由床的最下方床腿部位开始，整个床腿都损坏了，结果必然凶险。

《象》曰："剥床以足"，以灭下也。

【译解】《象传》说："剥落床体先由床的最下方床腿部位开始"，是说先损毁床的基础。基础损坏、毁灭了，自然就会有凶险的情况发生，而且还会逐渐扩展波及上面。

六二，剥床以辨，蔑，贞凶。

【译解】六二，床腿剥掉后，又开始剥落床头，以至于整个床头都剥落了，结果必然凶险。

《象》曰："剥床以辨"，未有与也。

【译解】《象传》说："床腿剥掉后，又开始剥落床头"，是因为六二爻没有相应的阳爻援助。由于没有外援，所以导致更加凶险的事情发生。

六三，剥之，无咎。

【译解】六三，虽被剥落，却没有什么灾祸。

《象》曰："剥之，无咎"，失上下也。

【译解】《象传》说："虽被剥落，却没有什么灾祸"，是因为六三爻脱离了上下阴爻的行列，而独与阳爻上九相应，由于它潜藏着阳刚的性质，所以仍然可以免除灾祸。

六四，剥床以肤，凶。

【译解】六四，床头剥落完了，又开始剥落床面，必然会有凶险发生。

《象》曰："剥床以肤"，切近灾也。

【译解】《象传》说："床头剥落完了，又开始剥落床面"，是说已经逼近灾祸了。因为床面剥落损坏，必将危及床上之人，所以说更加逼近灾祸。

六五，贯鱼，以宫人宠，无不利。

【译解】六五，鱼贯而入，像率领内宫之人顺承君主那样得到宠爱，就不会有什么不利的情况发生。

《象》曰："以宫人宠"，终无尤也。

【译解】《象传》说："像率领内宫之人顺承君主那样得到宠爱"，最终当然不会有什么过失。

上九，硕果不食，君子得舆，小人剥庐。

【译解】上九，硕大的果实不曾被摘取吃掉，君子若能摘食，则如同坐上大车，受到百姓拥戴；如果小人摘食，必招致破家之灾。

《象》曰："君子得舆"，民所载也；"小人剥庐"，终不可用也。

【译解】《象传》说："君子若能摘食，则如同坐上大车"，是由于百姓愿意拥戴君子；"如果小人摘食，必招致破家之灾"，是由于小人终究是不可以任用的。

【智慧解析】

剥卦是山地剥，顺势而止，属中下卦。此卦也是异卦（下坤上艮）相叠。五阴在下，一阳在上，阴盛而阳孤；高山附于地。二者都是剥落之象，故为"剥卦"。此卦的意思是，一味注重文饰，到达极点，就完全形式化，成为虚饰，实质则一无所存，不免要产生腐蚀的现象。阴由下面潜生暗长，阳气到了尽头，保不住了。好比高山受侵蚀而风化，马上就要垮掉了，撤离是明智的选择。所以，君子只有顺应时势，谨慎隐忍，退守待变。这是此卦的内涵所在。

"隐忍""退守"是一种生存智慧。从古至今，真正的英雄人物都懂得如何避凶趋吉，他们对"险而退"有准确把握和精妙体悟。

比如，春秋时期，范蠡竭力辅佐越王勾践，终于使得越国复兴。胜利后,越王封范蠡为上将军。范蠡知道勾践为人可共患难不能同富贵,于是修书一封,放弃高官厚禄,只装少量珠宝,乘舟远行。相反,秦相李斯协助嬴政平定海宇,横扫六合,自己也得到了无上的荣耀。后来他被赵高蛊惑,由于舍不得高位和荣华富贵,被胁迫参与了政变,杀扶苏,立胡亥,后被赵高暗算,受尽酷刑,与其子一起被腰斩于东市,性命、功业全部灰飞烟灭。

所以,剥卦讲,"小人"剥"君子",是一个萋菲浸润的过程,"君子"必须谨慎小心,保持清醒的头脑,始终做到坚贞自守,顺势而为,顺时而止,遵循"天道",善待自己和他人,保全自己。正所谓"君子不立于危墙之下",见险而退,迷途知返,才是真正的智者。

24. 复卦:正气回复,顺势而为

复卦(震下坤上)

复:亨。出入无疾,朋来无咎。反复其道,七日来复。利有攸往。

【译解】复卦象征复归:亨通顺利。阳气从下面产生而逐渐向上行进没有阻碍,朋友前来也没有灾难危害。返回复归有一定的运动规律,经过七天就会重新复归。利于前去行事。

《象》曰：复，亨，刚反。动而以顺行，是以出入无疾，朋来无咎。反复其道，七日来复，天行也。利有攸往，刚长也。复，其见天地之心乎？

【译解】《彖辞》说：回复，亨通，说明阳刚返回。阳气萌动，并能顺应客观规律而运行，所以朋友前来也没有灾难危害。返回复归有一定的运动规律，经过七天就会重新复归，这是大自然的运行法则。利于前去行事"，说明阳刚在生长。复卦，大概体现着天地主宰万物的用心吧？

《象》曰：雷在地中，复；先王以至日闭关，商旅不行，后不省方。

【译解】《象传》说：复卦的卦象是震（雷）下坤（地）上，为雷在地中、阳气微弱的活动之表象，因而象征复归；从前的君主在阳气初生的冬至这一天关闭关口，使商人旅客停止活动，不外出经商、旅行，君主自己也不巡行视察四方。

初九，不远复，无祗悔，元吉。

【译解】初九，刚刚开始行动，就能知过必改、复归正道，这样就不会发生灾祸，也不会出现内心的大悔恨，必然会获得大吉大利。

《象》曰："不远"之复，以修身也。

【译解】《象传》说："刚刚开始行动"，就能有知过必改、复归正道，说明能注意自身修养。

六二，休复，吉。

【译解】六二，以真善美作为自己行为的准则和目标，能够复归正道，就必然获得吉祥。

《象》曰："休复"之吉，以下仁也。

【译解】《象传》说："以真善美作为自己行为的准则和目标，能够复归正道"的吉祥，是因为六二能够向下亲近具有仁德的人。

六三，频复，厉无咎。

【译解】六三，屡次犯错误却又能屡次改正过错、复归正道，这样虽然有危险，但是最终不会遇到太大的灾祸。

《象》曰："频复"之厉，义无咎也。

【译解】《象传》说："屡次犯错误却又能屡次改正过错、复归正道"有危险，但毕竟能够改过从善，复归正道，所以最终不会遇到灾祸。

六四，中行独复。

【译解】六四，位居阴爻的正中，独自专一地复归正道。

《象》曰："中行独复"，以从道也。

【译解】《象传》说："位居阴爻的正中，独自专一地复归正道"，说明是为了奉行正道。

六五，敦复，无悔。

【译解】六五，敦厚忠实地复归正道，内心不会有什么后悔。

《象》曰："敦复，无悔"，中以自考也。

【译解】《象传》说："敦厚忠实地复归正道，内心不会有什么后悔"，是因为六五爻虽然远离阳刚，但却能够反省考察自己的言行以完善自我，通过这样的途径促成自己返回正道。

上六，迷复，凶，有灾眚。用行师，终有大败；以其国，君凶。至于十年不克征。

【译解】上六，犯了错误，仍然执迷不悟，不知悔改复归正道，这样必然凶险，会有天灾人祸不断降临发生。在这种情况下，若用兵作战，终将一败涂地；用于治国，国君必然遭受凶险。这样的状况会一直持续下去，长达十年之久，国家必然不能振兴。

《象》曰："迷复"之凶，反君道也。

【译解】《象传》说："犯了错误，仍然执迷不悟，不知悔改复归正道"遇到凶险，是由于违背为君之道的缘故。

第二部分　推开玄义妙智之窗

【智慧解析】

复卦是地雷复，寓动于顺，属中中卦。此卦还是异卦（下震上坤）相叠。震为雷、为动；坤为地、为顺，动则顺，顺其自然。此卦是说事物不能一直剥蚀到最后全部尽净；物极必反，情势变坏的时候，也隐含着某些转机。因此，有志者应顺势而为。恢复法则，越早越好，越快越好。应当在腐败开始之初，过失尚未严重之前，及时反省改善，否则积重难返。这是复卦的本质含义。

此卦也是五阴，阴极而阳返，这是必然的道理。《易经》中常有不要轻举妄动的告诫，然而当此之时，情况不同了，这正是任凭阳气萌生、发展的大好时机，所以尽情地生长和扩展，都是不会犯错误的，都是"无疾""无咎"的，都是"利有攸往"的。"复"道之"亨"，就"亨"在这里。

孔子说，生生不息是天地之心。任何环境下，人都有机会，只要你遵循自然规律去做。老子也说，天地之循环，千变万化，一切的动，都有静发生，不妨静观其变。一个人只有回归到宁静、一无所有、无牵无挂的状态，才能看清一切。

古时候，人们为了以后的发展更加顺利，在阳刚不足的时候，就要静待，等正气回复时再顺势而为。诸葛亮隐居隆中十多年，当天下英才争先投奔明主以逞其才之时，他却不为所动，潜心耕读，静观天下形势，深思熟虑之后选择加入了当时不被普遍看好却极具发展潜力的刘备集团。隆中之对后，诸葛亮锋芒毕露，日后的草船借箭、火烧赤壁乃至六出祁山之举，正是建立在这"正气回复"的基础之上。所以说，伟大的成功背后，往往需要在长时间的无人关注之中努力蓄势，积累丰富的知识、经验和实力，方能厚积薄发。

25. 无妄卦：行为无妄，心安理得

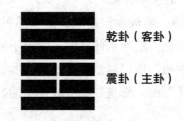

无妄卦（震下乾上）

无妄：元亨，利贞。其匪正有眚，不利有攸往。

【译解】无妄卦象征不妄动妄求：极为亨通顺利，利于坚守正道。然而，如果不能坚守正道，就会发生祸殃，不利于前去行事了。

《彖》曰：无妄，刚自外来而为主于内。动而健，刚中而应。大亨以正，天之命也，其匪正有眚，不利有攸往。无妄之往，何之矣？天命不佑，行矣哉？

【译解】《彖辞》说：无妄，阳刚从外卦来，成为内卦的主宰。运动不息而又刚劲强健，阳刚居中而又应接于下。由于守正而大为亨通，这是天之道啊。如果不能坚守正道，就会发生祸殃，不利于前去行事，处在无妄之时却要妄行，哪里有路可走呢？天道不保佑，能行得通吗？

《象》曰：天下雷行，物与无妄；先王以茂对时育万物。

【译解】《象传》说：无妄卦的卦象是震（雷）下乾（天）上，好比天的下面有雷在运行之表象，象征着天用雷的威势警诫万物，并赋予万物以不妄动妄求的本性；从前的君主顺应天命，尽其所能地遵循天时

以养育万物的生长。

初九，无妄，往吉。

【译解】初九，只要不妄动妄求，前去行事就一定会获得吉祥。

《象》曰："无妄"之往，得志也。

【译解】《象传》说："不妄动妄求"地前去行事，这样就可以实现志愿。

六二，不耕获，不菑畬，则利有攸往。

【译解】六二，不在刚开始耕作时就期望立刻获得丰收，不在荒地刚开垦一年时就期望它立即变成良田，能够这样，才不是妄动妄求，因而利于前去行事。

《象》曰："不耕获"，未富也。

【译解】《象传》说："不在刚开始耕作时就期望立刻获得丰收"，是说不妄求获得非分的财富。

六三，无妄之灾，或系之牛，行人之得，邑人之灾。

【译解】六三，无缘无故而遭受灾祸，好比有人把一头牛拴在村边道路旁，路过的人顺手把牛牵走，同村的人却被怀疑为偷牛的人而蒙受不白之冤。

《象》曰：行人得牛，邑人灾也。

【译解】《象传》说：路过的人顺手把牛牵走，意味着同村的人就会自然地被怀疑为偷牛的人而蒙受不白之冤。这种灾难不是因为自己有过，而是由于某种客观原因的巧合所造成的。

九四，可贞，无咎。

【译解】九四，能够坚守正道，所以没有灾祸。

《象》曰："可贞，无咎"，固有之也。

【译解】《象传》说："能够坚守正道，所以没有灾祸"，是说坚守正道的品德是其本身所固有的，所以，自始至终牢固地坚守正道，才能使自己免遭灾害。

九五，无妄之疾，勿药有喜。

【译解】九五，不妄动妄求却身染疾病，这种疾病不需用药医治，它会不用治疗便自行消除。

《象》曰："无妄"之药，不可试也。

【译解】《象传》说："不妄动妄求却身染疾病"不用药医治，是说药不可以轻易尝试和随便使用，因为疾病本来就可以自行消除。

上九，无妄，行有眚，无攸利。

【译解】上九，虽然不妄动妄求，但是仍然不宜于行动，如果勉强地行动，就会遭受祸殃，得不到一点好处。

《象》曰："无妄"之行，穷之灾也。

【译解】《象传》说："不妄动妄为"的行动（却仍然遭受祸殃），这是由于客观的时遇所造成的灾祸，不以人的意志为转移。

【智慧解析】

无妄卦是天雷无妄，无妄而得，属下下卦。卦象就人来说，处在"无妄"之时，重要的是守正，不要企求以非分的办法侥幸获福，也不要企求以非分的办法侥幸免灾。正确的办法是守"正道"而顺其"自然"，不要有所往，否则，违反规律怎么能得天之佑助呢？

无妄，命中无时莫强求，不可妄行。无妄必有获，必可致福；奢望必有失，必遭殃。

西汉时期的"飞将军"李广是一员猛将，他家世代擅长射箭，李广也以射箭而闻名。

在一次抗击匈奴的战斗中，李广立了头功，被提拔为皇帝的侍卫官，常有机会陪文帝去游猎。他那百发百中的箭法，多次赢得文帝的惊叹。有一天，文帝笑着说："可惜你生不逢时，只能跟着我打猎，要是生在高祖那个时代，封个万户侯是不成问题的！"但不久机会终于来了。

公元前166年，匈奴大举进犯大汉，李广应募入伍，他在每次战斗中都表现得勇敢顽强，屡建奇功。他曾以一百骑亲自射杀匈奴三骑（将军），面对匈奴千骑而不惧，反令手下解鞍下马，盘腿而坐，以进为退，以假乱真，迷惑胡骑。待到天黑，终于率领百骑军士脱险于虎口。后来，他又作为骁骑将军出击雁门塞，兵败匈奴而被俘，却能腾起而取敌弓，在百骑之中，单枪匹马杀出一条血路，逃出匈奴之手。

李广的一生，大都投入到抗击匈奴的战争中，身经大小七十余次战斗，由于英勇善战，他成为匈奴贵族心目中可怕的劲敌。

公元前119年，汉朝大举出兵讨伐匈奴，年事已高的李广认为这是自己最后的立功机会，武帝勉强答应，任命他为前将军。

当时大将军卫青的好朋友公孙敖刚刚丢掉了侯爵，卫青想让公孙敖立功，恢复爵位，没想到被李广横插了一脚。于是，卫青改变计划，让李广迂回绕远，从水草缺乏的东路进攻。

李广到了军中，发现连向导都没有配备，结果当然是迷失道路，耽误了与卫青会师的日期。卫青孤军奋战，得胜班师后，立刻追究李广的责任。

李广知道卫青这是存心为难自己，拒不解释原因。卫青的副官见李广拒绝回答，就急不可耐地责令李广的部属前去受审对质。李广发怒道："他们有什么罪，是李某自己迷失道路，李某这就去大将军那里领罪！"

但李广是何等刚烈之人，岂能受此等侮辱，他打发走了卫青的副官后，对部下说："我李广从少年起与匈奴作战，大大小小七十多仗，如今有幸跟随大将军出征与单于决战，可是大将军偏偏调我走迂回绕远的路线，结果迷失道路，这是天意啊！我已六十多岁了，难道还要受那些刀笔吏的侮辱吗？"说完拔刀自刎。

李广去世的消息传出后，无论军官还是普通士兵都忍不住痛哭失声。

所以说，一个人命运取决于时代气息，若能尽其所能地遵循天时，当然是大吉大利；若有虚妄，或是有不正确的行动，都会带来灾祸。"守正"和"审时"是最好的化解之方。

26. 大畜卦：德智蓄养，刚健笃实

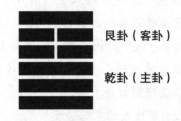

大畜卦（乾下艮上）

大畜：利贞；不家食吉，利涉大川。

【译解】大畜卦象征大量的畜养积聚：利于坚守正道；不要让贤能之人穷困地居于家中自谋生计，而应该把他召到朝廷中食取国家的俸禄，把才能贡献给国家，这样便可以获得吉祥；利于涉过大河。

《彖》曰：大畜，刚健笃实，辉光日新。其德刚上而尚贤，能止健，大正也。不家食吉，养贤也。利涉大川，应乎天也。

【译解】《彖辞》说：大畜，刚健而充实，乃至光辉焕发，日日呈现新的气象。本卦所体现的道德是，阳刚居上，贤人受到崇尚，同时能够蓄止刚健者，这是宏大的正道。不在家中自食，吉祥，说明要蓄养贤人。利于涉越大河，说明行为合于天道。

《象》曰：天在山中，大畜；君子以多识前言往行，以畜其德。

【译解】《象传》说：大畜卦的卦象是乾（天）下艮（山）上，为天被包含在山里之表象，象征大量的畜养积聚；君子效法这种精神，应当更加努力地学习领会前代圣人君子的言论,以此充实自己,培养美好的品德,积聚广博的知识。

初九,有厉,利己。

【译解】初九,不顾一切地贸然前进就会有危险的情况发生,这时只有暂时停下来,不勉强前进才会有利。

《象》曰:"有厉,利己",不犯灾也。

【译解】《象传》说:"不顾一切地贸然前进就会有危险的情况发生,这时只有暂时停下来,不勉强前进才会有利",是说不必冒着灾难、风险前进。

九二,舆说輹。

【译解】九二,车子脱去轮輹自动停下来,不再前进。

《象》曰:"舆说輹",中无尤也。

【译解】《象传》说:"车子脱去轮輹自动停下来,不再前进",说明九二爻虽然刚健急躁,但当它能够认真度量时,就自动停止不前,所以没有贸然前进的过失。

九三,良马逐,利艰贞。曰闲舆卫,利有攸往。

【译解】九三,骏马奔驰如同风驰电掣一般,但是,贸然前进有陷入危险的可能,所以应当警惕前进道路上的各种艰难,同时又坚守正道,这样才会安然无恙。只有娴熟地掌握了驾车和防卫的本领,才能利于前去行事。

《象》曰:"利有攸往",上合志也。

【译解】《象传》说:"利于前去行事",是因为九三与上九志同道合,没有妨碍。

六四,童牛之牿,元吉。

【译解】六四,给头上尚未长角的小牛预先装上一块横木,以防止它长出角后顶人,这是大吉大利的。

《象》曰：六四"元吉"，有喜也。

【译解】《象传》说：大畜卦的第四爻位（六四）的"大吉大利"，是因为能够防患于未然，未雨而绸缪，因而是可喜的。

六五，豮豕之牙，吉。

【译解】六五，面对长有锋利牙齿的猪，并不从如何除去它的牙齿下手，而是避其锋利，击其要害，将它阉割。这样就可以制服它刚暴凶猛的本性，使其变得温驯，这样便能平安无事，获得吉祥。

《象》曰：六五之吉，有庆也。

【译解】《象传》说：大畜卦的第五爻位（六五）的吉祥，是因为能够抓住事物的关键，从根本上予以治理，因而是可喜可贺的。

上九，何天之衢，亨。

【译解】上九，四通八达、畅行无阻的宽街大道，必然亨通顺利。

《象》曰："何天之衢"，道大行也。

【译解】《象传》说："四通八达、畅行无阻的宽街大道"，是说由于大量蓄养积聚贤士，天下已经贤路大开。

【智慧解析】

大畜卦上卦为艮，是遇山而止；下卦是乾，是天灭强健。此卦也是异卦相叠。乾为天，刚健；艮为山，笃实。大畜卦谈的是道德和智慧的蓄聚、培养，这可以说是人生最大的蓄聚，所以称之为"大畜"。为此不畏严重的艰难险阻，努力修身养性以丰富德业。

本卦是刚健笃实，辉光照应，其"德"日新，这样的贤人是国家需要的，要爱惜、尊重他们，这是对国家意义最大的正事；而贤人也当效力国家，造福百姓，这是符合天地之"道"的，长此以往，将没有克服不了的困难。

历史上，南陈是隋之大敌，隋曾派高颎、贺若弼进驻广陵和镇江，但因民力未复，终究难以成功。为此，独孤皇后建议杨坚节衣缩食，积蓄力量后再与之决战。

公元589年，隋与南陈展开了决战。这场平陈统一之战中，独孤皇后将自己的儿子杨广、杨俊都送上前线领兵作战，并任命杨广为总督，带兵五十一万八千人，隋军兵分两路夹击建康，致使陈诸将皆逃，陈王后主与二妃忙投于井内，被军士找到，押回长安，陈遂灭亡。这场战争干净利落，一战而胜。

这种大规模一举灭国的战争，从准备到战前的宣传，颁发诏书，分路夹击，在中国古代的军事史上堪称一绝。如大量散发传单，加强宣传攻势，从心理上摧毁敌方，是前所未有的。

庄子说："水之积也不厚，则负大舟也无力。"刚健者初出茅庐，缺少历练，蓄养不厚，就急于进取，欲成大事，难免在复杂的现实生活中碰钉子、遭挫折，担当不起大事业。然而，这种挫折正是必经的历程、必要的历练。蓄德养智，广纳贤士，这是君主使自己强大起来的重要秘诀。

27. 颐卦：养生之道，兼济天下

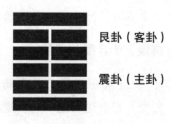

颐卦（震下艮上）

颐：贞吉；观颐，自求口实。

【译解】颐卦象征颐养：只有坚守正道才能获得吉祥；通过观察能够体现颐养的具体

实例，以及自己是如何谋取口中食物的，这样才能真正地掌握颐养之道，获得吉祥。

《彖》曰：颐，贞吉，养正则吉也。观颐，观其所养也。自求口实，观其自养也。天地养万物，圣人养贤以及万民，颐之时大矣哉！

【译解】《彖辞》说：颐养，坚持正道可获吉祥，说明用正道养生才能获得吉祥。观看嘴巴，是观察所养的什么；自求口中食物，是观察怎样自我养育。天地养育万物，圣人养育贤者并且普及于万民，及时地颐养是很伟大的啊！

《象》曰：山下有雷，颐。君子以慎言语，节饮食。

【译解】《象传》说：颐卦的卦象是震（雷）下艮（山）上，为雷在山下震动之表象，引申为咀嚼食物时上颚静止、下颚活动的状态，因而象征颐养。颐养必须坚守正道。君子应当言语谨慎以培养美好的品德，节制饮食以养育健康的身体。

初九，舍尔灵龟，观我朵颐，凶。

【译解】初九，舍弃你如同神龟般的聪明智慧，看着我鼓动腮帮子进食，结果必然导致凶险。

《象》曰："观我朵颐"，亦不足贵也。

【译解】《象传》说："看着我鼓动腮帮子进食"，是说初九爻虽重视保养身体，但由于不能坚守正道，并不值得推崇。

六二，颠颐，拂经，于丘颐，征凶。

【译解】六二，反过来向下属乞求食物以获取奉养，是违背常理的，向高丘处的人乞食，则前进的途中必然遭遇凶险。

《象》曰：六二"征凶"，行失类也。

【译解】《象传》说：颐卦的第二爻位（六二）"前进的途中必然遭遇凶险"，是因为前进的途中没有同类。

六三，拂颐，贞凶，十年勿用，无攸利。

【译解】六三，违背颐养的正道，仍然一味地只求口腹之欲，结果必然遭遇凶险，在十年的漫长岁月里被遗弃而得不到养育，没有一点好处。

《象》曰："十年勿用"，道大悖也。

【译解】《象传》说："在十年的漫长岁月里被遗弃而得不到养育"，是因为它与颐养的正道大相径庭，从根本上违背了养育他人和保养自己的原则和方法。

六四，颠颐，吉；虎视眈眈，其欲逐逐，无咎。

【译解】六四，反过来向下属乞求食物以获取奉养，可以获得吉祥；因为这就像老虎要扑食那样，虎视眈眈，专心致志，全力以赴，则必然能够达到目的，当然也没有什么灾祸。

《象》曰："颠颐"之吉，上施光也。

【译解】《象传》说："反过来向下属乞求食物以获取奉养"得到吉祥，是因为六四位居在上，与初九照应，同时又能坚守正道，虽取之于民，却又用之于民，这也就是说，它能够向下普遍地施舍光明恩德。

六五，拂经，居贞吉，不可涉大川。

【译解】六五，违背颐养的正道，但是却能够安然地居于尊位，所以结果吉祥，只是尚不能处理极为艰险困难的事情，就像不能够涉过大河一样。

《象》曰："居贞"之吉，顺以从上也。

【译解】《象传》说："能够安然地居于尊位"得到吉祥，是因为能够顺从有阳刚之德的贤者。

上九，由颐；厉吉，利涉大川。

【译解】上九，天下百姓都依靠他的养育而得以安居乐业，必须谨防危险，有所戒惧才能获得吉祥，这样也才能排除万难，就像顺利涉过大河一样。

《象》曰："由颐，厉吉"，大有庆也。

【译解】《象传》说："天下百姓都依靠他的养育而得以安居乐业，必须谨防危险，有所戒惧才能获得吉祥"，是说养育天下百姓，因而能得到天下的信任和爱戴，达到普天同庆。

【智慧解析】

颐卦是山雷颐。本卦讲的是雷动山止，万物得养。无论养人还是自养，都要看养之"道"是否正，养以道义精神还是养以衣食物质，还要看养的时间。总之，养要像天地一样要大要公，养生之道，兼济天下。因此，君子要勿妄言，养精神，节饮食，惜身体。

赵简子是春秋末年赵氏孤儿赵武的后代，晋国正卿。经历了"下宫之难"，赵家一蹶不振，赵简子执政以后，在复兴宗室的责任感驱使下，励精图治。

当时，晋国六卿几近疯狂地瓜分公室的土地、人口。他们在自己的封地内各显其能，施行改革，以图迅速壮大，力挫群雄，夺取晋国的统治大权。雄才大略的赵简子岂肯甘居人后？政治上，他礼贤下士，擢拔英杰，重用董安于、尹铎、周舍、史黯、窦犨诸贤，革故鼎新，奋发图强；经济上，他更新亩制，减轻赋税，受到百姓拥戴；军事上，他奖励军功，以功释奴，大大激发了军队的战斗力。赵简子最高明的一招是派遣肱股之臣董安于，在太原盆地晋水之阳修筑晋阳城。

当时的太原盆地及其边山，群戎居北，魏、韩处南，是晋国农耕经济与戎狄游牧经济的交错区。选择这样极具政治地理优势与经济地理优势的地方修建城池，作为战略大本营，守可以蓄势待发，攻可以开疆拓土。加之，赵简子的先祖擅长驯马、御车，这些技能代代传承，赵简子本人也是喜马好御，在晋山之阳就有食谷马数千。筑城晋阳，让他如鱼得水，如虎添翼。

但要想重振雄风，还必须出奇制胜。赵简子躺在席上想啊想（春秋时人们都睡在地上，有钱人睡毛皮，裘在当时还不为人知；没钱人就睡稻草，即卧薪），因劳累过度昏迷不省人事，整整五天五夜，把他的老婆孩子都吓坏了，急忙请来传世名医扁鹊先生。扁鹊先生一搭脉说："无妨，他很健康，不出三天，肯定会醒。"果然，又过了两天，赵简子醒了，说他上天庭和玉皇大帝喝酒去了。于是，人们都说扁鹊是神医，赵简子是"神人"。

万事俱备，是该出手的时候了。不久，赵简子联合魏、韩作为同盟，矛头直指晋国势力最强的范氏、中行氏。晋国的大权又重回赵氏手中。

由此可见，养生之道，不仅是养身体，还要养德性，养人气；既养自己，也养别人，兼济天下。

28. 大过卦：掌握平衡，以柔济刚

大过卦（巽下兑上）

大过：栋桡；利有攸往，亨。

【译解】大过卦象征极为过分：房屋的栋梁受重压而弯曲；利于前去行事，亨通顺利。

《彖》曰：大过，大者过也。栋桡，本末弱也。刚过而中，巽而说行，利有攸往，乃亨。大过之时大矣哉！

【译解】《彖辞》说：大过，是指阳刚大者超过了限度。栋梁弯曲，说明头尾两端柔弱。阳刚过分时，要以中道来调节，逊让、和悦地实行整治，这样就利于前去行事，且必能有所作为，会得到亨通。把握大过的时机十分重要啊！

《象》曰：泽灭木，大过；君子以独立不惧，遁世无闷。

【译解】《象传》说：大过卦的卦象是巽（风）下兑（泽）上，巽在这里代表木，故为水泽淹没了树木之表象，象征极为过分；君子取法这一现象，就应当坚持自己的操守，进则超然独行，不必顾忌和畏惧他人的非议；退则逃避世间，不为隐姓埋名而苦闷烦恼。

初六，藉用白茅，无咎。

【译解】初六，本来直接把器物放置在地上就可以了，现在又用白色的茅草衬垫在器物的下面，使它更加安稳，所以不会发生灾祸。

《象》曰："藉用白茅"，柔在下也。

【译解】《象传》说："用白色的茅草衬垫在器物的下面"，是说行动之前有所准备，非常小心谨慎，即柔者处于下位，不会发生什么灾祸。

九二，枯杨生稊，老夫得其女妻，无不利。

【译解】九二，已经枯萎的杨树重新又长出新的枝芽，老年男子娶了位年轻的妻子，这种现象没有什么不利的。

《象》曰："老夫""女妻"，过以相与也。

【译解】《象传》说："老年男子""年轻的妻子"，虽为过分，但由于能够刚柔相济，所以不会发生不利的情况。

九三，栋桡，凶。

【译解】九三，房屋的栋梁受重压而弯曲，结果必然发生凶险。

《象》曰："栋桡"之凶，不可以有辅也。

【译解】《象传》说："房屋的栋梁受重压而弯曲"，必然发生凶险，是因为阳刚极为过分，所以不能再来辅助它，否则后果将不堪设想。

九四，栋隆，吉；有它，吝。

【译解】九四，房屋的栋梁向上隆起，克服了弯曲，可以获得吉祥；不能再弯曲，再弯曲就会出问题。

《象》曰："栋隆"之吉，不桡乎下也。

【译解】《象传》说："房屋的栋梁向上隆起"，获得吉祥，是由于九四爻本身能使栋梁不再向下弯曲。

九五，枯杨生华，老妇得其士夫，无咎无誉。

【译解】九五，已经枯萎的杨树重新盛开鲜艳的花朵，已经衰老的妇人嫁给了年富力强的男人，这种现象既不会有什么祸害，也没有什么值得称道的。

《象》曰："枯杨生华"，何可久也？"老妇""士夫"，亦可丑也。

【译解】《象传》说："已经枯萎的杨树重新盛开鲜艳的花朵"，表面现象又怎么可以长久保持下去呢？"已经衰老的妇人""年富力强的男子"，这种婚配是会令人深感羞耻的。

上六，过涉灭顶，凶，无咎。

【译解】上六，涉过深之水以至于淹没了头顶，就会发生凶险，但最终不会有祸患。

《象》曰："过涉"之凶，不可咎也。

【译解】《象传》说："涉过深之水"有凶险，但如果能及时补救，还是可以化险为夷，最终不会有祸患。

【智慧解析】

大过卦是非常行动，有泽水淹没木舟之象。属于中下卦。其字面意义是"大为过度"。阳刚过度，大大地超过了阴柔，或者阴柔过度，大大地超过了阳刚，因此需要调整。本卦展示了"大过"之时阳刚过度、阴阳失调的种种危象，从中探求调济阴阳之法，转危为安之术，以求最终走上亨通之路。即把握分寸，处于上下两阴的境地时，要取刚济柔；处于中间四阳的境地时，要取柔济刚，这样才能纠正阳刚偏胜的"大过"之弊，回到阴阳协调、刚柔适度的相对平衡状态。

春秋秦穆公时期的秦国名相百里奚，原是虞国人，三十多岁才得以娶妻杜氏。虽然家境贫寒，但夫妻恩爱相知。杜氏知丈夫壮志未酬且又舍不得妻小，便主动劝百里奚外出闯荡。临行前，杜氏备酒菜为丈夫饯行：灶下无柴，劈门闩以燃之，宰了家中仅有的一只老母鸡，又煮了些小米饭，熬了点白菜。百里奚饱餐之后，与杜氏洒泪而别。

百里奚初到齐国，因无人引荐，只得流落街头，最后以讨饭度日。十多年后，百里奚漂泊到宋国，结交了隐士蹇叔。其间，百里奚也曾回乡探看，但家中妻儿已不知去向。蹇叔将百里溪介绍给朋友——虞国大夫宫之奇。经宫之奇推荐，百里奚也做了虞国的大夫。公元前655年，虞国国君不顾群臣劝阻，中了晋国的假途灭虢之计而亡国。晋国国君（晋献公）欲重用百里奚，遭到拒绝，百里奚于是做了晋国的俘虏。

该年，秦晋交好联姻，百里奚被充作陪嫁的奴仆送往秦国。途中，百里奚逃脱，辗转到了楚国，为楚王看牛牧马。

秦穆公后来查看陪嫁名单，始知少了百里奚这个人，转问从原虞地来秦做官的公孙枝，得知百里奚有大才，于是派人查询其下落，得知百里奚在楚国看牛牧马。于是，秦穆公欲送厚礼请楚王还回百里奚，但遭大臣阻谏。为防止楚王警醒而不放百里奚，秦穆公致书给楚王，说百里奚是秦国奴隶，因罪避祸楚国，请求楚王允许秦国依照当时一般奴隶的价钱——五张羊皮换回百里奚。

此时百里奚已是白发苍苍的七旬老翁，但秦王仍旧重用他，拜他为左相。当时秦国本来已人才济济，拥有蹇叔、由余、丕豹、公孙枝等贤臣，重用百里奚便起到一种刚柔相济的作用。

大过卦的基本精神是反对阳刚过度，主张以阴柔济之，接受阴柔的反向作用，以纠正偏差，整治弊病，达到阴阳平衡的最佳态势。这里面蕴含着丰富的人生哲理，帮助我们掌握适度的处世艺术，获得理想的行为效果。

29. 坎卦：排难脱险，同舟共济

坎卦（坎下坎上）

习坎：有孚，维心亨，行有尚。

【译解】坎卦象征重重艰险：像水奔流一样，胸怀坚定的信念，执着专一，内心才能不畏艰险而获得亨通，这种奔流不止、坚强刚毅的行为必然被人们所崇尚。

《彖》曰：习坎，重险也。水流而不盈。行险而不失其信。维心亨，乃以刚中也。行有尚，往有功也。天险不可升也，地险山川丘陵也，王公设险以守其国。险之时用大矣哉！

【译解】《彖辞》说：习坎，意思是重重险陷。水的本性是流而不止的，即使遇到险阻也能不断流行，从不失去信心。内心亨通，是由于性格刚健，能行中道。行为值得崇尚，因为这样做能够获得成功。天险无法攀登，地险有山河丘陵，王公们则设置险关守卫国境。在遇险之时运用上述原则，很重要啊！

《象》曰：水洊至，习坎；君子以常德行，习教事。

【译解】《象传》说：坎卦的卦象是坎（水）下坎（水）上，为水流之表象。流水相继而至、潮涌而来，必须充满前方无数极深的沟坑才能继续向前，所以象征重重的艰险困难；君子因此应当坚持不懈地努力，反复不间断地推进教育事业。

初六，习坎，入于坎窞，凶。

【译解】初六，置身于重重的艰险困难之中，落入到陷坑的最底下，结果必然是凶险的。

《象》曰："习坎"入坎，失道凶也。

【译解】《象传》说："置身于重重的艰险困难之中"落入到陷坑的最底下，是因为不能坚守正道，自身软弱无能，又得不到外援，所以遭遇凶险。

九二，坎有险，求小得。

【译解】九二，仍然处在陷坑之中面临危险，虽不能脱险，但在一定程度上还是可以解决一些小问题的。

《象》曰："求小得"，未出中也。

【译解】《象传》说："虽不能脱险，但在一定程度上还是可以解决一些小问题的"，说明仍未脱离险境。

六三，来之坎坎，险且枕，入于坎窞，勿用。

【译解】六三，往来进退都处在重重陷坑之间，面临危险难以得到安全，落入陷坑的最底下，在这种情况下，只能伏枕以待，不可轻举妄动。

《象》曰："来之坎坎"，终无功也。

【译解】《象传》说："往来进退都处在重重陷坑之间"，是说虽急于求得平安，结果欲速则不达，最终还是不能摆脱危险，走出困境。

六四，樽酒，簋贰，用缶，纳约自牖，终无咎。

【译解】六四，一樽酒，两簋饭，用瓦缶盛着进献，礼虽然很轻，但却充满了深厚的情意，正大光明地表示诚信，最终不会发生灾祸。

《象》曰："樽酒，簋贰"，刚柔际也。

【译解】《象传》说:"一樽酒两簋饭",是说在艰险困难的情况下能够推心置腹、相互信任地交往,刚柔相济,所以最终免遭灾祸。

九五,坎不盈,祇既平,无咎。

【译解】九五,奔流的水还未溢出沟坑,然而却已和沟坑平齐了,这样也不会发生灾害。

《象》曰:"坎不盈",中未大也。

【译解】《象传》说:"奔流的水还未溢出沟坑",说明居中而不自大,所以还不至于发生大的灾害。

上六,系用徽纆,置于丛棘,三岁不得,凶。

【译解】上六,被绳索重重地捆绑住,囚放在荆棘丛生的牢狱中,长达三年不能解脱,十分凶险。

《象》曰:上六失道,凶三岁也。

【译解】《象传》说:坎卦的第六爻位(上六)面临艰险困难,不能坚守正道,所以遭受三年的凶险。

【智慧解析】

坎卦是坎为水,行险用险;同卦(下坎上坎)相叠,险上加险,属下下卦。一阳陷二阴,所幸阴虚阳实,诚信可豁然贯通,虽险难重重,却能显人性光彩。险,一般来说对人是不利的。但是孔子认为,在特定时候,它不但有用,而且有大用。

人的一生,从黑发到白头,误区知多少?可以说,三百六十五行的路途中,侥幸无误的人并不太多。哪个人没有经历过七灾八难,哪个人心底没有一部辛酸史?所以说,人不可能也不该没有错误、坎坷和陷阱,每一次坎坷和挫折就是人生的一次大考。多少丰功伟绩就是建立在坎坷上,人也是通过不断地穿越误区而成熟起来,在挫折的历练中得以成长。

战国时期,纷争不断。一天,齐军奔袭鲁国,老百姓扶老携幼,仓皇出逃。在博平鹅子屯村(今韩屯乡罗屯村)西的田野里,一年轻村妇怀里抱着一个五六岁的男孩,手里拉着一个三四岁的男孩,跑在最后,被齐兵追上。齐兵感到十分奇怪,问她:"别人都是抱着小孩,领着大孩,你怎么抱着大孩,领着小孩啊?"村妇说:"这个大的是我的侄儿,他父母都死了,托付给我照看;小的是我的儿子。如今大难临头,我宁可舍掉自己的孩子,也不能把侄子丢了啊!"齐兵听后感叹道:"这里真是礼义之邦,一个村妇都能舍儿保侄,如此诚信仁义,我们为什么还要四处征讨、滥杀无辜呢?"于是纷纷把兵器投入旁边的水井里,磕打掉鞋里的土,一哄而散地跑回国去了。

人生的危险不可避免,但也不是没有化解之道,"有孚"就是最有效的一招。

"孚"是信,"有孚"是有信实仁义,内心诚实,遵守诺言的意思。坎卦刚爻居中,刚爻为实,柔爻为虚,喻指做人要中有信实。"维心亨","维"是词头,有正是、因为的意思,意为:正是因为内心仁义诚信的关系才亨通。精诚所至,金石为开,诚可感天地,泣鬼神。遇坎之人要克服自己自然属性上的缺陷,从内心讲究信义上做起,这样还可以"行有尚",可以上进,走向高位。

30. 离卦：依附行为，柔顺中庸

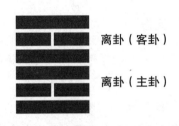

离卦（离上离下）

离：利贞，亨；畜牝牛，吉。

【译解】离卦象征附着：利于坚守正道，这样必然亨通；畜养柔顺的母牛，可以获得吉祥。

《彖》曰：离，丽也。日月丽乎天，百谷草木丽乎土。重明以丽乎正，乃化成天下。柔丽乎中正，故亨。是以畜牝牛吉也。

【译解】《彖辞》说：离是依附的意思。太阳月亮依附在天上，百谷草木依附在地上。英明君主依附于正道，才能教化天下。柔顺而又依附于中正之道，因此亨通。所以，畜养母牛可获吉祥。

《象》曰：明两作，离；大人以继明照于四方。

【译解】《象传》说：离卦的卦象为离（火）下离（火）上，为光明接连升起之表象。离卦的本象为火，这里代表太阳。太阳东升西落，因而有上下充满光明的形象。太阳的光明连续照耀，必须高悬依附在天空才行，所以象征附着；伟大的人物效法这一现象，也应当连绵不断地用太阳般的光明美德普照四方。

初九，履错然，敬之，无咎。

【译解】初九，在开始行事时，由于急于求成而出现错乱，后来能恭敬自重且未轻举妄动，结果没有发生什么灾祸。

《象》曰："履错"之敬，以辟咎也。

【译解】《象传》说："在开始行事时，由于急于求成而出现错乱"，后来能恭敬自重且未轻举妄动，主要是为了避免灾祸的发生。

六二，黄离，元吉。

【译解】六二，附着在黄色上，就可以获得大吉大利。

《象》曰："黄离，元吉"，得中道也。

【译解】《象传》说："附着在黄色上，就可以获得大吉大利"，是因为黄色代表中，坚守正道，可以获得大吉大利。

九三，日昃之离，不鼓缶而歌，则大耋之嗟，凶。

【译解】九三，夕阳西下，好比人生已入老年，这时如果不能敲着瓦器伴唱高歌地欢度晚年，就难免会有春蚕将死、蜡炬成灰的哀叹，这样必然遭遇凶险。

《象》曰："日昃之离"，何可久也！

【译解】《象传》说："夕阳西下，好比人生已步入老年"，即将死去，怎么能长久呢？

九四，突如其来如，焚如，死如，弃如。

【译解】九四，突然间发出万道光芒，犹如燃烧的烈火，但顷刻之间又烟消云散，不复存在，落得个被抛弃的下场。

《象》曰："突如其来如"，无所容也。

【译解】《象传》说："突然间发出万道光芒，犹如燃烧的烈火"，这种刚烈暴躁的气焰，必然带来危险，是天下人所不能容忍的。

六五，出涕沱若，戚嗟若，吉。

【译解】六五，眼泪像泉水一样不停地涌出，纷纷从面颊上流下，忧愁悲伤地叹息，居安思危到了这种程度，必将获得吉祥。

《象》曰：六五之吉，离王公也。

【译解】《象传》说：离卦的第五爻位（六五）之所以能够获得吉祥，是由于它附着在君主旁，受到了君主的庇佑。

上九，王用出征，用嘉折首，获匪其丑，无咎。

【译解】上九，君主动用军队出兵征伐，建功立业，获得美誉，斩杀敌方首领，捕获不愿归附者，这样做不会发生灾祸。

《象》曰："王用出征"，以正邦也。

【译解】《象传》说："君主动用军队出兵征伐"，是为了治理国家，并非为了耀武扬威，滥杀无辜。所以，进行正义的战争，就不会发生灾祸。

【智慧解析】

离卦之离为火，附和依托，也是同卦（下离上离）相叠，属中上卦。离卦阐释依附的原则：当在险难中，必然就要攀附，找到依托才能安全。这个卦要求把握中正的原则，不可投机取巧。凡所依附的对象是什么可以不问，但必须是中正的，人应是正人，事应是正事，物应是正物，"道"应是"正道"。应觉悟成败得失及生死是自然常理，知天乐命，才不会因得不到依附而自寻烦恼。依附不可乘人之危，采取胁迫的手段，以免招祸。依附强者，应柔顺中庸，时刻警觉，才能化险为夷。

乾隆朝有一翰林因久不得实差，便想通过谄事权贵得到权势。于是，他先让妻子去拜大学士于敏中的夫人为干娘，于敏中势衰后，又让妻子去拜尚书梁诗正为干爹，并令其殷勤侍奉。梁诗正每上早朝，他的妻子都先把朝珠放在胸口捂温，然后亲手给梁诗正挂上。

拜干亲是清代官场中拉拢关系、攀附权贵的重要方法之一。以此法建立的关系，较之拜同乡、拜把子、拜同门建立的关系更为密切和牢固。但建立这种关系需具备一定条件：或是有捷径可走，如结亲双方原来就有较密切的关系；或是下一番钻营功夫，如花大钱请中间人代为说项，给要拜的权贵送厚礼，不惜让妻妾侍奉权贵等。在拜干亲者中，品行低下、长于钻营的所谓"十钻千拜之流"尤多，但最终的结局都不大好，为什么？没有秉持正道。

再看三国时期的刘备，他在势单力薄之时，曾经多次依附于人，依曹操，依袁绍，依刘表，处处谦顺任劳，韬晦自抑，深得"畜牝牛吉"的真谛。在辗转寄人篱下的过程中，他不仅保全了自己，还逐渐地积蓄了力量。即使在实力强大、进占益州之时，他对刘璋也是采取柔顺依附的形式，等待时机，缓图进取，并不操之过急，更不采取强宾夺主的形式，以收揽人心，建立政治威望。刘备的成功，确实有值得深思之处。

所以，离卦讲"附着在黄色上，就可以获得大吉大利"，是因为黄色代表中，坚守正道，可以获得大吉大利。

31. 咸卦：沟通交流，情动于中

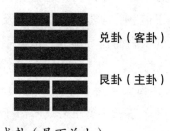

咸卦（艮下兑上）

咸：亨，利贞；取女吉。

【译解】咸卦象征感应：亨通顺利，有利于坚守正道；娶妻可以获得吉祥。

《彖》曰：咸，感也。柔上而刚下，二气感应以相与。止而说，男下女，是以亨，利贞，取女吉也。天地感而万物化生，圣人感人心而天下和平。观其所感，则天地万物之情可见矣。

【译解】《彖辞》说：咸是感应的意思。阴柔在上，阳刚在下，阴阳二气互相感应，互相亲近。笃实而喜悦，男子谦下地向女子求婚，所以亨通，利于坚持正道，娶妻吉祥。天地之气相感而万物化育生长，圣人感化人心而天下太平。观察这些互相感应的现象，天地万物的情形就可以明白了。

《象》曰：山上有泽，咸；君子以虚受人。

【译解】《象传》说：咸卦的卦象是艮（山）下兑（泽）上，为山上有泽之表象，即上方的水泽滋润下面的山体，下面的山体承托上方的水泽并吸收其水分的形象，因而象征感应；君子效法山水相连这一现象，以虚怀若谷的精神容纳感化他人。

初六，咸其拇。

【译解】初六，感应发生在脚的大脚趾上。

《象》曰："咸其拇"，志在外也。

【译解】《象传》说："感应发生在脚的大脚趾上"，说明其感应志向是向外追求。

六二，咸其腓，凶；居吉。

【译解】六二，感应发生在小腿肚上，是由于急躁妄动，这样就会发生凶险的事情；若是安居静处，便可以获得吉祥。

《象》曰：虽"凶，居吉"，顺不害也。

【译解】《象传》说：虽然"就会发生凶险的事情，若是安居静处，便可以获得吉祥"。保持顺和就不会有害处。

九三，咸其股，执其随，往吝。

【译解】九三，感应发生在大腿上，一味地跟随别人任意妄动，这样前去行事，必然导致灾祸。

《象》曰："咸其股"，亦不处也；志在随人，所执下也。

【译解】《象传》说:"感应发生在大腿上",说明不能安居静处,自我克制,而是性情急躁,随心所欲地肆意妄为;盲目地跟随别人任意妄为,是因为执意追求的过于低下卑劣。

九四,贞吉,悔亡;憧憧往来,朋从尔思。

【译解】九四,内心保持纯洁无邪的态度,就可以获得吉祥,没有后悔;心猿意马地与朋友交往,只可能有极少的朋友会报答你的情意。

《象》曰:"贞吉悔亡",未感害也;"憧憧往来",未光大也。

【译解】《象传》说:"内心保持纯洁无邪的态度,就可以获得吉祥,没有后悔",说明九四爻并没有因感应而遭受祸害:"心猿意马地与朋友交往",朋友就必然不多,影响也小,不能遍及于天下。

九五,咸其脢,无悔。

【译解】九五,感应发生在脊背的肉上,不会发生后悔。

《象》曰:"咸其脢",志未也。

【译解】《象传》说:"感应发生有脊背的肉上",说明只知独善其身,这样志向难免过于浅薄。

上六,咸其辅、颊、舌。

【译解】上六,感应发生在牙床、脸颊、舌头上。

《象》曰:"咸其辅、颊、舌",滕口说也。

【译解】《象传》说:"感应发生在牙床、脸颊、舌头上",说明只是玩弄三寸不烂之舌而已。

【智慧解析】

咸卦象征感应:上卦是兑是泽,是悦,是少女;下卦是艮是山,是止,是少男。山泽通气,内外相应,这是二气交感而合和,即"感"的上下二体有笃诚相感之义。

人伦之始,始于夫妻。本卦是探讨人伦关系的第一卦。尽管卦中只讲到人的身体部位,从脚趾讲到小腿,再到大腿,再感应到心,再感应到背，再感应到牙床，感应到唇舌之间，感应到身体各个器官、部位，但实际上我们该引申联想到，与天地万物的互通感应，同时在感应中，最重要的是心的感应，心的感应才是正固吉祥。

天地感应而生万物；圣人以诚信感应万民，天下就太平；所以说，青年男女相互感应，一见钟情，结为夫妻而繁衍后代，就是自然的事情了。至于交朋友的交情，诚信才是基石。

本卦用人体的各部分作比方，表述感情交流的各种情况和得失长短。男女交流，必须要情动于中才是吉。

王昭君，名嫱，汉元帝时被选入宫，竟宁元年（公元前33年），匈奴呼韩邪单于入朝求和亲，昭君自愿请行，远嫁匈奴，为民族间的亲善友好作出了贡献。入匈奴后，被称为宁胡门氏（皇后）。在她的影响下，其子女及周围的人都努力维护与汉的通好关系，以致"三世无犬吠之警，黎庶无干戈之役"。

"昭君出塞"是当时国与国之间的沟通，成为我国历史上一段流芳千古的美丽故事。王昭君留给世人的印象，不仅是她的美貌，更多的是她的脱俗气质、不屈个性，以及将国家利益放在至高无上位置的宽广心胸。

有人说，从爱情角度来看，昭君是政治悲剧的一个符号。而《周易》认为，心灵的感应，以正为吉。心正则感应也正，就不会有悔恨之事了。王昭君的爱情虽有点弱不禁风，但从民族大义出发，最难能可贵的是她出塞和亲是出于自愿。居尊者，应该有"圣人感人心而天下和平"的大志，这样尊位才能得人所尊。

32. 恒卦：人贵有恒，持正守道

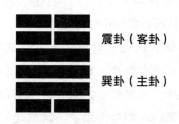

恒卦（巽下震上）

恒：亨，无咎，利贞，利有攸往。

【译解】恒卦象征常久：亨通顺利，没有灾祸，利于坚守正道，利于前去行事。

《彖》曰：恒。久也。刚上而柔下。雷风相与。巽而动，刚柔皆应，恒。恒，亨，无咎，利贞，久于其道也。天地之道恒久而不已也，利有攸往，终则有始也。日月得天而能久照，四时变化而能久成，圣人久于其道而天下化成。观其所恒，而天地万物之情可见矣。

【译解】《彖辞》说：恒的意思是恒久。阳刚在上，阴柔在下。雷与风相助，逊顺而后动。阳刚阴柔皆相应，这些都反映了恒久之意。恒久，可以亨通、无害，利于坚持正道，说明要永久保持美好的道德。天地的运行规律是恒久而不停止的；利于前去行事，说明事物的发展终而复始。日月依靠天这个载体而能永放光芒，四季终而复始、变化不已才能永久生成万物，圣人持之以恒地保持美好的道德就能用教化来成就天下人。观恒卦所揭示的恒久之道，天地万物的一切事情均可明白了。

《象》曰：雷风，恒；君子以立不易方。

【译解】《象传》说：恒卦的卦象是巽（风）下震（雷）上，为风雷交加之表象，两者常是相辅相成而不停地活动的形象，因而象征常久；君子效法这一现象，应当树立自身的形象，坚守常久不变的正道。

初六，浚恒，贞凶，无攸利。

【译解】初六，刨根问底地深入追求恒久之道，结果必然凶险，没有一点好处。

《象》曰："浚恒"之凶，始求深也。

【译解】《象传》说："刨根问底地深入追求恒久之道"将产生凶险，是因为事情刚开始，追求的目标就过于深远的缘故。

九二，悔亡

【译解】九二，悔恨自行消除。

《象》曰：九二"悔亡"，能久中也。

【译解】《象传》说：恒卦的第二爻位（九二）能够使"悔恨自行消除"，是由于它能够长久地守中不偏的缘故。

九三，不恒其德，或承之羞，贞吝。

【译解】九三，不能长久地保持美好的品德，总会不时蒙受他人的羞辱，结果难免产生惋惜。

《象》曰："不恒其德"，无所容也。

【译解】《象传》说："不能长久地保持美好的品德"，是说由于急躁妄动，不安分守己，没有恒心，因此落了个无处容身的下场。

九四，田无禽。

【译解】九四，田间狩猎，结果却没有捕获到任何禽鸟。

《象》曰：久非其位，安得禽也？

【译解】《象传》说：长久地处在不属于自己应该处的位置，又怎么能够捕获到禽鸟呢？

六五，恒其德，贞；妇人吉，夫子凶。

【译解】六五，长久地保持柔顺服从的美好品德，永远坚守正道；这样的话，女人可以获得吉祥，男人则遭遇凶险。

《象》曰：妇人贞吉，从一而终也；夫子制义，从妇凶也。

【译解】《象传》说：女人坚守正道可以获得吉祥，是说女人一生应该只嫁一个丈夫，终身都不能改嫁他人；男人遇事应当果断处理，如果像女人那样只知顺从、优柔寡断，就会遭遇凶险。

上六，振恒，凶。

【译解】上六，摇摆不定，不能坚守恒久之道，结果必然凶险。

《象》曰：振恒在上，大无功也。

【译解】《象传》说：摇摆不定，不能坚守长久之道，但是又高高在上，终将一无所成，不会有所建树。

【智慧解析】

恒卦是雷风恒，恒心有成，属中上卦。这个卦是异卦（下巽上震）相叠。震为男、为雷；巽为女、为风。震刚在上，巽柔在下，喻男尊女卑，刚上柔下，造化有常，相互助长。阴阳相应，常情，顺情而动，事物合乎常规，这就是恒久之"道"。日月依靠天这个载体而能永放光芒，四季终而复始、变化不已才能永久生成万物，圣人持之以恒地保持美好的道德，就能用教化来成就天下人。但恒中包含着"不恒"，"不恒"中有恒。恒而能变，变中有恒，持正守道，有秩序的社会生活才能化育而成，男女间的感情才会天长地久；久于正道，坚持而不舍，才会亨通、无害。

无论是男女感情，还是事业，成功都源于一点一滴的积累。

每个人要想获得成功，从平凡走向卓越，就必须拥有对目标坚持不懈的恒心和强大的意志力。历史上的伟人们之所以能创造出伟大的事业，凭借的正是持之以恒的毅力。

伟大的德国文学家歌德创作《浮士德》，用了50年的时间；

马克思整整花费40年的心血,才完成了巨著《资本论》;

大书法家王羲之经年累月苦练书法,成就了"天下第一行书"的盛名;

中国古代医药学家李时珍为了写《本草纲目》,经历了30年的跋山涉水;

著名科学家、气象学家竺可桢坚持每天记录天气情况,记录了38年零37天,其间没有一天间断,直到他去世前的那一天。

"人贵有恒",所以本卦阐示:只要真正懂得恒久之道的精髓,即持中守正的不易之恒与终而复始的不已之恒,并在立身处世时真正地持之以"恒",就会亨通。同时它又从反面立论,分别以夫妇之道为喻象,从不同的侧面指出不能持恒的各种情况及后果,列举了种种不吉利的情况,实际上是从反面警醒世人,道出持之以恒的重要性,如果想要成就大功,必须持之以恒。

33. 遁卦:以退为进,转危为安

遁卦(艮下乾上)

遁:亨,小利贞。

【译解】遁卦象征退避:亨通,小事能够成功。

《彖》曰：遁，亨，遁而亨也；刚当位而应，与时行也。小利，贞，浸而长也。遁之时义大矣哉！

【译解】《彖辞》说：退避，亨通，说明必须先作退避然后可致亨通；阳者居刚位而能与下者相应合，这是随顺时势而行退避之道。有小利，持守正道，这是由于阴气浸润而渐渐生长（不利于大有作为）。退避而顺应时势，其意义多么宏大啊！

《象》曰：天下有山，遁；君子以远小人，不恶而严。

【译解】《象传》说：遁卦的卦象是艮（山）下乾（天）上，为天下有山之表象，象征着隐让退避。因为山有多高，天就有多高，似乎山在逼天，而天在步步后退，但天无论怎样后退避让，却始终高居山之上。君子应与小人保持一定的距离，以傲然不可侵犯的态度截然划清彼此的界限，这样一来，就自然而然会生出一种震慑住小人的威严来。

初六，遁尾，厉。勿用有攸往。

【译解】初六，隐退避让错过时机落在了后边，情况非常不好。面对这种情形，应该静观待变而不要有所行动，否则将会更加不利。

《象》曰："遁尾"之厉，不往何灾也？

【译解】《象传》说："隐退避让错过时机落在了后边"有祸患，但是静观不动还会有什么灾祸呢？

六二，执之用黄牛之革，莫之胜说。

【译解】六二，像用黄牛的皮捆绑起来那样，谁也难以解脱。

《象》曰：执"用黄牛"，固志也。

【译解】《象传》说："用黄牛的皮捆绑起来那样"捆，意思是说，要坚定自己的志向，决不因任何情况而动摇。

九三，系遁，有疾厉。畜臣妾，吉。

【译解】九三，由于被牵累而难以远去，就像疾病缠身那样危险。处在这种情况下，就要畜养仆人和侍妾，就会吉祥。

《象》曰："系遁"之厉，有疾惫也；"畜臣妾吉"，不可大事也。

【译解】《象传》说:"由于被牵累而难以远去",会有危险,因为在这种想退而又不能退的情况下,就像疾病缠身那样会令人疲惫不堪;"畜养仆人和侍妾,就会吉祥",是说处在有所系累的情况下,是不可能有什么大作为的。

九四,好遁,君子吉,小人否。

【译解】九四,可以从容隐退避让而无所系累,君子将因此而获得吉祥,小人却不会吉祥。

《象》曰:君子"好遁",小人否也。

【译解】《象传》说:君子"可以从容隐退避让而无所累",而小人却做不到这一点。

九五,嘉遁,贞吉。

【译解】九五,能够自如地隐退避让,坚守正道,其结果是吉祥的。

《象》曰:"嘉遁,贞吉",以正志也。

【译解】《象传》说:"能够自如地隐退避让,坚守正道,其结果是吉祥的",关键是要坚定自己的信念和志向。

上九,肥遁,无不利。

【译解】上九,既无牵累,又已远离,早已处在隐退避让中,就像远走高飞一样,所以无论这时做什么,都不会有什么不利。

《象》曰:"肥遁,无不利",无所疑也。

【译解】《象传》说:"随心所欲地远走高飞都不会有什么不利",就在于所做的一切都是理所当然、自然而然的,没有什么疑虑。

【智慧解析】

遁卦是天山遁,喻遁世救世,属下下卦。本卦是异卦(下艮上乾)相叠。乾为天,艮为山。天下有山,山高天退。阴长阳消,喻小人得势,君子退隐,明哲保身,伺机救天下。

君子具有力图施展才华，实现理想抱负的本性，在实际行动中雷厉风行、身体力行，敢于承担责任与风险，有一种不达目的誓不罢休的闯劲，是一种开拓创新的形象。但卦象显示小人制服君子，君子进退两难。本卦讲的是退（遁），这里不是"君子"亨，也不是"君子"藏亨，而是"君子"退藏之后，"君子"之"道"亨。在此时代，"君子"可以小有作为，不是什么也不干，这是将来大亨利贞的基础。"君子"此时要对"小人"敬而远之，外顺内正，待之以礼，自守以坚之意。

唐代中期，大将郭子仪临危受命，率军一举击溃叛军，平定了安史之乱，因此一度官至太尉、中书令，而且深得皇帝信赖。

郭子仪生性爱热闹，喜排场，每次会客时总要留众多侍女爱姬相随。有一次，手下人报告说卢杞来见，郭子仪一听，马上面色严肃地屏退所有陪侍的妇女。郭子仪的几个儿子感到很奇怪，问道："以往父亲会客，总是姬侍满堂，怎么卢杞一来，父亲就赶她们走呢？"郭子仪摇摇头，严肃地说："你们不知，这个卢杞长相很丑，面色发蓝，女人们不懂事，见了他没准会嗤笑出声。卢杞这个人我很了解，他表面谦和，但心地险诈，将来一旦成事。为了这一笑之仇就可能将我们全家斩尽杀绝。"几个儿子听说后，虽然觉得有些道理，但还是暗笑父亲有些小题大做。

后来的事实证明，郭子仪的担忧确实不是杞人忧天。卢杞凭着各种手段做了宰相之后，果然对以前得罪过他的人大加陷害，而郭子仪却因谨慎小心而得以保全身家。

学会退让就是要避开小人的锋芒，退让并不等于消极沉沦，也不是不负责任地撒手逃跑，学会退让并不象征认输，而是一种生活的智慧和人生的境界。

34. 大壮卦：慎用强壮，忍耐自守

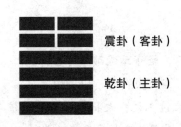

大壮卦（乾下震上）

大壮：利贞。

【译解】大壮卦象征十分强盛：坚守正道，将会非常有利。

《彖》曰："大壮"，大者壮也；刚以动，故壮。大壮利贞，大者正也。正大而天地之情可见矣！

【译解】《彖辞》说：大壮，指刚大者强盛；刚健而又奋动，所以强壮。大而强盛，利于守持正固，说明强盛之时刚大者要持守正道。使刚大者持守正道，以此来观察天地之间的各类事物，就可以看出万事万物的常情。

《象》曰：雷在天上，大壮；君子以非礼弗履。

【译解】《象传》说：大壮卦的卦象是乾（天）下震（雷）上，为震雷响彻天空之表象，象征着十分强盛。君子应该严格要求自己，不要越出准则和规律去做非分之事。

初九，壮于趾，征凶；有孚。

【译解】初九，阳刚强盛只在脚趾。这时如果有所行动，必然会招来灾祸。

《象》曰："壮于趾"，其孚穷也。

【译解】《象传》说：爻辞中的"阳刚强盛只在脚趾"一句，说明只停留在这一状态下，是决不会有什么出路的。

九二，贞吉。

【译解】九二，坚守正道而获得吉祥。

《象》曰：九二"贞吉"，以中也。

【译解】《象传》说：大壮卦的第二爻位（九二）之所以能够坚守正道而获得吉祥，是因为它位置居中，能够以柔相出的原因。

九三，小人用壮，君子用罔；贞厉，羝羊触藩，羸其角。

【译解】九三，小人恃强好胜，君子却恰恰相反。而且，即使逞强好胜者能够保持住阳刚强盛，其结果也绝不会好。就像强壮的羊去顶触篱笆，结果只会把角卡在篱笆中而难以摆脱。

《象》曰：小人用壮，君子罔也。

【译解】《象传》说：小人恃强好胜，君子却不这样。

九四，贞吉，悔亡；藩决不羸，壮于大舆之輹。

【译解】九四，坚守正道，必获吉祥，悔恨也会消失；因为阳刚十分强盛，既像篱笆崩溃，羊角从系累中解脱出来，又像坚固的车轮能负重载远那样。

《象》曰："藩决不羸"，尚往也。

【译解】《象传》说："篱笆崩溃，羊角从系累中解脱出来"的内在含义是，鼓励君子要充分行动起来，积极向前进取。

六五，丧羊于易，无悔。

【译解】六五，在田边地头丢失了羊，却并没有什么可遗憾的，不会有什么不利的情况发生。

《象》曰:"丧羊于易",位不当也。

【译解】《象传》说:"在田边地头丢失了羊",是由于其位置不恰当。

上六,羝羊触藩,不能退,不能遂,无攸利,艰则吉。

【译解】上六,强壮的羊因顶触篱笆而被卡住了角,既不能后退,又不能前进,怎样挣扎都没有好处。在这种情况下,要能够忍耐坚持,不被艰难困苦所压垮,就会安然渡过难关,获得吉祥。

《象》曰:"不能退,不能遂",不详也;"艰则吉",咎不长也。

【译解】《象传》说:"既不能后退,又不能前进",说明行动处世不够圆满周到,结果陷入极为被动的局面。但只要"忍耐坚持,不被艰难困苦所压垮,就会安然渡过难关就会吉祥",说明只要能够坚持忍耐,困难一定不会长久。

【智慧解析】

大壮卦下体为乾,为天,为健;上体为震,为雷,为壮。雷在天上滚动,有威震四方之象,健而动,喻强盛壮大之意。而天地乃大中之大,可谓至大。天地乃正中之正,可谓至正。大而且壮,大而且正,是天地的显著特点。看见天地之正大,便看见天地之情了。分析此卦,"君子"要把最大的力量放在战胜自己上,最好是"非礼弗履"。也就是说,至壮慎用壮,韬光养晦,坚韧自守才吉。

战国时期,各诸侯国的王公贵族有吸引人才、广纳门客的习惯。孟尝君是齐国公子,受封于薛,手下门客三千。冯谖是其中一个很不起眼的人,而且毛病很多,一会儿嫌住得不好,一会儿嫌吃得太差,孟尝君不仅没有嫌弃他,反而一一满足他。

后来,孟尝君想找个能干的人去封地收租,冯谖主动请缨。临行前,孟尝君允许他购买一些现在府里欠缺的东西。谁知道冯谖去后,不仅没收到租,还当场以孟尝君的名义把契约烧毁,直接把那里的债全免了。冯谖回来后,告诉孟尝君说已经买回了府里最需要的东西——

"义"。孟尝君自然不高兴,但也无可奈何。不久,孟尝君遭难,回到封地薛后,受到了当地百姓的拥戴。冯谖借助孟尝君的封地和百姓的拥戴,帮助孟尝君成功地走出了低谷。

《周易》所讲的就是至壮不用壮。在壮大强盛之际一定要守正,即卦辞所说的"利贞"。故强壮之时不怕不壮,而怕逞壮。妄用强壮,虽壮而离正,则成了强梁与暴君,因此为了持守正道、"利贞",大壮卦就不能再像其他卦那样扬刚抑阴,而是要求刚而守谦,慎用强壮,更不可恃强凌弱,所以刚如能得柔之济,柔如能得刚之济,刚柔相济,则是解决强盛之时守正的一条重要途径。

35. 晋卦:以德晋升,飞黄腾达

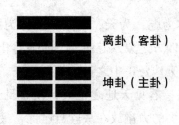

晋卦(坤下离上)

晋:康侯用锡马蕃庶,昼日三接。

【译解】晋卦象征长进:就像才干出众的公侯得到了天子的赏识,不仅赐给他许多车马,而且在一天之内多次接见他。

《彖》曰:晋,进也。明出地上,顺而丽乎大明,柔进而上行。是以"康侯用锡马蕃庶,昼日三接"也。

【译解】《彖辞》说：晋，意思是升进。太阳从地面升起。顺德之臣上附于大明之君，以柔顺之道，积极进取而努力向上，因此（卦辞说）尊贵的大臣承蒙天子赏赐众多的车马，一天之内荣获三次接见。

《象》曰：明出地上，晋；君子以自昭明德。

【译解】《象传》说：太阳从地面上升起，象征着前进和昌盛，也象征着发出自己的光和热。所以，君子应该充分显示自己的才华和美德，发挥自己的作用。

初六，晋如摧如，贞吉；罔孚，裕无咎。

【译解】初六，刚有升迁的机会就遇到了障碍和阻拦，但是只要能够坚守正道，始终如一，就一定会吉祥如意。由于还没有树立起自己的威望，所以能够不受约束地去处理问题，而不必担心会有什么过失。

《象》曰："晋如摧如"，独行正也；"裕无咎"，未受命也。

【译解】《象传》说："刚有升迁的机会就遇到了障碍和阻拦时"，要能够持之以恒，按照自己所遵循的原则继续不断地努力；"不受约束地去处理问题，而不必担心会有什么过失"，是因为它还没有被赋予什么权力、责任和使命。

六二，晋如愁如，贞吉；受兹介福，于其王母。

【译解】六二，前进时充满忧愁思虑，但是如果能坚守正道，始终如一，将会吉祥如意；而且会获得极大的恩惠和福泽，是高高在上的王母所赐予的。

《象》曰："受兹介福"，以中正也。

【译解】《象传》说：之所以能够"获得极大的恩惠和福泽"，是因为位置居中，行为符合身份和正道。

六三，众允，悔亡。

【译解】六三，所作所为已经得到了众人的认可和赞同，努力进取，悔恨将会消失。

《象》曰："众允"之志，上行也。

【译解】《象传》说:"得到众人认可和赞同"的志向,是要努力向前奋斗。

九四,晋如鼫鼠,贞厉。

【译解】九四,晋升以后,像既贪婪又怕人,而且没有什么专长的鼫鼠一样,即使能够严守自己的本分,也免不了灾祸。

《象》曰:"鼫鼠,贞厉",位不当也。

【译解】《象传》说:之所以"像鼫鼠一样,即使能够严守自己的本分,也免不了灾祸",是因为所在的位置不对。

六五,悔亡,失得勿恤;往吉,无不利。

【译解】六五,悔恨已经消失,也用不着考虑得失的问题。只要勇往直前,就会吉祥如意,所有的一切都变得如此顺利。

《象》曰:"失得勿恤",往有庆也。

【译解】《象传》说:"用不着考虑得失",只要继续努力奋斗,必然会有吉祥福庆的。

上九,晋其角,维用伐邑,厉吉,无咎;贞吝。

【译解】上九,向前迈进似乎已经达到了顶点,就像到达兽角尖上一样,盛大的气象已不复存在。只有像攻打城池那样建立新的功勋,或许可以避免灾难,转为吉祥;而且一旦这样做了,将不会产生过失。但即使如此,以后的发展趋势也只能是越来越差。

《象》曰:"维用伐邑",道未光也。

【译解】《象传》说:"只有像攻打城池那样",说明前进繁盛已经达到了顶点,再也难以发展光大。

【智慧解析】

晋卦是火地晋,喻精进求发展,属中上卦。本卦是异卦(下坤上离)相叠。离为日,为光明;坤为地,为柔。太阳高悬,普照大地,大地卑顺,万物生长,光明磊落,柔进上行,则事业蒸蒸日上。

第二部分 推开玄义妙智之窗

晋是进而且盛的意思，有明盛之象，又有上进之象。安国之侯，柔顺而明，在自己的诸侯国内，作为一国之君，能康一国之民。在天子的统辖下，作为一方诸侯，能顺附天子之明德，必受到天子的宠信；作为"君子"要善于做到我用我之明。

公元前158年，匈奴的单于起兵六万，侵犯上郡和云中，杀了不少老百姓，抢掠了不少财物。

汉文帝连忙派三位将军带领三路人马去抵抗；另外派了三位将军带兵驻扎在长安附近：将军刘礼驻扎在灞上，徐厉驻扎在棘门，周亚夫驻扎在细柳。

有一次，汉文帝亲自到这些地方去慰劳军队，顺便也去视察一下。他先到灞上，刘礼和他部下的将士一见皇帝驾到，都纷纷骑着马来迎接。汉文帝的车驾闯进军营，完全没有受到询问和阻拦。汉文帝慰劳了一阵走了，将士们忙不迭欢送。

接着，汉文帝又来到棘门，受到的迎送仪式也是一样隆重。

最后，汉文帝来到细柳。周亚夫军营的前哨一见远远有一队人马过来，立刻报告周亚夫。将士们披盔带甲，弓上弦，刀出鞘，完全是准备战斗的样子。

汉文帝的先遣队到达了营门，守营的岗哨立刻拦住，不让进去。

先遣的官员威严地吆喝了一声，说："皇上马上驾到！"营门的守将毫不慌张地回答说："军中只听将军的军令。将军没有下令，不能放你们进去。"

官员正要和守将争执，汉文帝的车驾已经到了。守营的将士照样挡住。汉文帝只得命令侍从拿出皇帝的符节，派人给周亚夫传话说："我要进营来犒劳将士。"

周亚夫下令打开营门，让汉文帝的车驾进来。

到了中营，只见周亚夫披戴着全身盔甲，拿着兵器，威风凛凛地站在汉文帝面前，拱拱手作个揖，说："臣盔甲在身，不能下拜，请允许按照军礼朝见。"

汉文帝听了大为震动，也扶着车前的横木欠了欠身，向周亚夫表示答礼。

慰问结束后,汉文帝离开细柳,在回长安的路上,他的侍从人员都愤愤不平,认为周亚夫对皇帝太无礼了。但是,汉文帝却赞不绝口,说:"这才是真正的将军啊!灞上和棘门两个地方的军队,松松垮垮,就跟孩子们闹着玩一样。如果敌人来偷袭,不做俘虏才怪呢。像周亚夫这样治军,敌人怎敢侵犯他啊!"

这次视察过后,汉文帝认定周亚夫是个军事人才,就把他提升为京城中尉(负责京城治安的军事长官)。第二年,汉文帝害了重病。临死的时候,他把太子叫到跟前,特地嘱咐说:"如果将来国家发生动乱或战争,叫周亚夫统率军队,准错不了。"

《周易》讲"君子以自昭明德",正是强调充实、丰富优美的品德,忠于自己的职责。升迁之途关键在于两点,一是以柔顺而行,二是向光明而行。

36. 明夷卦:用晦之道,内明外柔

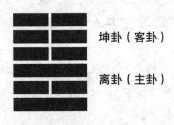

明夷卦(离下坤上)

明夷:利艰贞。

【译解】明夷卦象征光明受阻:在这种情况下,最好是在艰难困苦中坚守正道,保持自身的纯洁和善始善终的恒心。

《象》曰：明入地中，"明夷"。内文明而外柔顺，以蒙大难，文王以之。"利艰贞"，晦其明也。内难而能正其志，箕子以之。

【译解】《象辞》说：太阳落入地中，"象征光明受阻"，内含文明美德，外呈柔顺之象，以此蒙受大难而免于祸患，文王就是用这种方法度过危难。"最好在艰难困苦中"艰守正道，说明要自我隐晦光明。身陷内难而仍能坚守自己正确的志向，箕子就是这样做的。

《象》曰：明入地中，"明夷"；君子以莅众，用晦而明。

【译解】《象传》说：明夷卦的卦象是离（火）下坤（地）上，离为火，代表光明，为光明入地下之表象，"象征着光明受阻"。君子要能够遵循这个道理去管理民众，即有意不表露自己的才能和智慧，反而能在不知不觉中使民众得到治理。

初九，明夷于飞，垂其翼；君子于行，三日不食。有攸往，主人有言。

【译解】初九，在光明被阻的时候，要像鸟儿一样迅速飞走，而且要低垂着翅膀以免被人察觉。君子退避隐藏，就是三日没有饭吃也不在乎。但君子若在此时行动，必然要受到当政者的责备。

《象》曰："君子于行"，义不食也。

【译解】《象传》说："君子隐藏退避"，是由于坚持道义和原则而不愿再拿这份俸禄。

六二，明夷，夷于左股，用拯马壮，吉。

【译解】明夷卦的第二爻位（六二），处在这种光明被阻的情况下，就像伤了左大腿一样，如果能借用好马，增加自己的力量，将会是有利的。

《象》曰：六二之吉，顺以则也。

【译解】《象传》说：六二爻之所以能够获得吉祥，是因为柔顺而又坚持原则。

九三，明夷于南狩，得其大首；不可疾，贞。

【译解】九三，君主在光明受阻的情况下，到南方去巡狩，将可以消灭罪恶的首领。但是应该注意不要操之过急，要能够坚守正道，持之以恒。

《象》曰："南狩"之志，乃大得也。

【译解】《象传》说：有到南方征伐巡狩的志向，就会有非常大的收获。

六四，入于左腹，获明夷之心，于出门庭。

【译解】六四，进入左方腹地，能够深入了解光明被阻的内中情况，于是坚定地跨出门庭，离开这里。

《象》曰："入于左腹"，获心意也。

【译解】《象传》说："进入左方腹地"，因此能够从内部深刻了解光明受阻的情形。

六五，箕子之明夷，利贞。

【译解】六五，应采取箕子那种自掩聪明才智的做法，这样做有利于坚守正道。

《象》曰：箕子之贞，明不可息也。

【译解】《象传》说：箕子坚守正道、保持自我的行为说明，光明是不会熄灭的，只是暂时受阻碍罢了。

上六，不明晦；初登于天，后入于地。

【译解】上六，不但没有光明，反而带来黑暗；刚开始时升起在天空，而后来却坠入地下。

《象》曰："初登于天"，照四国也；"后入于地"，失则也。

【译解】《象传》说："刚开始时升起在天空"，是说它的光明能够普照四方各国；"而后来却坠入地下"，是说它已经因违背正道而丧失了应有的作用，由光明转入了黑暗。

【智慧解析】

明夷卦是地火明夷，上卦是坤，是大地；下卦是离，是太阳，是光明。日落地下是光明消失。卦象是讲人处在艰难之时，要内心明而外柔顺，不要失去"正道"和希望。学会表面糊涂，内心精明，也就是通常所讲的"难得糊涂"。社会问题有时就是要模糊处理，效果才好，否则，自身不保还谈什么济世安邦？

如果一个人内心本来很清楚，却要在表面上装糊涂，确实是件很困难的事，非有大智慧者不能做到。

三国时期的司马懿，本来是个老谋深算、绝顶聪明的人，却总喜欢装糊涂。当年他在五丈原，凭借一套大智若愚、软磨硬泡的阴鸷功夫，终于拖垮了老对手诸葛亮，居功至伟，在朝中也权倾一时。

正因为他功高震主，引起了同僚的妒忌和朝廷的猜疑。在这种情况下，司马懿干脆装起糊涂来，以病重为由长期在家休假，给人制造一种自己行将就木的假象。但他的对头们还是不放心，派人以慰问病情为由，刺探司马懿的虚实。司马懿将计就计、顺水推舟，装出一副日薄西山、气息奄奄、病入膏肓的样子接待来使，演出了一幕生动的话剧。在司马懿的策划下，来人果然被蒙骗过去了，回去说司马懿病势沉重，将不久于人世。司马懿的政敌们终于放松了警惕。

就在这个时候，司马懿暗中培植羽翼、广罗亲信，神不知鬼不觉地布置自己的两个儿子掌握了京师禁军大权，后来瞅准了一个时机，发动了"高平陵之变"，几乎将曹家的势力一网打尽，至此，魏国军政大权尽数落在司马氏手中。

司马懿之举可以借鉴，但不可模仿。对于代表光明的君子，应该怎样对付这种黑暗现实呢？《周易》讲的原则就是卦辞所说"利艰贞"，强调在艰难中坚守正道，在"自晦"中保存光明，以待时局的发展，转衰为盛，变黑暗为光明。若作为君主，违反为君之道（失则），就会造成政治黑暗的局面，最终受到伤害的必定是自己；若作为君子处在黑暗的时代，对待昏主应采取外晦内明的策略，以保全自己，持守正道，"明不可息"，同时也不放弃"用拯""南狩"之类不影响"自晦"的斗争，以此等待和促使时局向好的方面转化。

37. 家人卦：理家之道，各尽本分

家人卦（离下巽上）

家人：利女贞。

【译解】家人卦象征家庭：特别注重女人在家中的作用，如果她能够坚守正道，始终如一，将会非常有利。

《彖》曰：家人，女正位乎内，男正位乎外。男女正，天地之大义也。家人有严君焉，父母之谓也。父父，子子，兄兄，弟弟，夫夫，妇妇，而家道正。正家而天下定矣。

【译解】《彖辞》说：在家庭中，女子在家内居正当之位，男子在家外居正当之位。男女都居处正位，这是天地阴阳的大道理。家庭中有尊严的君长，指的是父母。父尽父之道，子尽子之道，兄尽兄之道，弟尽弟之道，夫尽夫之道，妇尽妇之道，这样家道就能端正。家道端正，天下也就能安定了。

《象》曰：风自火出，家人；君子以言有物而行有恒。

【译解】《象传》说：家人卦的卦象是离（火）下巽（风）上，为风从火出之表象，象征着外部的风来自于本身的火，就像家庭的影响和

作用都产生于自己内部一样。君子应该特别注意自己的一言一行，说话要有根据和内容，行动要有准则和规矩，不能朝三暮四和半途而废。

初九，闲有家，悔亡。

【译解】初九，治家应从一开始就打好基础，立下规矩，防患于未然。如果这样做了，就不会有什么过失了。

《象》曰："闲有家"，志未变也。

【译解】《象传》说："治家应从一开始就打好基础，立下规矩，防患于未然"，意义就在于开一个好头十分重要。

六二，无攸遂，在中馈，贞吉。

【译解】六二，不要自作主张，追求功名，能够料理好家中的饮食起居就行了，结果一定是吉祥的。

《象》曰：六二之吉，顺以巽也。

【译解】《象传》说：家人卦的第二爻位（六二）之所以能够吉祥如意，是因为它位置居中，符合常规，而且温柔顺从的缘故。

九三，家人嗃嗃，悔厉，吉；妇子嘻嘻，终吝。

【译解】九三，由于治家过分严厉，使得家里人承受不了而怨言丛生，这样做虽然有过失，会带来麻烦，但是从长远来看，最终会得到吉祥。如果不能从严治家，听凭妇人和孩子随心所欲，最终的结果肯定不会好。

《象》曰："家人嗃嗃"，未失也；"妇子嘻嘻"，失家节也。

【译解】《象传》说："由于过分严厉使得家里人怨言丛生"，这样做符合治家的原则，虽然有过失，但不失根本。而听凭"妇人和孩子随心所欲"，这样做违背了治家的原则和规矩。

六四，富家，大吉。

【译解】六四，能够使家中的财富增加，就一定会非常吉祥如意。

《象》曰："富家，大吉"，顺在位也。

【译解】《象传》说："能够使家中的财富增加，就一定会非常吉祥如意"，是由于它柔顺的本性决定的。

九五，王假有家，勿恤，吉。

【译解】九五，一家之主通过自己的行为感染带动家里的人，使他们各自按照自己的本分和职责去做，是会吉祥如意的。

《象》曰："王假有家"，交相爱也。

【译解】《象传》说："一家之主通过自己的行为感染带动家里的人"，其关键是要能使全家人和睦相处，感情融洽，相亲相爱。

上九，有孚，威如，终吉。

【译解】上九，治家的根本在于严格要求自己，如果自己能够诚实有信，树立起威信，结果一定会获得吉祥。

《象》曰：威如之吉，反身之谓也。

【译解】《象传》说：之所以树立起威信、获得吉祥，是因为这种威信是通过严格要求自己而得到的。

【智慧解析】

家人卦是风火家人，诚威治业，属下下卦。本卦是异卦（下离上巽）相叠。离为火，巽为风，火蒸热气上升，成为风。一切事物皆应以内在为本，然后伸延到外。发生于内，形成于外。引申之，就是先治家而后治天下，家道正，天下安乐。

卦象喻"家人"之"道"，其实就是家庭中男女夫妇（一夫一妻制）的关系问题。古人以为，女在内正，男在外正，家庭的问题就解决了，所谓男女正是家庭之"道"的根本。男女正，各尽本分，其余诸关系皆正。家正则天下定。

历史上的"八王之乱"是西晋统治集团之间一场争权夺利的激烈斗争，开始是宫廷政变，后来演变成大规模的屠杀。

元康元年，晋武帝后族杨氏与惠帝后族贾氏因争权而产生了激烈的冲突。皇后贾南风联合司马玮、司马亮发禁军围杀太尉杨骏，废杨太后，以司马亮辅政。旋即，贾后矫诏先使司马玮率京城洛阳各军攻杀司马亮,又借擅杀大臣之罪处死司马玮,进而独揽大权。

永康元年,禁军将领司马伦举兵杀贾后,废惠帝自立。至此,宫廷政变转为皇族争夺朝权,演变成"八王之乱"。次年,司马冏、司马颖和司马颙等共同起兵讨伐司马伦,联军数十万向洛阳进攻,司马伦战败被杀,惠帝复位,由司马冏专权辅政。

永宁二年,骠骑将军司马乂与司马颙等里应外合,攻杀司马冏,司马乂掌握朝权。

太安二年,司马颙与司马颖不满司马乂专权,借口其"论功不平",联军进攻洛阳。司马颙任张方为都督,率精兵七万东进;司马颖也发兵二十余万南下;司马乂麾下也不下数万人。交战各方兵力约在30万人以上,号称百万,为"八王之乱"以来军队集结最多的一次。双方大战数月,相持不下。

永安元年初,司马越发动兵变,杀司马乂,迎司马颖进占洛阳,控制朝政。是年七月,司马越等挟惠帝进攻司马颖,兵败东逃。司马颙乘机出兵攻占洛阳,迫惠帝与司马颖迁都长安,独专朝政。

永兴二年,司马越再度起兵,西攻长安,司马颙战败。次年六月,司马越迎晋惠帝还洛阳。不久,司马颙和司马颖相继被杀。随后,司马越毒死惠帝,立晋怀帝司马炽。

西晋这场惊心动魄的斗争可以说是源于帝王家不正。《周易》开头就讲"女正位乎内,男正位乎外",已对"正家"提出了要求。不管是君王也好,普通百姓也好,都应重视"正家"。这也是后来儒家倡导的修身齐家治国平天下的思想来源。

38. 睽卦：化分为合，求同存异

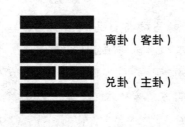

离卦（客卦）

兑卦（主卦）

睽卦（兑下离上）

睽：小事吉。

【译解】睽卦象征对立：小心谨慎地去行动做事，就能获得吉祥。

《彖》曰：睽，火动而上，泽动而下。二女同居，其志不同行。说而丽于明，柔进而上行，得中而应乎刚，是以小事吉。天地睽而其事同也，男女睽而其志通也，万物睽而其事类也。睽之时用大矣哉！

【译解】《彖辞》说：背离分散的情况，犹如火焰燃烧时火苗向上，湖泽流动时水分润下。又如两个女子同居一室，各自的志向不同，走不到一起。和悦地依附于光明，柔顺地前进向上，处事适中而又与阳刚相应，所以说小心行事是吉祥的。天与地上下隔离，却在同做化育万物之事；男女阴阳差异，交感结合的心意却相通；万物各不相同，在天地间禀受阴阳之气的情况却相类似。在乖异睽违之时，如能因时而用，作用很了不起啊！

《象》曰：上火下泽，睽；君子以同而异。

【译解】《象传》说：睽卦的卦象是兑（泽）下离（火）上，为水火相遇之表象，象征对立。所以君子应该在求大同的前提下，保留小的差别和不同。

初九，悔亡；丧马，勿逐自复；见恶人，无咎。

【译解】初九，悔恨消失；跑掉的马不要去找它，它自己会回来。接近与自己对立敌视的人，不会有什么祸患。

《象》曰："见恶人"，以辟咎也。

【译解】《象传》说："接近与自己对立敌视的人"，通过这种方法彼此沟通，以避免因更加对立而带来的灾祸。

九二，遇主于巷，无咎。

【译解】九二，在小巷中碰到了居于高位者，虽然不合常规，但不会有什么危险和灾难。

《象》曰："遇主于巷"，未失道也。

【译解】《象传》说："在小巷中碰到了居高位者"，虽然这不合常规，但并不违背原则。

六三，见舆曳，其牛掣；其人天且劓，无初有终。

【译解】六三，就像车子被拖住，前面的牛又被限制，处境极为困难；又像是受了除掉头发和割掉鼻子的刑罚；虽然开始时是这样的困难和难以相合，但最终还是可以达到自己的目的。

《象》曰："见舆曳"，位不当也；"无初有终"，遇刚也。

【译解】《象传》说："像车子被拖住"的情形是因为六三爻所处的位置不恰当；"开始时极为困难和难以相合"的原因，在于能与阳刚相应合。

九四，睽孤；遇元夫，交孚，厉无咎。

【译解】九四，到处都是对立，孤独无援，但正好遇到了一位充满阳刚的大丈夫，彼此信任，相互理解，虽有危险，但却能免去灾祸。

《象》曰："交孚"，"无咎"，志行也。

【译解】《象传》说："彼此相互信任，相互理解"，"虽有危险,但却能免去灾祸",在于双方有着共同的志向和行动。

六五,悔亡,厥宗噬肤,往何咎?

【译解】六五,悔恨消失,像柔软的皮肤那样一咬就入,放开前进,能有什么危害呢?

《象》曰:"厥宗噬肤",往有庆也。

【译解】《象传》说:"像柔软的皮肤那样一咬就入",表明前进必然会有值得庆贺的事情。

上九,睽孤,见豕负涂,载鬼一车,先张之弧,后说之弧;匪寇,婚媾;往遇雨则吉。

【译解】上九,对立已达到了顶点,似乎看到一头沾满污泥的猪和装满了鬼的车子,于是就拉开了弓准备对付它,但是后来又放下了弓。因为冷静下来一看,发现并不是强盗,而是要和自己结婚的伴侣。所以这时如能前往,就会像遇到润泽的雨一样,顺乎自然,合乎天意,一定会获得吉祥。

《象》曰:"遇雨"之吉,群疑亡也。

【译解】《象传》说:"像遇到润泽的雨一样",会获吉祥,是说原来的种种怀疑都已经烟消云散,不复存在了。

【智慧解析】

睽卦是火泽睽,喻异中求同,属下下卦。本卦是异卦(下兑上离)相叠。离为火,兑为泽,上火下泽,相违不相济,水火不相容。克则生,往复无空。万物有所不同,必有所异,相互矛盾。睽,即矛盾。

卦象显示:"睽",看来不是好事,而实际万事万物没有"睽"是不行的。天地是最大的"睽",正因为有天地之"睽",才有四时变化,万物萌生。男女是最显著的"睽",正因为有男女之睽,才有阴阳交感和人类的生育繁衍。否则,将是天地混沌,男女不分,万物无殊,合也就无从谈起。解决"睽"的问题就要做到相互理解信任,同中求异,保持自己的个性;委曲周旋,因势利导,终究可以化解前嫌,把敌对变为合作，化干戈为玉帛，重修秦晋之好。

咸丰四年冬，曾国藩被太平军大败于九江、湖口，羞愤之下投水自尽，被其门生李元度等人救起，强行送回罗泽南的大营。后来在曾国藩处境最为艰难窘迫之时，李元度仍不离其左右，共度危局。两人患难与共长达六七年之久。

同治元年二月，曾国藩奉命守卫徽州时，李元度因贪功心切，违背曾国藩"只可固守，不可出城决战"的告诫，率军出城，与进攻徽州城的李世贤太平军对阵，大败失利后又率先逃跑，造成全军溃散，徽州失守，门户顿开，致使曾国藩驻守的祁门危在旦夕。李元度惧罪，不敢前往祁门。治军严明的曾国藩大怒，再也不顾往日的情分，决心挥泪斩马谡，准备向朝廷参劾李元度，不料却遭到以得意门生李鸿章为首的部属、幕僚们的群起反对，认为此系忘恩负义之举。李鸿章带头率全体幕僚为李元度求情，但曾国藩不为所动，仍向朝廷参劾李元度，将其革职。

李元度罢官回湖南后，不久便募集了八千湘勇，很快被浙江巡抚王有龄看中。王有龄一直想拉拢以能征善战而著称的湘军，以屏卫浙江，遂许诺上疏请求清廷撤销对李元度的处分，并升任其为浙江布政使。

身为富庶省份浙江的巡抚的王有龄屡屡拒绝在饷银上接济曾国藩，使曾国藩而对其极为不满。现在见李元度竟公然背弃自己，改投王有龄门下，曾国藩更为恼羞成怒，旧仇新恨一起涌上心头，遂以"冒禀邀功"再次参劾李元度，甚至以不实之词加之于李元度。

李元度第二次被参后，回到家中，"杜门不复与闻天下事"，反躬自省，闭门思过。当年他和曾国藩艰难与共时，两家曾有联姻之议，后因李元度被参革职而作罢。同治十年，萌生愧意的李元度欲重修秦晋之好，提出将自己的第四女许配给曾国藩之孙曾广铨。曾国藩得知后，在家书中感慨地说："余往年开罪之处，近日一一追悔，其于次青尤甚……"为参劾李深感自责。

曾国藩去世后，李元度作《哭师》五言律十二首，其中有"程门今已矣，立雪再生来"之句，表示来生来世愿与曾国藩再为师生。情深意笃，感人肺腑。

睽卦说，君子观察到泽与火虽然都能利人，却由于润下和炎上的不同性质而分散背离，"睽"到了极点，必然是合。所以应该领悟到化分为合、求同存异的道理。由此可见《周易》的哲理具有极大的包容性，很能启人慧思。

39. 蹇卦：匡济蹇难，力求突破

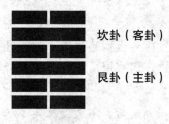

蹇卦（艮下坎上）

蹇：利西南，不利东北；利见大人，贞吉。

【译解】蹇卦象征陷入困境，难以前进：面对这种情况，利于向西南行动，不利于向东北行动；此时利于出现大人物，只要能够坚守正道，始终如一，就一定可以获得吉祥。

《彖》曰：蹇，难也，险在前也。见险而能止，知矣哉。蹇，利西南，往得中也；不利东北，其道穷也。利见大人，往有功也；当位贞吉，以正邦也。蹇之时用大矣哉！

【译解】《彖辞》说：蹇，就是艰险困难，因为险境就在前面。看见险境而能停止不前，是很明智的啊！艰难之时，利于走向西南，这样前往就能合宜适中；不利于走向东北，因为（往东北走）必将路困途穷。利于出现大人，说明前往济蹇必能建成大功；居位适当，守持正固，可获吉祥，说明可以摆脱蹇难，使国家走上正路。处于蹇难之时（济蹇）的功用是多么大啊！

《象》曰：山上有水，蹇；君子以反身修德。

【译解】《象传》说：蹇卦的卦象是艮（山）下坎（水）上，为高山上积水之表象，象征艰难险阻、行动困难。面对这种情况，君子应该深刻地反省自己，提高自己的品德修养，通过自身的努力度过困境。

初六，往蹇，来誉。

【译解】初六，前进将会进入险境，后退将得到赞美。

《象》曰："往蹇，来誉"，宜待也。

【译解】《象传》说："前进将会进入险境，后退将得到赞美"，处在这种情况下，最好是安心等待，寻找时机，不要轻举妄动。

六二，王臣蹇蹇，匪躬之故。

【译解】六二，臣子为了解救君王的困境而努力奔走于危难之中，如果是为了自己，他是用不着这样做的。

《象》曰："王臣蹇蹇"，终无尤也。

【译解】《象传》说："臣子为了解救君主的困境而努力奔走于危难之中"，结果将不会有什么过失。

九三，往蹇，来反。

【译解】九三，前进陷于危难，最好还是退回原地，不要再继续往前走。

《象》曰："往蹇，来反"，内喜之也。

【译解】《象传》说："前进将陷于危难，最好还是回原地"，这样内部的力量必会来依附于己。

六四，往蹇，来连。

【译解】六四，前去解救危难，应该联合其他力量。

《象》曰："往蹇，来连"，位当实也。

【译解】《象传》说:"前去解救危难,应该联合其他力量",是指这一爻所处的位置决定了应该这样去做。

九五,大蹇,朋来。

【译解】九五,处境极为艰难,却有众多的人来协助他度过危难。

《象》曰:"大蹇,朋来",以中节也。

【译解】《象传》说:"处境极为艰难,却有众多的人来协助他度过危难",表明能够坚守正道,行为合乎准则,所以有众多的人前来协助。

上六,往蹇,来硕,吉;利见大人。

【译解】上六,如果前进就会陷入险境,退回来却可以大有收获,这样做就会吉祥如意;有利于出现大人物。

《象》曰:"往蹇,来硕",志在内也;"利见大人",以从贵也。

【译解】《象传》说:"如果前进就会陷入险境,退回来却可以大有收获",是因为关键在于首先要联合内部的各种力量才能够共同度过艰难时世;"利于出现大人物",说明应当追随尊贵的君主去建功立业。

【智慧解析】

蹇卦是水山蹇,上卦是坎,为水,为险;下卦是艮,为山,为止。水遇山受阻,发生困难,所以称为蹇。卦象意味:"蹇",止于内,见险而能止,有所见而不妄进。此时,如果有人物出来顺时而处,贞正而行,则可以有功,可以正邦。"君子"在蹇难之时,最好的办法是反求诸己而加强自我修养,寻找并克服自身存在的问题。若自身没有问题,就勉励自己等待时机。

东汉时,黄巾军揭竿而起,犹如决堤的洪水,使汉朝政局岌岌可危。同时,朝中外戚势力与宦官势力的争斗,也达到了高潮。大将军何进的掌权及其被杀,成为轰动朝野的大事件。

何进的一个同父异母的妹妹被选进宫中,得到灵帝的宠爱,成了何贵人。何进、何苗兄弟因此得到了做官的机会。起初，何进任为郎中，后一度外任为颍川太守。灵帝将何贵人立为皇后之后，何进就入朝被任为侍中、将作大匠、河南尹，权势比原来大得多。之后他又镇守京师洛阳，镇压黄巾起义有功，封爵为慎侯。

汉灵帝死后，由十四岁的皇子刘辩嗣位，史称少帝。何太后临朝听政。大将军何进、太傅袁隗一起担任录尚书事，算是百官中最高的职位，两人共同管理朝政。

灵帝原先有个亲信宦官，名叫蹇硕，与代表外戚势力的何进早年就结下了深怨。蹇硕一直想要杀掉何进，改立刘协为帝。何进听说后，就抢先下手捕杀了蹇硕。

事后，袁绍劝何进应该乘势将宦官全部杀掉，扫除蹇硕势力，以免后患。何太后知道后却表示不同意。于是袁绍又劝何进召集各地军队进京，借此造成压力，迫使何太后同意杀掉宦官。正在这种情况下，董卓、王匡、桥瑁、丁原等地方军队将领率部向京城靠近。然而，何太后仍然不答应，何进也犹豫不决。相反的，宦官张让、段珪等人却在加紧筹划，图谋杀掉何进。

同年八月，何进来到长乐宫，再次向何太后提议杀掉宦官。张让率领几十名亲信手执兵器，设下埋伏。当何进一走出长乐宫，张让就将他骗引到嘉德殿前面，由尚方监的宦官渠穆拔剑出鞘，斩杀了何进。当何进的部将赶来时，太监们已将何进的首级从宫墙上掷出，并喊道："何进犯了谋反的死罪，现在已被就地正法。"何进没想到进入宫内会有杀身之祸，他其实是死于轻率。

《周易》说要顺处平易之地，切勿止于艰险之中，这也是处在险阻艰难之时总的行动准则。凡是自己的行动遇到艰难险阻，一时不能克济，就应该反躬自省，进一步充实完善自己的道德与才能，以济蹇化险。这是古人自我修养的一种方法。

40. 解卦：与民休息，解困除难

解卦（坎下震上）

解：利西南；无所往，其来复吉；有攸往，夙吉。

【译解】解卦象征着灾祸危难的舒解：利于往西南方行事；如果没有什么灾祸，只要严守自己的本分和职责，就一定会吉祥如意。但是如果发生了祸患，就应该及时想办法加以解决，这样才能获得吉祥。

《彖》曰：解，险以动，动而免乎险，解。解利西南，往得众也。其来复吉，乃得中也。有攸往，夙吉，往有功也。天地解，而雷雨作；雷雨作，而百果草木皆甲坼，解之时大矣哉！

【译解】《彖辞》说：险难消解，就是要置身险境而努力行动，行动而能避免落入险陷，这就是险难消解。消解险难，利于走向西南，这样做将会获得众人拥护；归来回复原居可获吉祥，这样就能合宜适中；出现险难要有所前往，速去处理可获吉祥，说明前往解难可以建功。天地阴阳之气相交解，于是雷雨兴起；雷雨兴起，于是百果草木的种子都绽开外壳，开始萌芽。消解之时的功效是多么大啊！

《象》曰：雷雨作，解；君子以赦过宥罪。

【译解】《象传》说：解卦的卦象是坎（水）下震（雷）上，坎又代表雨，为春雷阵阵，春雨潇潇，万物舒展生长之表象，充分显示了解卦所蕴含的解除危难的含义。因此，君子也应该勇于赦免那些有过错的，饶恕那些有罪过的，使他们在宽松的环境下得到解脱和新生。

初六，无咎。

【译解】初六，没有什么过失和不当的。

《象》曰：刚柔之际，义无咎也。

【译解】《象传》说：处在刚柔相济、相辅相成的地位，是不会有什么过失和不当的。

九二，田获三狐，得黄矢；贞吉。

【译解】九二，打猎时捕获一些狐狸，又得到了象征美德的黄色箭矢，保持这种品德并坚守自己的职责且持之以恒，将会是非常吉祥的。

《象》曰：九二贞吉，得中道也。

【译解】《象传》说：解卦的第二爻位（九二）之所以能获得吉祥，是因为它能够遵循中正之道，符合事物发展的规律。

六三，负且乘，致寇至；贞吝。

【译解】六三，肩扛着沉重的东西，却又坐在华丽的大车上，由于地位和身份不相称，必然招来强盗。因而，即使能够坚守本分，其结果也绝不会好的。

《象》曰："负且乘"，亦可丑也；自我致戎，又谁咎也？

【译解】《象传》说："肩扛着沉重的东西，却又坐在华丽的大车上"，这样的行为简直是太丑陋了，必然会带来灾祸。由于自己的原因而招致战祸，又能去责怪谁呢？

九四，解而拇，朋至斯孚。

【译解】九四，如果能像伸展自己的拇指那样摆脱小人对的纠缠，志同道合的人就会真心信任，坦诚相助。

《象》曰："解而拇"，未当位也。

【译解】《象传》说："像伸展自己的拇指那样摆脱小人的纠缠"，是因为其所处位置不当的缘故。

六五，君子维有解，吉，有孚于小人。

【译解】六五，君子只有消除解脱了危难祸患，才会吉祥如意；同时，也只有这样，才有可能赢得小人的信服。

《象》曰：君子有解，小人退也。

【译解】《象传》说：君子消除、解脱了危难祸患，小人自然就会畏惧退避。

上六，公用射隼于高墉之上，获之，无不利。

【译解】上六，卓越的王公用箭去射盘踞在高城上的恶鸟，一箭射中，没有什么不利的。

《象》曰："公用射隼"，以解悖也。

【译解】《象传》说："像王公用箭射杀恶鸟"那样，君主应如此去解除因悖逆所造成的危难。

【智慧解析】

解卦是雷水解，喻柔道致治，属中上卦。本卦是异卦（下坎上震）相叠。震为雷、为动；坎为水、为险。险在内，动在外。严冬天地闭塞，静极而动。万象更新，冬去春来，一切消除，是为解。

卦象显示：雷雨作而百草生，这是自然规律。人类社会和自然界一样，也有"解"的现象，而且同样具有规律性。在人生的道路上，人人都想有所作为，这种执着的理想、欲望激荡在我们胸中，就如天上滚动的雷，但是生而为人，要善于求"解"，前行如果没有合适的发展机会，就回到平淡处世的境界中来，不要是雷就轰鸣，是电就闪击，这就是"无所往，其来复吉"。

晋人羊祜说过："天下不如意事，十常居八九。"宋人辛弃疾也有同感："叹人生，不如意事，十之八九"。他们的这些感慨，都是智者壮志不能如愿、抱负未能如意的千古之"困"。

春秋末年，越王勾践在位时治国安邦有诸多失策，又贪图享乐，不思进取，曾被吴国打败，屈服求和，自己成了阶下囚。他在囚狱中受尽凌辱，立志报仇雪恨。为了使自己不因贪图享乐而忘记耻辱，他夜间睡在柴草上，并在住处悬挂着苦胆，经常尝那胆，以此激励斗志，刻苦图强。同时，他任用范蠡、文种等人整顿国政，经过十年的长期准备，终于转弱为强，灭了吴国，继而大会诸侯，成为春秋霸主。

卧薪尝胆这个成语故事也激励着一代又一代的中国人，启迪我们人生的智慧，帮助我们撑开希望之伞，成为我们巨大的精神财富。

当事业受阻，困难重重时，成功便在于信心和坚持的信念。

当然，作为君子，谅解小人的过失也是化解人生困局的重要品德，只有这样，才有可能去赢得小人的信服。

苏东坡在词中说，"乳瓯十分满，人世真局促"，茶具里的茶汤可以注到十分满，但人生有种种欠缺，不可能如此圆满，这"局促"就是芸芸众生之"困"。下田获狐得黄矢，有一颗金子般的"内心"，刚正做事，中庸立身，人生之"困"局也就不破自解了。

41. 损卦：不患得失，以诚止损

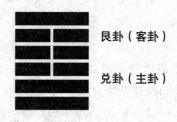

损卦（兑下艮上）

损：有孚，元吉，无咎，可贞，利有攸往。曷之用？二簋可用享。

【译解】损卦象征减损：内心有诚意，最为吉祥，不会招来祸患，可以坚守正道，利于前去行事。用什么祭祀神灵呢？两簋（古代盛食物的器具，圆口，有两个耳子）粗淡的食物就足够了。

《象》曰：损，损下益上，其道上行。损而有孚，元吉，无咎，可贞，利有攸往。曷之用？二簋可用享。二簋应有时。损刚益柔有时，损益盈虚，与时偕行。

【译解】《象辞》说：损的意思是减损下面的，增益上面的。其道理是下者有所奉献于尊上。减损之时如果能够心存诚信，就非常吉祥，没有咎害，可以守持正固，利于前去行事。用什么来表现减损之道呢？两簋祭品就足以表示祭祀的诚敬了。奉献两簋祭品必须合其时。减损、刚强、补益、柔弱也要适时，事物的减损增益、盈满亏虚，都是配合时机而自然进行的。

《象》曰：山下有泽，损；君子以惩忿窒欲。

【译解】《象传》说：损卦的卦象是兑（泽）下艮（山）上，为山下有湖泽之表象，湖泽渐深而高山愈来愈高，象征着减损。按照这一现象中包含的哲理来做人，君子就应该抑制狂怒暴躁的脾性，杜绝世俗的欲望，也就是摒弃格调不高的低级趣味，不断培养高尚的品德。

初九，已事遄往，无咎；酌损之。

【译解】初九，停下正在做的事情赶快前去助人，就不会有灾难临头；损己助人时要再三斟酌，把握分寸。

《象》曰："已事遄往"，尚合志也。

【译解】《象传》说："停下自己正在做的事情赶快前去助人"，处在尊位的柔弱之辈正需要帮助，地位卑下的阳刚之士义不容辞，立刻牺牲自己的事业而成人之美，表现出尊贵者心心相印的关系。

九二，利贞，征凶；弗损益之。

【译解】九二，利于坚守正道，主动出击会有凶险；几乎用不着自我减损就可以使尊贵者受益。

《象》曰：九二利贞，中以为志也。

【译解】《象传》说：损卦的第二爻位（九二）之所以利于坚守正道，是因为处在不高不下的适中位置，本身地位又不很稳固，不宜于积极行动。只有持不偏不激也不过于保守的中庸态度，作为始终不变的志向，才能够使他人受益。

六三，三人行，则损一人；一人行，则得其友。

【译解】六三，三个人一同前进，由于互相掣肘会使一个人受到伤害；而一个人独自行动，就会专心一意地寻求伙伴，最终必定能遇到志同道合的朋友。

《象》曰：一人行，三则疑也。

【译解】《象传》说：一个人前去无牵无挂，目的明确，可以顺利地得到接应，取得成功；三个人一齐前去，则会相互猜疑而达不到预期的目的。

六四，损其疾，使遄有喜，无咎。

【译解】六四，尽量减损、克服自身的弱点，准备迎接马上到来的喜庆，不会有任何灾祸。

《象》曰："损其疾"，亦可喜也。

【译解】《象传》说："尽量减损、克服自身的弱点"，也是十分可喜的事情。

六五，或益之十朋之龟，弗克违，元吉。

【译解】六五，有人送来价值十朋（古时货币单位，双贝为一朋，十朋指很贵重）的大乌龟，想推辞都不行，大吉大利。

《象》曰：六五元吉，自上佑也。

【译解】《象传》说：损卦的第五爻位（六五）之所以获得大吉大利，完全是上天保佑的结果。因为六五爻本身阴柔，居于尊位，仍想着自我减损而使他人受益。这样不但得到大众的广泛助益，也博得了上天的好感。

上九，弗损益之；无咎，贞吉，利有攸往，得臣无家。

【译解】上九，用不着自我减损就可以使他人受益；没有一点灾患，占卜的结果十分吉利，利于前去行事，定能赢得天下万民归心。

《象》曰："弗损益之"，大得志也。

【译解】《象传》说："用不着自我减损就可以使他人受益"，因而使得损己益人的心意得到极大的满足。

【智慧解析】

损卦是山泽损，喻损益制衡，属下下卦。上卦是艮为山，土多而水少；下卦是兑为泽，土少而水多。

第二部分 推开玄义妙智之窗

　　本卦阐释损己益人的原则。从卦象讲，上"损"下也"损"，损己益人，必须以诚信为基础，以取之于人、用之于人为目的，才能获得信任与支持。行动应讲求效率，迅速行动，以使损失减至最低限度，使增益得到最大的效果。损与益，应依状况适当运用，应当减损时减损，应当增益时增益，而且柔和、谦虚、中正，才能使人心悦诚服，全力支持，得以施展抱负。

　　三国时期，蜀魏争战，诸葛亮六出祁山时，自己统率一支人马，驻扎在五丈原，一再派人挑战，但魏兵就是不出营应战。诸葛亮便让人取来一套妇人穿的服装，放在一个大盒子里，并附上一封书信，派人送到魏军大营。魏国的将领不敢隐瞒，将来人带去见司马懿。司马懿当众打开盒子一看，里面装有妇女服装一套，还有一封信，他拆开信一看，只见上面写道：

　　"你既出身为大将，统率中原的大军，不敢武力相斗，以决胜负，却安于躲在土巢之中，小心地防避着刀箭，这与妇人有什么不同？现在，我派人送去一套妇女的服装，你如果还不敢出战，便应恭敬地跪拜接受。如果你的羞耻之心还没有泯灭，还有点男子汉的气概，便立即退回，定期决战。"

　　司马懿看后，心中大怒，表面上却故作镇静，笑着说："诸葛亮把我看成了妇人吗？"当即接受下来，并下令厚待送衣的使者。

　　魏军众将得知此事后，群情激愤，来到司马懿的大帐说："我们都是魏国的名将，怎么能够忍受蜀军这样的侮辱？请允许我们立即出战，以决胜负。"司马懿说："我并不是不敢出战而甘心忍受侮辱，无奈天子早有明确的旨意，令我们坚守不战，如果现在轻率出战，便是违抗国君的命令了。"众将还是愤怒难平。司马懿说："你们既要出战，等我向天子申报批准以后，大家同心协力迎敌，你们看怎么样？"众将答应下来。

　　司马懿便写好表章，派遣使者往合肥军前，奏闻皇帝曹睿。曹睿看完后，对众大臣说："司马懿既已坚守不出，为什么又上表求战？"卫尉辛毗说："司马懿本来不想出战，必定是因为诸葛亮这一番侮辱，众将愤怒，才故意上了这道表章，希望陛下更明确地重申坚守不战的旨意,以遏制众将求战的心情。"曹睿认为他说得十分有理,便命令辛毗持着皇帝的符节,到渭水北岸司马懿大营传旨,不许出战。司马懿迎接诏书到大帐之中,辛毗当众宣读道:"如果再有人胆敢提出迎战,便以违抗圣旨论处。"众将只好按圣旨的意思去办。

司马懿不患一时之得失,损己利国,最终取胜五丈原。正是"损其疾,使遄有喜,无咎"。

《周易》提出的"损"的智慧是很深刻的。

42. 益卦:扶助他人,利人利己

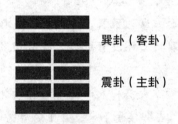

益卦(震下巽上)

益:利有攸往,利涉大川。

【译解】益卦象征增益:利于前去行事,利于渡大河、越巨流。

《彖》曰:益,损上益下,民说无疆;自上下下,其道大光。利有攸往,中正有庆;利涉大川,木道乃行。益动而巽,日进无疆;天施地生,其益无方。凡益之道,与时偕行。

【译解】《彖辞》说:增益,意思是减损于上增益于下,人民得到益处,欢悦没有穷尽。统治者从上面向下施惠利于在下的百姓,君王之道大为光明。利于前去行事,是因为尊者居中得正,天下必有喜庆;利于涉过大河,是因为有木舟渡水,征途通畅。增益之时下者震动上者巽顺,功业就能日益发展没有限量;上天施降利惠,大地受益化生,增益的作用无所不在。总观增益的道理,都是配合时机自然进行的。

《象》曰:风雷,益;君子以见善则迁,有过则改。

【译解】《象传》说:益卦的卦象是震(雷)下巽(风)上,为狂风和惊雷互相激荡,相得益彰之表象,象征增益的意思。从中得到的启示就是:君子看到良好的行为就应当马上向它看齐,有了过错就马上改正,不断增强自身的美好品德。

初九,利用为大作,元吉,无咎。

【译解】初九,利于大显身手干一番事业,如果能获得大吉大利,就不会遭到责难。

《象》曰:"元吉,无咎",不厚事也。

【译解】《象传》说:"如果能获得大吉大利,就不会遭到责难",表明在大显身手干事业的时候,一定要谨慎小心,尽量不要过分铺张奢侈,不能好大喜功而使民众过分辛劳,只有这样才能获大吉而免遭责难。

六二,或益之十朋之龟,弗克违,永贞吉;王用享于帝,吉。

【译解】六二,有人送来价值十朋的大乌龟,没有办法辞让,遇到这种情况,在任何时候占卜,其结果永远是吉祥如意的。君王如果在此时祭祀天神,祈求降福保佑,也会如愿以偿,获得吉利。

《象》曰:"或益之",自外来也。

【译解】《象传》说:"有人送来(价值昂贵的大乌龟)",这样的大好事并不是由于贪婪而主动索取的结果,完全是他人心甘情愿送上门来的意外收获。

六三，益之用凶事，无咎；有孚中行，告公用圭。

【译解】六三，将所得到的好处用来帮助他人解除危难和灾祸，这样才不会引起麻烦；要满怀诚意地按照中庸之道行事，进见王公贵人时一定要手执象征虔诚守信的圭玉。

《象》曰：益"用凶事"，固有之也。

【译解】《象传》说："所得到的好处用来帮助他人解除危难和灾祸"，是因为身处显赫地位，得到许多好处，同时也埋下了祸根，只有把这些好处用来助人，才能得人心，免除灾祸，从而可以牢固地保持所得到的好处。

六四，中行告公从，利用为依迁国。

【译解】六四，采取温和宽厚的中庸态度行事，有事求告于王公的话，王公会很乐意地答应，此时最有利于借重王公的威望来决定迁徙国都这样的大事。

《象》曰："告公从"，以益志也。

【译解】《象传》说："有事求告于王公的话，王公会很乐意地答应"，这并不是由于别的原因，完全是甘愿自我减损而使天下大众受益的志向感动了王公贵人。

九五，有孚惠心，勿问元吉；有孚惠我德。

【译解】九五，满腹虔诚地怀着使天下人受惠的仁慈之心，不用占卦问卜就知道是大吉大利；将心比心，天下人必然也会虔诚地怀着施惠于我、感我恩德的心愿。

《象》曰："有孚惠心"，勿问之矣；"惠我德"，大得志也。

【译解】《象传》说："满腹虔诚地怀着使天下人受惠的仁慈之心"，根本用不着占卦问卜；天下人都虔诚地感激我的大恩大德，这种万民归心的盛况，使我自行减损造福大众的心志得到了极大的满足。

上九，莫益之，或击之；立心勿恒，凶。

【译解】上九,没有谁来让他受益,倒是有人来攻击他;内心拿定主意却不能持之以恒,必然会有凶险临头。

《象》曰:"莫益之",偏辞也;"或击之",自外来也。

【译解】《象传》说:"没有谁来让他受益",是因为背离了益卦损己益人的宗旨,由损上益下变为损下益上,必然遭到世人的唾弃,他要求受益的呼声就只能是一厢情愿之辞。"倒是有人来攻击他",因为他凌驾于君王之上,位置不当,而且贪图小利,搞得天怒人愤,遭到外来的攻击也就毫不奇怪了。

【智慧解析】

益卦是风雷益,损上益下,属上上卦。本卦是异卦(下震上巽)相叠。巽为风,震为雷,风雷激荡,其势愈强,雷愈响,风雷相助互长,交相助益。行动很顺,增益很多。此卦与损卦相反,它是损上以益下,后者是损下以益上。两卦均阐述地是损益的原则。

卦象显示:中正之"益",无往不利。它告诉我们,越是危险艰难的境况,越需要"益"之大勇。当然,行"益"之"道"也是要讲时间性的,即该"益"则"益",该"损"则"损"。"益"有规律,在"天道",气候既至,不会不"益";在"人道",时候正当,不可无"益"。"君子"因此要见善则迁,知过则速改,不可犹豫。

历史上的"开皇之治"是隋朝隋文帝在位二十多年所开创的,当时社会民生富庶、百姓安居乐业、政治安定。

开皇之治的突出表现就是减轻赋役,缓解民困。隋文帝厉行节俭,废除了不必要的杂税,并设置谷仓储存食粮。也就是《易经》所说的"损上益下",所以大吉。

杨坚成功地统一了历经数百年严重分裂后的中国,从此中国在大多数的时间里都保持着他所建立的政治统一。鉴于东汉至隋朝南北分裂达四百多年之久,民生困苦,国库空虚,故自开皇九年,杨坚即以富国为首要目标,轻徭薄赋以解民困,在确保国家赋税收入的同时,稳定民生。由于南北朝以来,户籍不清,税收不稳,杨坚采纳尚书左仆射高颎的建议,推行户籍法,做全国性户口调查,增加国家税收,改善经济,尽扫魏晋南北朝以来隐瞒户籍之积弊,促成开皇之盛世。

隋初经历南北朝战乱,民生疲弊,因而杨坚又接纳司马苏威的建议,罢盐、酒专卖及入市税。其后多次减税,减轻百姓负担,促进农业生产,稳定经济发展。隋之富饶既非重敛于民,究其原因,与全国推行均田制有关。此举既可增加赋税,又可稳定经济发展,且南朝士族亦渐由衰弱至于消灭。均田制能顺利推行,对隋初经济发展收益甚大。加上隋代以关中作为本位,关中粮食短缺,需依赖关东漕运接济,故杨坚于洛州等地设立常平仓等官仓,贮存关东运来粮食,建广通渠,便利关中漕运。又于民间设义仓,百姓自愿捐纳粮食以防凶年。

由此可见,上益下,下也能益上。君主敢于作为而心怀谦逊,其事业必定与日俱进。

43. 夬卦:除恶扬善,果决刚毅

夬卦(乾下兑上)

夬:扬于王庭,孚号有厉;告自邑,不利即戎;利有攸往。

【译解】夬卦象征果决:在君王的宫廷之上当面宣扬小人的罪过,诚心实意地大声疾呼,告诫人们危险依然存在。告诉国人,不利于动用武力，利于马上前去有理有节地解决问题。

《彖》曰：夬，决也，刚决柔也；健而说，决而和。扬于王庭，柔乘五刚也；孚号有厉，其危乃光也；告自邑，不利即戎，所尚乃穷也。利有攸往，刚长乃终也。

【译解】《彖辞》说：夬，意思是果决，是颇具阳刚的君子果决制裁阴柔小人；刚健而令人悦服，果决而导致协和。在朝廷上公布奸臣的罪恶，说的是一柔爻肆意乘凌驾于众刚阳之上；心怀诚信地号令众人戒备危险，因为只有长存危惧戒备之心，果决除奸之道才能光大；颁告政令于城邑，不利于武力强行制裁，说明从戎尚武并非果决除奸的好办法，反而会使自己陷入困境。在作好准备之后则利于有所前往，说明阳刚盛长最终必能制胜阴柔。

《象》曰：泽上于天，夬；君子以施禄及下，居德则忌。

【译解】《象传》说：夬卦的卦象是乾（天）下兑（泽）上，为湖水蒸发上天，即将化为雨水倾注而下之表象，以此象征决断。君子从中得一启迪：应该自觉地向下层民众广施恩德，否则，如果高高在上，不施恩德，就会遭到忌恨。

初九，壮于前趾，往不胜为咎。

【译解】初九，前面的脚趾粗壮，若急匆匆前去，不能完成制裁小人的使命，还会遇到灾祸。

《象》曰：不胜而往，咎也。

【译解】《象传》说：不能完成制裁小人的使命，还会给自身带来灾祸。

九二，惕号，莫夜有戎，勿恤。

【译解】九二，忽然听到惊叫声，深夜里小人来犯，用不着担忧。

《象》曰："有戎，勿恤"，得中道也。

【译解】《象传》说："深夜里小人来犯，用不着担忧"，这是因为九二爻处在下卦的中位,能够信守中庸之道,尽管遭到小人的骚扰,终究是有惊无险,可以化险为夷。

九三,壮于頄,有凶;君子夬夬独行,遇雨若濡,有愠,无咎。

【译解】九三,颧骨高凸、怒容满面,去与小人较量必然有凶险;若是以君子气度毅然决然地前去,即使遇上大雨浑身湿透而心怀愠怒,也不会有任何灾祸。

《象》曰:"君子夬夬",终无咎也。

【译解】《象传》说:"若是以君子气度毅然决然地前去",不露声色地与小人周旋,就能够避免打草惊蛇引起不测,又可斩断感情纠葛,避免优柔寡断,最终不会遇到灾祸。

九四,臀无肤,其行次且;牵羊悔亡,闻言不信。

【译解】九四,屁股上蹭破了皮,前去制裁小人的行程必然步履维艰;若是紧紧牵着羊(象征阳刚)行走,就不会出现令人后悔的事,无奈听了这话的人并不相信。

《象》曰:"其行次且",位不当也;"闻言不信",聪不明也。

【译解】《象传》说:"前去制裁小人的行程必然步履维艰",是因为所处位置失当,处处受到君王的掣肘;"无奈听了这话的人并不相信",说明他听觉正常而决断不明。

九五,苋陆夬夬,中行无咎。

【译解】九五,毅然决然地作出决断,一举惩处小人就像铲除苋陆草一样,只要注意时时信守中庸之道,就不会遇到灾祸。

《象》曰:"中行无咎",中未光也。

【译解】《象传》说:"只要注意时时信守中庸之道,就不会遇到灾祸",表明尽管处在尊贵地位,要解决小人为乱易如反掌,但也不能做得太过分,要恰到好处才能避免灾祸。这也说明坚守正道的举动并未大放光彩,仅仅起到免除祸殃的作用而已。

上六，无号，终有凶。

【译解】上六，号啕大哭也没有用，最终必然有凶险临头。

《象》曰：无号之凶，终不可长也。

【译解】《象传》说："号啕大哭也没有用，最终必然有凶险临头"，表明上六以阴柔小人凌驾于阳刚君子特别是君王之上，是众矢之的。其倒行逆施的状况不会持续很长时间，最终难以逃脱被制裁的命运。

【智慧解析】

夬卦是泽天夬，决而能和，属上上卦。本卦是异卦（下乾上兑）相叠。乾为天，为健；兑为泽，为悦。泽气上升至天上，"夬"注成雨，雨施大地，滋润万物。五阳去一阴，去之不难，决（去之意）即可，故名为夬，夬即决。

卦象显示："夬"而能和，是"夬"的最佳状态。"夬"要讲究科学方法和艺术，有恒心，果决刚毅，但不可简单粗暴。"君子"因此要将好处留给别人，不自富其"德"、独善其身。

主父偃是汉武帝时期的名臣。公元前134年，主父偃上书汉武帝，谏伐匈奴，其所言抓住要害，切中时弊。武帝阅后极为欣赏，让主父偃做了郎中。之后主父偃不断上疏言事，武帝一年之中四次提拔他，让他担任谒者、中大夫等要职。

公元前127年，卫青收复了匈奴占领的河套地区。主父偃力言强调置朔方郡的战略价值和重大意义。不久，该郡成为汉朝北边的军事重镇和新垦的农业区。

主父偃还向汉武帝进献了"推恩术"，表面上推恩皇族子孙，收买人心，实际上是将诸侯国化整为零，削弱封国实力。武帝采纳了这一建议，颁布"推恩令"，使地方诸侯王的势力得到了有效的控制。主父偃又向汉武帝提出了徙天下豪强于茂陵的建议，妥善地解决了国内政治难题，使武帝得免后顾之忧。

但主父偃为人褊狭阴毒，倒行逆施。他曾告发董仲舒，使董仲舒差一点丢掉性命；还曾因不得燕王赏识而主张严惩燕王，使燕王被诛；又因想将女儿送入齐王宫内做妃嫔，被齐王母纪太后拒绝，而向武帝告发齐王与其姐有奸，迫使齐王惧而自杀。由于主父偃很得武帝赏识，朝中大臣害怕他在帝前进谗，故多向他行贿。有人称他"太横矣"，主父偃听后大言不惭地说："丈夫生不五鼎食，死即五鼎烹耳，吾日暮途远，故倒行逆施之。"

主父偃穷凶极恶的报复行为，使赵王非常害怕。因为主父偃当初游赵时，赵王并不曾厚待于他。于是赵王决定先发制人，上告主父偃接受诸侯贿金，加上齐王自杀事发，武帝大怒，下令追查主父偃。主父偃对受贿之事供认不讳，但否认逼齐王自杀。武帝想赦免他的死罪，丞相公孙弘说："偃本首恶，非诛偃无以谢天下。"于是主父偃被族诛。

《周易》说，与小人决断，要有完全的准备。不能胜任而勉强为之，必然遭遇灾难。要了断，就要坚决果断，并要把握时机和方法。

44. 姤卦：遇合之道，防范邪恶

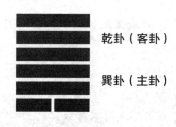

乾卦（客卦）
巽卦（主卦）

姤卦（巽下乾上）

姤：女壮，勿用取女。

【译解】姤卦象征相遇：女子过分强壮，不适合娶来做妻子。

《彖辞》曰：姤，遇也，柔遇刚也。勿用取女，不可与长也。天地相遇，品物咸章也；刚遇中正，天下大行也。姤之时义大矣哉！

【译解】《彖辞》说：姤，意思是遇合，阴柔遇到阳刚就能相合。不宜娶这样的女子为妻，是因为不可与违礼不正之女长久相处。天地阴阳相互遇合，万物生长彰显茂畅；刚者若能遇合居中守正的柔者，人伦教化就能大行于天下。遇合之时的意义是多么宏大啊！

《象》曰：天下有风，姤；后以施命诰四方。

【译解】《象传》说：姤卦的卦象是巽（风）下乾（天）上，为天底下刮着风，风吹遍天地间各个角落，与万物相依之表象，象征着相遇；正如风吹拂大地的情形一样，君王也应该颁布政令通告四面八方。

初六，系于金柅，贞吉；有攸往，见凶，羸豕孚蹢躅。

【译解】初六，绑上坚固结实的车闸，占卜结果会很吉祥；前去行事，会遇到凶险，瘦弱的猪因烦躁而团团乱转。

《象》曰："系于金柅"，柔道牵也。

【译解】《象传》说："绑上坚固结实的车闸"，引申为遇到强硬的对手，不要去硬碰，应该用柔韧的手段牵制对手，达到以柔克刚的效果。

九二，包有鱼，无咎；不利宾。

【译解】九二，厨房里发现鱼，不会有灾祸；但不利于拿来宴请宾客。

《象》曰："包有鱼"，义不及宾也。

【译解】《象传》说："厨房里发现鱼"，还不会出现灾祸，但不宜用鱼来宴宾。因为不义之财不可取。

九三，臀无肤，其行次且；厉，无大咎。

【译解】九三，屁股上蹭破了皮，走起路来很困难；会遇到危险，但不会有大的灾祸。

《象》曰："其行次且"，行未牵也。

【译解】《象传》说："走起路来很困难"，表明在路上会遇到艰险，但尽管艰难，却并未完全受到牵制，还可以继续前进。

九四，包无鱼，起凶。

【译解】九四，厨房里没有鱼，会发生凶险。

《象》曰：无鱼之凶，远民也。

【译解】《象传》说：厨房里没有鱼而引起凶险，就好像君主失去民众百姓的支持。因为脱离民众，当然会发生凶险。

九五，以杞包瓜，含章，有陨自天。

【译解】九五，用杞树枝叶包住甜瓜，好比内心怀着美好的品德，不必奔忙，称心的机遇就会自天而降。

《象》曰：九五含章，中正也；有陨自天，志不舍命也。

【译解】《象传》说：姤卦的第五爻位（九五）内心怀着美好的品德，表明尽管处在最尊贵的地位，却能够坚守中道，心地纯正。这样一来，其相遇的情形也是最完美的，用不着上下奔忙，就能与上天恩赐的福佑相遇。充分说明只要不违天命，就能有好的遇合。

上九，姤其角；吝，无咎。

【译解】上九，头上长角，处境艰难，不过也不会有大的灾祸。

《象》曰："姤其角"，上穷吝也。

【译解】《象传》说："头上长角"，孤芳自赏，根本不会有志同道合的伙伴与之相遇，而失去大众的支持，等待着的只有困穷不通的命运。

【智慧解析】

姤卦是天风姤，天下有风，属上卦。本卦是异卦（下巽上乾）相叠。乾为天，巽为风，天下有风，吹遍大地，阴阳交合，万物茂盛。姤卦与夬卦相反，互为"综卦"。姤即"遘"，指阴阳相遇。

卦象显示：一阴既然已生，其势必然壮大，阴盛则阳必衰，对于这个阴，不可长时间给予助长。但天地相遇交感的效用是极其伟大的，它生出万物，万物章明而畅茂，犹如"天子"（把握民心者）行"道"于天下，是什么力量也阻挡不了的。

"姤"的好坏，全在于界限怎样划分，时宜则吉，时不宜则凶。一阴（女）与五阳（男）相遇，总有不贞之嫌。作为"君子"，要积极"布道"——遇合之道，防范邪恶。

孝庄皇后是清朝历史上一位举足轻重、颇受关注的人物。她出生于蒙古科尔沁部的一个显赫家庭。明万历四十一年二月出生，十三岁时，她由哥哥吴克善护送到盛京，嫁给皇太极。孝庄从蒙古大草原来到盛京，给皇太极生下一男三女（儿子福临即后来的顺治皇帝），崇德元年皇太极称帝时，她被封为永福宫庄妃。皇太极生前，孝庄在后宫的地位并不显赫，在后宫统摄一切的是她的姑妈，而受到皇太极专宠的则是她的姐姐宸妃。

在后金一步步崛起时，孝庄逐渐卷入一场又一场政治斗争的旋涡，并展示出卓越的政治才华，逐步确立了稳固的地位并成为清初政坛上一个一言九鼎的人物。但在皇太极死后，福临即位，孝庄却屈嫁给皇叔多尔衮。

多尔衮生性放纵，不仅娶了侄儿豪格之妻，又擅娶朝鲜国王族女。很多人相信太后下嫁，是迫于时势——皇太极猝死，诸王兄弟相争为乱，窥视神器。皇太极长子豪格，皇太极兄代善，弟多尔衮、阿济格、多铎均四处活动，甚至不惜兵戎相见。

在这种情况下，阴正则吉。孝庄凭着自己的尊贵地位和聪明才智，笼络各方势力，尤其是关键人物多尔衮和代善。她那娇柔弱质、美艳万方的大家闺秀的身体里，流淌着成吉思汗黄金家族的血液，充满了勇敢、刚毅、信心和智慧。

她在民族矛盾及满洲贵族内部斗争十分复杂的形势下，先后拥立两位小皇帝（六岁的儿子福临、八岁的孙儿玄烨）登基继位；协助三朝（皇太极、顺治、康熙）皇帝统理朝纲，在奠定和发展大清江山的恢宏伟业中，贡献卓著。但是，她没有任何政治头衔，也不要政治名义，尽管朝臣一再奏请她"垂帘听政"，但她只以一位妻子（妃）、母亲（皇太后）、祖母（太皇太后）的身份，在幕后默默地奉献心血、智慧和才能。

正所谓刚遇中正，天下大行也。《周易》赞美柳枝，它生于河边，阴柔，具有包容性，象征一个人如果善于用柔，又能包容的话，往往会使人和事都朝好的一面转化。

45. 萃卦：团结聚合，安和乐利

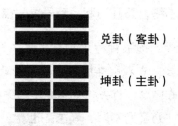

兑卦（客卦）

坤卦（主卦）

萃卦（坤下兑上）

萃：亨；王假有庙，利见大人，亨利贞；用大牲吉，利有攸往。

【译解】萃卦象征聚合：亨通；君王到宗庙里祭祀，祈求神灵保佑，利于出现德高望重的大人物，亨通无阻且有利于树立纯正的道德风尚；用牛羊等大的祭品献祭，能够带来吉祥如意，利于前去行事。

《彖》曰：萃，聚也。顺以说，刚中而应，故聚也。王假有庙，致孝享也。利见大人亨，聚以正也。用大牲吉，利有攸往，顺天命也。观其所聚，而天地万物之情可见矣。

【译解】《彖辞》说：萃，意思是会聚。在下者顺从而在上者和悦，阳刚者守持中道并应合于阴柔者，所以能会聚众庶。君王用美德感格神灵以保佑宗庙祭祀，要表现出对祖先的忠孝与享祭的至诚之心。利于出现大人物，前景亨通，说明会聚之时要有大人物的领导，才能遵循正道。用大牲祭祀可获吉祥，利于有所前往，因为这样做是顺乎自然规律的。观察会聚现象，天地万物的性情就可以明白了。

《象》曰：泽上于地，萃；君子以除戎器，戒不虞。

【译解】《象传》说：萃卦的卦象是坤（地）下兑（泽）上，为地上有湖，四面八方的细流都源源不断汇入湖中之表象，象征着聚合；在这种众流会聚的时候，必然会现鱼龙混杂、泥沙俱下的情况，因此君子应当修缮甲杖兵器，以防发生意想不到的变故。

初六，有孚不终，乃乱乃萃；若号，一握为笑；勿恤，往无咎。

【译解】初六，如果对神灵的一片诚心不能始终如一，各种乱子就会发生而凑到一起；众人喧哗呼号，只要彼此握手交流感情，就能化众怒为欢笑；用不着忧虑，前去行事不会遇到灾祸。

《象》曰："乃乱乃萃"，其志乱也。

【译解】《象传》说："各种乱子就会发生而凑到一起"，不是由于别的原因，主要是因为内心的虔诚不能始终如一，陷于迷惑混乱所致。

六二，引吉，无咎；孚乃利用禴。

【译解】六二，引退谦让会带来吉祥，没有害处；只要内心怀着虔诚，即使举行微薄的禴祭（即春祭，古代四季祭祀之一），也能带来吉祥。

《象》曰："引吉，无咎"，中未变也。

【译解】《象传》说："引退谦让会带来吉祥，没有害处"，这是因为该爻位置居中而适当，当会聚的时候，它既不偏不激也不过于保守，虔诚地遵循中庸之道始终不曾改变，因而能够谦让而逢凶化吉。

六三，萃如嗟如，无攸利；往无咎，小吝。

【译解】六三，聚合的希望在叹息声中破灭，干什么都不会顺利；前去行事不会遇到灾祸，只有一点小小的麻烦。

《象》曰："往无咎"，上巽也。

【译解】《象传》说："前去行事不会遇到灾祸"，这是因为遇到居于上位的阳刚气十足者，但居于下方的阴柔一方总能表现出谦逊而顺从，从而免去了可能出现的灾祸。

九四，大吉，无咎。

【译解】九四，只有在大吉大利的情况下，才能够没有灾祸。

《象》曰："大吉，无咎"，位不当也。

【译解】《象传》说："只有在大吉大利的情况下，才能够没有灾害"，这是因为所处位置不适当，随时都有可能受到伤害，只有在大吉大利的时候才可以避免受害。

九五，萃有位，无咎，匪孚；元永贞，悔亡。

【译解】九五，当万方聚合之时居于尊贵的高位，不会遇到灾难，但也并不表示能让大众心悦诚服；德高望重的君长只有坚定不移地主持正义，倡导纯正的风尚，才可以避免因做错事而引起的悔恨。

《象》曰："萃有位"，志未光也。

【译解】《象传》说："万方聚合之时居于尊贵的高位"，并不能表明大会天下、四海归心的志向得到了发扬光大，还需要修持德行，树立威望，使大众心悦诚服。

上六，赍咨涕洟，无咎。

【译解】上六，唉声叹气而又哭哭啼啼，不会遇到灾祸。

《象》曰："赍咨涕洟"，未安上也。

【译解】《象传》说："唉声叹气而又哭哭啼啼"，是因为虽然身在外，但无一日惦念处于京中的君主。

【智慧解析】

萃卦是泽地萃，荟萃聚集之意，属中上卦。本卦是异卦（下坤上兑）相叠。坤为地、为顺；兑为泽、为水。泽泛滥淹没大地，就像民众不受约束，多相互斗争，危机必四伏。因此，务必顺天任贤，未雨绸缪，柔顺而又和悦，彼此相得益彰，方能安居乐业。

卦象显示：对待先人要有最大的孝心、诚心，只有"君子"才能以此会聚，统领天下之人，这也才是"正道"。在这样的时代，是可以有所作为的，这叫情同而聚，以情聚人。"君子"要懂得聚人必须有制度，即"戎器"。在各种社会关系中，聚众统一是普遍而且十分重要的社会关系。社会最大的"聚"主要表现在国家之聚和人类之聚中。"聚"要以"正道"，讲人性"公德"和"人道"精神，做到平等而聚，相扶而聚，和谐而聚；"聚"是可能的、必要的、自然的人类归宿。

唐代武则天当政时期，其影响最大的举措莫过于对科举制度的改革和对人才的搜求。武则天首创的有殿试、自举、武举和制科等。殿试即由皇帝亲自对笔试通过者（称贡士）进行面试。武则天不但注重才学，而且注重相貌口才。其中，武举的内容包括骑射、马枪、举重等，通过者由兵部录用。这两项举措深刻地影响了中国的科举制度。自举即可以毛遂自荐申请做官，这一项为武则天时代所独有。

在大周朝建立前，有个叫傅游艺的九品官善于投机，他看出武则天有称帝的野心，就纠集一帮人上书，要求武则天改国号为"周"。武则天龙颜大悦，一年之中将他从最小的九品官升到三品官，甚至把他做到了宰相的位置。水聚成泽，泽满容易为患。所幸武则天勤于政务，善于治理国家，频繁任命宰相并没有引起朝廷的混乱。

此外，武则天还通过各种办法搜罗人才，多次敦促各级官员举荐人才，甚至派招抚使到各地巡行以招揽人才。就搜求人才的热心而言，武则天确实为中国历史所罕见。这些措施也确实收到极佳的效果，狄仁杰、魏元忠、张柬之等均为当时名臣，而姚崇、宋璟等则为开元名相，开元盛世的人才基础正是武则天时期打下的。

武则天还创造过19个汉字，其中一个字是将"照"改为"曌"，作为她自己的名字，其意为日月并临，阴阳化一。她认为这才是宇宙运行的正道，造化中应有的真谛。

46. 升卦：稳健行事，顺势而升

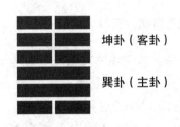

升卦（巽下坤上）

升：元亨，用见大人，勿恤，南征吉。

【译解】升卦象征上升：亨通，宜于出现权高位尊的大人物，用不着忧虑，向南方出征会带来吉祥。

《彖》曰：柔以时升，巽而顺，刚中而应，是以大亨。用见大人，勿恤，有庆也；南征吉，志行也。

【译解】《彖辞》说：以柔顺之道适时上升，入乎情理，顺乎自然，阳刚居中而能上应于尊者，所以非常亨通。得到王公大人的提携任用，不必忧虑，说明此时上升必有福庆；向南方进发必获吉祥，说明上升的心志得以畅行。

《象》曰：地中生木，升；君子以顺德，积小以高大。

【译解】《象传》说：升卦的卦象是巽（风）下坤（地）上，而巽又象征高大树木，这样就成为地里生长树木之表象。树木由矮小到高大，象征上升；与此相应，君子通过顺应自然规律来培养自己的品德，积累微小的进步来塑造高大完美的人格。

初六，允升，大吉。

【译解】初六，宜于上升，大吉大利。
《象》曰："允升，大吉"，上合志也。
【译解】《象传》说："宜于上升，大吉大利"，是因为阴柔处在最卑下的地位，位于其上的阳刚者同情其处境，希望其尽快上升，所以其上正合乎上面的意思。

九二，孚乃利用禴，无咎。

【译解】九二，内心恭敬虔诚，即使微薄的禴祭也可以感动神灵，免除灾祸。
《象》曰：九二之孚，有喜也。
【译解】《象传》说：升卦的第二爻位（九二）内心虔诚仁厚，一心成人之美，深得民众信服，必定会给自身带来喜庆。

九三，升虚邑。

【译解】九三，上升到空旷的城邑，如入无人之境。
《象》曰："升虚邑"，无所疑也。
【译解】《象传》说："上升到空旷的城邑"，这是因为没有任何阻碍，上升得十分顺利，不要有半点迟疑。

六四，王用亨于岐山，吉，无咎。

【译解】六四，君王到岐山祭祀神灵，吉祥如意，没有灾祸。
《象》曰："王用亨于岐山"，顺事也。
【译解】《象传》说："君王到岐山祭祀神灵"，就是向神灵表示恭顺，诚惶诚恐地供奉神灵，事情必然顺利啊。

六五，贞吉，升阶。

【译解】六五，占卜结果吉祥如意，乘势沿着台阶稳步上升。
《象》曰："贞吉，升阶"，大得志也。

【译解】《象传》说:"占卜结果吉祥如意,乘势沿着台阶稳步上长",表明上升已达到鼎盛时期,接近辉煌的顶点,真可说得上是春风得意,踌躇满志。同时也表明阴柔居于尊位,必须稳健行事,循序渐进,不可像"升虚邑"那样冒进。

上六,冥升,利于不息之贞。

【译解】上六,在昏暗幽冥的状态下依然上升,只有坚持不懈地保持纯正品性,才能获得好的结果。

《象》曰:冥升在上,消不富也。

【译解】《象传》说:在昏暗幽冥的状态下仍然上升,本身又已处在升卦的最高位置,按照盛极而衰的道理,上升的势头必然会逐渐消退,再不会如原来那样富有进取精神。

【智慧解析】

升卦是地风升,表面之意是柔顺谦虚,属上上卦。坤为地,为顺;巽为木,为逊。大地生长树木,逐渐成长,日渐高大成材,喻事业步步高升,前程远大,故名"升"。从卦辞的"南征吉"和爻辞的"升虚邑"以及其他爻辞的用语来看,此卦属用兵侵伐之卦。也就是说,此卦谈的是在兼并时期侵伐其他邦国、拓疆扩土时应该注意的一些问题。

卦象显示:以时而"升",不要急躁冒进,每走一步都顺乎规律,即可达到目标。"君子"要时时、刻刻、事事谨慎,逐渐积"德"以成就高大形象和高贵地位,不要因善小而不为,不可幻想一朝而成大事,认认真真做好每一件事情。

春秋时期,秦国僻处西陲,周初为附庸小国。秦穆公为求将来成为霸主,极力巴结当时力量强大的晋国,向晋献公求婚,晋献公就把大女儿嫁给了他。后来,晋献公年迈昏庸,为讨好年轻的妃子,打算立小儿子为国君继承人,于是杀死了当时的太子申生。另外两个儿子夷吾和重耳为了活命,分别逃往他国避难。

再后来,夷吾的运气比较好,得到姐夫秦穆公的帮助,当上了晋国国君。但是,不久夷吾就与秦国失和,忘掉了秦国的恩情,反倒发兵攻打秦国，结果遭到惨败，不得已割地求饶，还叫儿子公子圉到秦国做人质，这才将两国的关系修好。

秦穆公为了笼络公子圉，把自己的女儿怀嬴嫁给了他。这在当时的社会来说是一件亲上加亲的事，按理关系应该是很稳固了。然而，公子圉听说自己的父亲病了，害怕国君的位置会被传给别人，就扔下妻子，偷偷跑回晋国。第二年，夷吾一死，公子圉就做了晋国君主，与秦国不相往来。秦穆公没想到公子圉又是一个忘恩负义的人，当然很生气，立即决定帮助重耳当上晋国国君，于是把逃到楚国的重耳接过来，还要把女儿怀嬴改嫁给他。

这样一来，秦穆公与晋国的关系就更微妙了：他是夷吾和重耳两人的姐夫，又是夷吾的儿子公子圉的旧老丈人，还是自己的小舅子重耳的新泰山（这种复杂的关系可用一个成语来概括：秦晋之好）。

在秦穆公的帮助下，重耳如愿以偿地赶走公子圉，当上了晋国的新国君，成为有名的"春秋五霸"之一——晋文公。重耳（晋文公）死后不久，秦穆公借机打败已经成为中原霸主的晋国，也成了"春秋五霸"之一。

由上可知，秦穆公的"霸主"之路并非一蹴而就的，先是从晋献公开始，一直与晋国几代君主都建立交情，逐渐掌握主动，从而登上霸主之位。

稳重行事，顺势而升，这就是升卦的核心含义。

47. 困卦：处困之道，思变则明

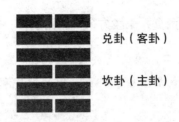

兑卦（客卦）

坎卦（主卦）

困卦（坎下兑上）

困：亨；贞，大人吉，无咎；有言不信。

【译解】困卦象征困顿：亨通；占卜结果表明，神通广大的大人物可以获得吉祥，没有灾祸；此时许下的诺言很难令人相信。

《彖》曰：困，刚掩也。险以说，困而不失其所亨，其唯君子乎。贞大人吉，以刚中也。有言不信，尚口乃穷也。

【译解】《彖辞》说：困顿，阳刚被掩蔽无法伸展。面临险境而心中愉悦，身处困穷却不失其亨通，大概也只有君子才能做到吧。只要坚守正道，大人君子就能获得吉祥，这是因为君子具备刚正中和之德的缘故。有所言语而不会被别人相信，是因为一味崇尚言辞，不但无益，反而会在困窘中越陷越深。

《象》曰：泽无水，困；君子以致命遂志。

【译解】《象传》说：困卦的卦象是坎（水）下兑（泽）上，为泽中无水之表象，象征困顿；作为君子应该身处穷困而不气馁，为实现自己的志向，不惜牺牲生命。

初六，臀困于株木，入于幽谷，三岁不觌。

【译解】初六，屁股卡在木桩上坐立不安，退隐到幽深的山谷里，三年不与外人相见。

《象》曰："入于幽谷"，幽不明也。

【译解】《象传》说："退隐到幽深的山谷里"，就是进入荒僻阴暗不见天日的地方，处境极其困难，看不到一线希望。

九二，困于酒食，朱绂方来，利用享祀；征凶，无咎。

【译解】九二，为醇酒美食所困扰而穷于应付，高官厚禄就将来到，应当用丰美的酒食祭祀神灵；出兵征战即使遇到凶险，也不会受到伤害。

《象》曰："困于酒食"，中有庆也。

【译解】《象传》说："为醇酒美食所困扰而穷于应付"，并不是很可怕的事，只要内心坚持中道，纯正而有主见，就会有喜庆之事到来。

六三，困于石，据于蒺藜；入于其宫，不见其妻，凶。

【译解】六三，困在石头下面，站在蒺藜之上；刚刚回到家中，又不见了自家妻室，凶险接二连三地来到身边。

《象》曰："据于蒺藜"，乘刚也；"入于其宫，不见其妻"，不祥也。

【译解】《象传》说："站在蒺藜之上"，就是说阴柔凌驾在阳刚之上，情形就像是站在刺人的蒺藜上面，十分困窘；"刚刚回到家中，又不见了自家妻室"，真是祸不单行，已经饱受各种困扰，家门又惨遭不幸，实在是不吉祥的兆头。

九四，来徐徐，困于金车，吝，有终。

【译解】九四，慢腾腾姗姗来迟，原来是被一辆豪华金车所困而不能脱身，会遇到一些困难，但最终会有好的结局。

《象》曰："来徐徐"，志在下也；虽不当位，有与也。

【译解】《象传》说:"慢腾腾姗姗来迟",表明没有飞黄腾达的奢望,一心想着礼贤下士来摆脱困境;虽然所处地位不妥当,不能胜任职务,却能得到志同道合者的支持。

九五,劓刖,困于赤绂;乃徐有说,利用祭祀。

【译解】九五,用割鼻子剎脚的酷刑治理天下,就会被自身所处的尊贵地位所困扰;但慢慢地又会走出困境,应当虔诚地祭祀神灵,才能保证前景顺利。

《象》曰:"劓刖",志未得也;"乃徐有说",以中直也;"利用祭祀",受福也。

【译解】《象传》说:"用割鼻子剎脚的酷刑治理天下",摆脱困境走向亨通的志向就难以实现;"慢慢地又会走出困境",完全是由于坚守中庸、保持正直品德的结果;"应当虔诚地祭祀神灵,才能保证前景顺利",就是说诚心敬神,可以时时接受神灵恩赐的福分,求得吉祥顺利。

上六,困于葛藟,于臲卼;曰动悔有悔,征吉。

【译解】上六,困在纷乱缠绕的葛藤中,身临摇摇欲坠的山石之间,假如说动辄会后悔,那就早点行动,让自己早点悔悟,再向前进就会迎来吉祥。

《象》曰:"困于葛藟",未当也;"动悔有悔",吉行也。

【译解】《象传》说:"困在纷乱缠绕的葛藤中",说明所处的位置不是十分妥当;"假如说动辄会后悔,那就早点行动,让自己早点悔悟",前途就无比吉祥顺利。

【智慧解析】

困卦是泽水困,意为困境求通,属中上卦。本卦是异卦(下坎上兑)相叠。兑为阴,为泽,喻悦;坎为阳,为水,喻险。泽水困,即陷入困境,才智难以施展,仍要踏实做事,不要只靠口说;坚守正道,自得其乐,必可成事,摆脱困境。

困卦谈的是君侯遭遇困境的卦。此卦与需卦、坎卦颇有些相似之处，区别是需卦是承接乾卦的"潜龙勿用"而来，谈的是如何等待；坎卦是坑入坎陷囚笼之中，谈的是如何处理这些问题；而困卦谈的则是陷入困境以及如何处理困境中的问题。值得一提的是，困卦虽有"困"，但它却有令人"有言不信"的亨通、无灾祸利于"大人"出现及崛起的一面，这种深邃的辩证观点实在是颇有见地的。

春秋时期，楚庄王即位三年来，不出号令，日夜为乐，下令国中："有敢谏者死无赦！"

此时伍参入谏，逢庄王左抱郑姬，右抱越女，坐钟鼓之间。伍参请王猜谜语："有鸟在于阜，三年不飞不鸣，是何鸟也？"庄王答："三年不飞，飞将冲天；三年不鸣，鸣将惊人！"但数月之后，庄王一如既往，享乐更甚。

大夫苏从又进谏。庄王抽出宝剑，要杀苏从。苏从无所畏惧，坚持劝谏。于是，庄王罢淫乐，亲理朝政，并举伍参、苏从担任要职。后又任用孙叔敖为令尹，讲求得失，稳定了政局，发展了生产，从而为楚国争霸奠定了基础。

庄王三年即公元前611年，国内发生灾荒，戎人骚扰，附属的庸国、麇国勾结百濮叛楚。庄王集中力量伐灭威胁最大的庸国，又吞并了麇国，控制局面，增强了国力。此后，他又极力整顿内政，任用贤才，厉行法治，加强兵备，使楚国出现一派国富兵强的景象。

公元前606年，楚庄王率军北上，在周朝的直辖区耀武扬威，并遣使问象征王权的九鼎之轻重，大有取周而代之的气势。

此后，楚庄王又击灭若敖氏之族，灭舒，伐陈，杀夏，围郑。公元前596年，晋国增援郑国，楚庄王与晋军在邲（今河南荥阳北）进行决战，大败晋军。公元前594年冬，楚庄王再次攻宋，迫使宋国臣服，晋国慑于楚军威势而不敢前去援救。至此，楚庄王终于成为霸主。

本卦阐示：刚阳为阴柔所遮蔽，君子开始必困，只要善守"正道"，结果必亨通。君子要有舍身追求信仰的志气，虽然暂时不得势，但还是要尽力而为，努力向上，不忘"正道"。

只有走"正道"的人才会亨通,也就是说,"正道"是符合社会发展规律的,当然会受到社会的最终肯定,得到正义的回报。

48. 井卦:"井"德之美,求贤如渴

井卦(巽下坎上)

井:改邑不改井,无丧无得,往来井井。汔至亦未繘井,羸其瓶,凶。

【译解】井卦象征无穷:改变迁移城邑不会使水井发生改变和迁徙,井水不会枯竭也不会溢满,来来往往的人都到井边来打水。提水提到井口眼看就要上来了,不料却把水瓶打翻,这是凶险的兆头。

《象》曰:巽乎水而上水,井,井养而不穷也。改邑不改井,乃以刚中也。汔至亦未繘井,未有功也。羸其瓶,是以凶也。

【译解】《象辞》说:入乎水中而使得水向上行,就是水井,水井养人是没有穷尽的。城邑村庄可以迁移而水井从不迁移,是因为阳刚君子能居中守恒的缘故。汲水时井水就要汲出井口而尚未出井,说明此时水井并未完成惠施于人的功用。若汲水用的瓶罐坏了,必然会导致凶险。

《象》曰：木上有水，井；君子以劳民劝相。

【译解】《象传》说：井卦的卦象是巽（木）下坎（水）上，即是说水分沿着树身向上运行，直达树冠，为井水源源不断地被汲引到地面之表象，因此象征无穷；井水孜孜不倦地养育着人们，君子要有所作为，就应当效法这种美德，不辞劳苦地为大众谋福利，倡导助人为乐的社会风尚。

初六，井泥不食，旧井无禽。

【译解】初六，井底淤满了污泥不能供人饮用，历尽沧桑、年久失修的老井连鸟雀都不来光顾。

《象》曰："井泥不食"，下也；"旧井无禽"，时舍也。

【译解】《象传》说："井底淤满了污泥不能供人饮用"，完全是因为位置处在最下面，相当于井底部位，水中泥沙不断沉淀最后都淤积在这里；"历尽沧桑、年久失修的老井连鸟雀都不来光顾"，反映出一种时过境迁，被世间万物所遗忘抛弃的凄凉遭遇。

九二，井谷射鲋，瓮敝漏。

【译解】九二，井底容水的凹穴被当作捉鱼的场所，汲水的瓮也破损漏水不能再用。

《象》曰："井谷射鲋"，无与也。

【译解】《象传》说："井底容水的凹穴被当作捉鱼的场所"，主要是由于上面没有接应，难以把水送到地面上去供人饮用，于是井的作用得不到发挥，只好退而求其次，盛水的地方成了抓鱼的所在。由于水井陷于瘫痪状态，因而汲水的器具也破损不堪不能用了。

九三，井渫不食，为我心恻；可用汲，王明并受其福。

【译解】九三，井水淘干净了却不饮用，使我心中不免失望；可以赶快汲来尽情享用，君王贤明是大家共同的福气。

《象》曰："井渫不食"，行恻也；求"王明"，受福也。

【译解】《象传》说："井水淘干净了却不饮用"，表明尽管血气方刚,一心想有所作为而使世人受益,却苦于一片赤诚之心无人领受,满怀热情的善行只落个令人悲叹的结局;希望"君王贤明",直接从井水说到人事,盼望圣明的君主出现,思贤若渴,像汲水一样选拔、吸收、重用人才,就能给国家带来吉祥,万民都可以享受到由此带来的恩惠。

六四,井甃,无咎。

【译解】六四,用砖石垒砌加固井壁,不会遇到灾祸。
《象》曰:"井甃,无咎",修井也。
【译解】《象传》说:"用砖石垒砌加固井壁,不会遇到灾祸",表明六四爻以阴柔之象处在井卦居中部位,正好相当于井壁的关键部位,不可有丝毫闪失,因此应当及时修缮使其坚固,才能免除灾祸。

九五,井洌,寒泉食。

【译解】九五,井水清澈明净,就像甘甜凉爽的泉水一样可供天下人饮用。
《象》曰:"寒泉"之食,中正也。
【译解】《象传》说:"像甘甜凉爽的泉水"可供天下人饮用,这是因为九五爻处在最尊贵的地位,位置适中而且十分妥当,象征行为不偏不倚,内心纯正无私。因而能够集中体现水井滋润万物,造福大众的美德。

上六,井收,勿幕;有孚,元吉。

【译解】上六,水井养人润物的功德业已完成,不要盖上井口;内心怀着一片诚意,定能带来大吉大利。
《象》曰:"元吉"在上,大成也。
【译解】《象传》说:"大吉大利"的情况出现在井卦最上面的位置,是因为上下照应,同心协力可将水提出井口,而且在这以后并不把井口盖严,继续怀着诚心为人们不断提供饮水的方便,功德无量,必然会有大吉大利到来,从而标志着滋养世人的宏伟事业取得了巨大的成功。

【智慧解析】

井卦是水风井，喻求贤若渴，属上上卦。本卦是异卦（下巽上坎）相叠。坎为水，巽为木，树木得水而蓬勃生长。人靠水井生活，水井由人挖掘而成，相互为养，井以水养人，经久不竭，人应取此德而勤劳自勉。

卦象显示：井水无得无丧，往来皆所取给，其养人是没有穷尽的。但是，若汲水的陶罐坏了，还是汲不上水来。君主因此要大公无私，懂得养民并且劝导人们相助、相养的道理。即人与人之间要在经济上互助交易，不要满足于自给自足，要有大社会观；君主不要搜刮民财，要惜民如己，平等待人，给民众养己的环境，引导民众诚信互利，扶助弱者，努力做到公平与效率的平衡。

据说老子是个美食家、烹调大师，深谙长生久视之道。一天，他炸一条小鱼，突然悟得道理："治大国若烹小鲜！"即烹鱼不宜频繁翻动，否则鱼将支离破碎，无法入食；治国也是这样，贵于静而不宜动，应无为而治，让百姓休养生息，不可折腾他们。这个道理看起来并不难理解，但许多统治者误国的原因就在于不懂这个道理。

当年，秦始皇"扫六合""御宇内"，是何等的威风！但他的统治方法是强制有为、暴力镇压：两次坑儒就活埋一千多人，建骊山陵让一万多宫女殉葬、三千多工匠不让出陵而成为牺牲品。他修陵用七十万人，修长城用四十万人，修绵延三百里的阿房宫和征劳役达三百万人。他镇压商贾，钳制言论，使全国成为一座大监狱。广大百姓没有活路，不得不铤而走险，揭竿而起，终于将秦始皇万世帝国的美梦击得粉碎。

井，在古代不仅是汲水的地方，而且也指重要的交易场所。因此，井壁不好时，就要把井壁修好。也就是说，要充实完善提高自己，以吸引贤人。如果有了取之不尽的水，就可以造福人民。本卦以井为喻，希望有贤明的君主出现，使贤人能有所用，社会风气清正廉洁，百姓和乐安康。

49. 革卦：变革之道，顺天应民

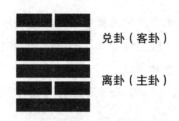

兑卦（客卦）

离卦（主卦）

革卦（离下兑上）

革：己日乃孚，元亨，利贞，悔亡。

【译解】革卦象征改革：在太阳至顶开始西斜的时候变革旧的事物，能够使民众深深地信服，前途通畅，坚守正道，最后就会取得成功，悔恨终将会消释。

《彖》曰：革，水火相息，二女同居，其志不相得，曰革。己日乃孚，革而信也。文明以说，大亨以正，革而当，其悔乃亡。天地革而四时成，汤武革命，顺乎天而应乎人。革之时大矣哉。

【译解】《彖辞》说：改革，水火相息相灭而不能相容，如同两个女子同居一室，但是志趣不合，终将有变，这就叫变革。在己日这一交相转变之时推行变革并能取信于民，这样在变革过程中就会得到天下的理解与信任。文明的美德就会顺应人心，能持守正道就会使前途变得大为亨通，如此变革稳妥而得当，一切悔恨自然就会消失。天地变革，导致四季的形成，商汤、武王发起的对夏桀、商纣的革命，就是顺从天的规律而又符合人民的愿望。变革时间的选择，其意义是极为重大的。

《象》曰：泽中有火，革；君子以治历明时。

【译解】《象传》说：革卦的卦象是离（火）下兑（泽）上，为泽中有火之表象。大水可以使火熄灭；大火也可以使水蒸发，如此，水火相克相生，从而产生变革。君子根据变革的规律制定历法以明辨春、夏、秋、冬四季的变化。

初九，巩用黄牛之革。

【译解】初九，应该用黄牛的皮革牢牢地捆绑住。

《象》曰："巩用黄牛"，不可以有为也。

【译解】《象传》说："用黄牛的皮革牢牢地捆绑住"，因为初九爻在卦的最下位，位卑微而不可能有所作为。

六二，己日乃革之，征吉，无咎。

【译解】六二，在己日进行变革，前途必获吉祥，不会有灾祸。

《象》曰："己日"，"革之"，行有佳也。

【译解】《象传》说："在事物开始衰落之时"，"进行变革"，必然会有好的功效。

九三，征凶，贞厉；革言三就，有孚。

【译解】九三，急进会发生凶险，要以正防危；对于变革的言论，要多次研究，周密考虑，赢得人们的信赖，就可以进行变革了。

《象》曰："革言三就"，又何之矣！

【译解】《象传》说："对于变革的言论，要多次研究，周密考虑"，其他的路是没有的，变革已经势在必行，只有走变革的道路。

九四，悔亡，有孚改命，吉。

【译解】九四，悔恨已经消释，仍旧需要人们的信赖以革除旧的事物，这样做是吉祥的。

《象》曰："改命"之吉，信志也。

【译解】《象传》说："革除旧的事物"，这样做是吉祥的，因为这符合变革的志向。

九五，大人虎变，未占有孚。

【译解】九五，伟大的人物像猛虎一般进行变革，毋庸置疑，一定能光大诚信的美德。

《象》曰："大人虎变"，其文炳也。

【译解】《象传》说："伟大的人物像猛虎一般进行变革"，表明变革必然成功，其美德光照天下。

上六，君子豹变，小人革面；征凶，居贞吉。

【译解】上六，君子像有斑纹的豹子那样进行变革，连小人也顺应变革改变以往的倾向；急进会有凶险，居而守正可以得到吉祥。

《象》曰："君子豹变"，其文蔚也；"小人革面"，顺以从君也。

【译解】《象传》说："君子像有斑纹的豹子那样进行变革"，说明君子协助有道德的大人物一起变革，必然使变革的成就更加光辉灿烂；"连小人也顺应变革改变以往的倾向"，说明大势所趋，小人也不得不顺从君子的变革。

【智慧解析】

革卦是泽火革，喻顺天应人，属上上卦。本卦是异卦（下离上兑）相叠。离为火，兑为泽，泽内有水，水在上而往下浇，火在下而上升，火旺水干，水大火熄。两者相生亦相克，必然出现变革。变革是宇宙的基本规律。

卦象显示：水火相克、相灭而不相容，有"革"之意。革命或改革要得到人们的理解和拥护，需要经过一段时间，甚至一个历史时期，不要急于求成，简单化对待之。事理周正和顺应民心，则改革必获成功，因此有志于"革"者绝不可畏惧困难、半途而废，只要时机成熟就当力行改革或革命，这是人类最伟大的功业。为此，"君子"要懂得做事（包括革新）把握准确时机的重要性。

北宋进入中叶后，面临着"积贫积弱"的局面。王安石认识到社会贫困化的根源在于土地兼并，它导致宋朝的封建统治面临"内则不能无以社稷为忧，外则不能无惧于夷狄"的危机。因此，嘉祐三年王安石在长达万言的《上仁宗皇帝言事书》中分析了宋朝内忧外患交织、财政日益困穷、风俗日益败坏的形势，提出了变更天下弊端及培养大批适应变法革新需要的人才的迫切性，要求宋仁宗以汉、唐两代王朝的覆亡为前车之鉴，果断实行变法。

在仁宗皇帝的支持下，王安石建立了一个指导变法的新机构——制置三司条例司（后条例司废，变法事宜由户部司农寺主持），并与吕惠卿、曾布等人一道草拟新法，全国各路设提举常平官，督促州县推行新法。由此，在中国历史上影响深远的王安石变法，便大张旗鼓地开展起来，从熙宁二年到熙宁九年的八年内，围绕富国强兵这一目标，仁宗陆续实行了均输、青苗、农田水利、募役、市易、免行、方田均税、将兵、保甲、保马等新法。

从新法实施，到守旧派废罢新法，前后将近15年时间。在此期间，每项新法在推行后，基本上取得了预期效果，并使豪强兼并和高利贷者的活动受到了一些限制，使中、上级官员、皇室减少了一些特权，而乡村上户地主和下户自耕农则减轻了部分差役和赋税负担，也加强了对直接生产者的统治，增加了财政收入。

凡是鼎新革固，都会触动一部分人的利益。这部分人便起来反对变革，攻击新法，使革新中途夭折，或被执行得面目全非，大异初衷。王安石变法也是如此，因各项新法或多或少地触犯了中、上级官员、皇室、豪强和高利贷者的利益，最终被罢废。王安石操之过急，不得其法，最终以失败收场。

《周易》告诫我们：改革要讲究时机，讲究方法。真要改变自己的人，属于革心者，肯定大吉。如果改变不到家，只是表面，就像一个革面者，就有凶。

50. 鼎卦：去故鼎新，稳重图变

鼎卦（巽下离上）

鼎：元吉，亨。

【译解】鼎卦象征革故鼎新：十分吉祥，亨通。

《彖》曰：鼎，象也。以木巽火，亨饪也。圣人亨以享上帝，而大亨以养圣贤。巽而耳目聪明，柔进而上行，得中而应乎刚，是以元亨。

【译解】《彖辞》说：鼎器，是烹饪养人的实物之象。架木升起火焰，用以烹饪食物。圣人烹煮食物来祭享上帝天神，而用极丰盛的食物来奉养圣贤。烹煮食物奉养圣贤，使他们能够顺逊以辅佐君主，因而君主能够耳聪目明，这时君主凭借他那柔顺的美德前进上行，高居中位而又能和阳刚贤者相应，所以可以达到最为亨通之境。

《象》曰：木上有火，鼎，君子以正位凝命。

【译解】《象传》说：鼎卦的卦象是巽（木）下离（火）上，为木上燃着火之表象，是烹饪的象征，称为鼎；君子应当像鼎那样端正而稳重，以此完成使命。

初六，鼎颠趾，利出否；得妾以其子，无咎。

【译解】初六，烹饪食物的鼎足颠翻，却顺利地倒出了鼎中陈积的污秽之物；就好像娶妾可以生子一样，不会发生灾祸。

《象》曰："鼎颠趾"，未悖也；"利出否"，以从贵也。

【译解】《象传》说："烹饪食物的鼎足颠翻"，看似反常，实则不然；"顺利地倒出了鼎中陈积的污秽之物"，便于除旧布新，反常的现象才得以向好的方面转化。

九二，鼎有实，我仇有疾，不我能即，吉。

【译解】九二，鼎中盛满了烹饪的食物，好比一个人有才干；我的对手嫉妒我，却不能把我怎么样，是吉祥的。

《象》曰："鼎有实"，慎所之也；"我仇有疾"，终无尤也。

【译解】《象传》说："鼎中盛满了烹饪的食物，好比人有才干"，应该谨慎行事，不要走错方向；"我的对手嫉妒我"，但因无隙可乘，故终将无所怨尤。

九三，鼎耳革，其行塞，雉膏不食；方雨亏悔，终吉。

【译解】九三，鼎器的耳部发生了变化，无法将插杠插入鼎耳移鼎，吃不到精美的野鸡肉不能；待到阴阳调和，润雨出现才能消释悔恨，最终还可以获得吉祥。

《象》曰："鼎耳革"，失其义也。

【译解】《象传》说："鼎器的耳部发生了变化"，鼎无法移动，也就失去了它虚中纳物的意义。

九四，鼎折足，覆公𫗧，其形渥，凶。

【译解】九四，鼎的足折断了，王公鼎里的粥饭倾倒出来了，鼎身被玷污，凶险。

《象》曰："覆公𫗧"，信如何也！

【译解】《象传》说："王公鼎里的粥饭倾倒出来了"，哪里还有什么信誉可言呢？

六五，鼎黄耳金铉，利贞。

【译解】六五，鼎配上黄色的鼎耳，插上坚固的扛鼎之器，利于坚守正道。

《象》曰："鼎黄耳"，中以为实也。

【译解】《象传》说："鼎配上黄色的鼎耳"，是由于六五爻居中，自然可获得实惠。

上九，鼎玉铉，大吉，无不利。

【译解】上九，鼎配上玉制的鼎杠，十分吉祥，不会有什么不利。

《象》曰："玉铉"在上，刚柔节也。

【译解】《象传》说："玉制的鼎杠"高处上方，表明刚柔相济，互相调节。

【智慧解析】

鼎卦是火风鼎，喻稳重图变，属中下卦。本卦是异卦（下巽上离）相叠。燃木煮食，化生为熟，是除旧布新的意思。三足鼎为重宝大器，象征稳重。适时地颠鼎除旧，就是革新。煮食，喻食物充足，不再有困难和困扰。在此基础上宜变革，加速发展事业。

卦象显示："鼎卦"以烹饪比喻尊上帝、养贤人，铸鼎立法。郑玄说："鼎烹熟以养人，犹圣君兴仁义之道以教天下也，故谓之鼎矣。"耳聪目明的能人需要养之，如此可致元亨。对于"君子"来说，更重要的是完成了"革"的任务之后，还要善于巩固"革"的成果。

公孙鞅原本是卫国人，但很早就来到魏国，在宰相公叔痤手下做事。公叔痤很了解他，打算向魏惠王推荐他，不料却突然一病不起。魏惠王亲自前去探望公叔痤，向他询问后事。公叔痤说："公孙鞅的才干高我十倍，我死之后，请把国政交给他。魏国的前途就寄托在他身上了。"魏惠王听了不禁大吃一惊。过了一会，公叔痤又说："大王如果不能用公孙鞅，那么请把他杀掉，不要让他出境。一旦他被别的国家延揽，将成为魏国第一大患。"魏惠王告辞出门后，对左右说："公叔痤病势沉重，已经语无伦次了，竟然叫我把国家大权交给公孙鞅。而且一会儿工夫，又让我杀了他。"大臣魏昂深知公孙鞅的才能，也向魏惠王推荐，但魏惠王仍一笑置之。

公孙鞅在魏国彻底绝望了，于是适时前往秦国。秦孝公统治下的秦国虽然是一个贫穷的小国，但他雄心勃勃地想恢复三百年前他的祖先秦穆公的霸业。公孙鞅向他建议革新之策，说："对一门学问怀疑，绝对不能成功；对一件措施怀疑，也绝不能成功。一个有真知灼见的人，必被世人排斥。不可跟愚昧的人讨论进取开创，只可使他们看到丰富的收获。"秦孝公闻言大悦，一场改变国家命运的改革开始了。

在颁布变法令之前，公孙鞅先把一根十米长的木棍立在首府栎阳（陕西临潼）南门，下令说："把它拿到北门的人，赏十两黄金。"当大家惊疑不定时，他又提高赏金为五十两。一个好奇的青年抱着姑且试试的态度把它拿过去，竟然如数得到赏金。这是公孙鞅的第一步，他先要百姓信任并尊重官府，重视官府的法令，官府在得到百姓信任尊重之后，才能有所作为。

公孙鞅的变法使秦国迅速崛起，超越了其他诸侯国，最终完成统一大业。但公孙鞅变法之前有一个重要的序幕，那就是立法，取信于民，以获得广泛的支持和信任。

所以说，除故鼎新，要稳重图变，镌鼎立法，取信于民是根本。

51. 震卦：从容淡定，化危为安

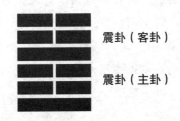

震卦（震上震下）

震：亨。震来虩虩，笑言哑哑；震惊百里，不丧匕鬯。

【译解】震卦象征震动的雷声：可致亨通。当惊雷震动的时候，天下万物都感到恐惧，然而君子却能泰然处之，言笑如故；即使雷声震惊百里之遥，主管祭祀的人却能做到从容不迫，手中的匙和酒都未失落。大丈夫威武不能屈，所以能成就大事。

《象》曰：震，亨。震来虩虩，恐致福也。笑言哑哑，后有则也。震惊百里，惊远而惧迩也。出，可以守宗庙社稷，以为祭主也。

【译解】《象辞》说：震动，可致亨通。惊雷震动时万民惶恐畏惧，说明这种恐惧戒慎定能导致福泽。临震而能镇定自若，谈笑自若，说明恐惧戒慎之后的行为就能遵循法则而不失常态。震雷响动惊闻百里，说明无论远近都因之而震惊恐惧。此时即使君主出门在外，作为人君继承人的长子也能够留守宗庙社稷，成为宗庙祭祀的主持人。

《象》曰：洊雷，震；君子以恐惧修省。

【译解】《象传》说：震卦的卦象是震（雷）下震（雷）上，为雷相重叠之表象，好像震动的雷声；君子应悟知恐惧惊惕，修身省过。

初九，震来虩虩，后笑言哑哑；吉。

【译解】初九，当惊雷震动的时候，天下万物都感到恐惧，君子亦应知恐惧而自省；过后言笑自若，结果是吉祥的。

《象》曰："震来虩虩"，恐致福也；"笑言哑哑"，后有则也。

【译解】《象传》说："当惊雷震动的时候，天下万物都感到恐惧"，表明恐惧之后从而谨慎从事，能够致福；而君子"言笑自若"，说明君子懂得做人的法则。

六二，震来，厉；亿丧贝，跻于九陵，勿逐，七日得。

【译解】六二，惊雷震动，有危难；丢失大量金钱，应当攀登到高高的九陵上边去躲避，不去追寻它，待到七天自会失而复得。

《象》曰："震来厉"，乘刚也。

【译解】《象传》说："惊雷震动，有危难"，是因为六二爻凌驾于初九爻阳刚的上面，所以可能出现危险。

六三，震苏苏，震行无眚。

【译解】六三，雷震动时恐惧不安，但是因为震惧而能谨慎行事，因此不会有灾异。

《象》曰："震苏苏"，位不当也。

【译解】《象传》说："雷震动时恐惧不安"，说明六三爻所处的位置，不中不正，不适当。

九四，震遂泥。

【译解】九四，由于雷震动而坠陷泥污中，不能自拔。

《象》曰："震遂泥"，未光也。

【译解】《象传》说："由于雷震动而坠陷泥污中，不能自拔"，说明其志气不能发扬光大。

六五，震往来，厉；亿无丧，有事。

【译解】六五，雷上下震动均有危难；以恐惧之心谨守中道就会万无一失，宗庙社稷也可以长盛不衰。

《象》曰："震往来厉"，危行也；其事在中，大无丧也。

【译解】《象传》说："雷上下震动均有危难"，但能知恐惧而谨慎行动；处事恪守中道，就不会有什么大的损失。

上六，震索索，视矍矍，征凶；震不于其躬，于其邻，无咎；婚媾有言。

【译解】上六，由于雷鸣震动恐惧而畏缩不前，两眼旁视而不安，如果行动就会有凶险；不过，当雷震还没有到达自己身上时，就早做准备谨慎行事，则不致受害；涉及婚配之事则将产生言语纷争。

《象》曰："震索索"，中未得也；虽凶无咎，畏邻戒也。

【译解】《象传》说："由于雷鸣震动恐惧而畏缩不前"，是因为上六爻其位不正；虽然有凶险却不致受害，这是因为能够看见近邻的危险及时戒备，因而能防患于未然。

【智慧解析】

震卦是震雷，喻临危不乱，属中上卦。本卦是同卦（下震上震）相叠。震为雷，两震相叠，反响巨大，可消除沉闷之气，亨通畅达。震卦的震，不仅指雷震的震，有一种震动、震撼、震惊、震慑的意思，也指超过一般人承受压力而造成的骇异局面。在此情形下应居安思危，怀恐惧之心，小心行事，不敢有所怠慢，但遇到突发事变，也能安然自若，谈笑如常。

卦象显示：人遇事而有恐惧之心，反而致福，但是要做到无所畏惧，行为、语言皆不失常态，具备这样的素质才可担当国家（社会）的大任。对于君子来说，则更要有恐惧之心和修省之行。

秦末，刘邦与项羽合力攻打秦朝的部队，二人从不同方向朝秦都进攻，并约定谁先入咸阳便可以称王。

刘邦兵力不及项羽，但却先破咸阳，项羽为此勃然大怒，派英布进攻函谷关。项羽入咸阳后，到达戏西，而刘邦在霸上驻军。刘邦的左司马曹无伤派人对项羽说刘邦打算在关中称王，项羽听后更加愤怒，下令次日一早让兵士饱餐一顿，击败刘邦的军队。一场恶战在即。

刘邦从项羽的季父项伯口中得知此事后，惊讶无比，但他遇惊不乱，从容处之。他给项伯捧上一杯酒，祝项伯身体健康长寿，并约为亲家。刘邦的感情拉拢说服了项伯，项伯答应为其在项羽面前说情，并让刘邦次日前来答谢项羽。鸿门宴上，虽不乏美酒佳肴，但却暗藏杀机。亚父范增一直主张杀掉刘邦，并在酒宴上一再示意项羽发令，但项羽却犹豫不决，默然不应。范增召项庄舞剑为酒宴助兴，想趁机杀掉刘邦；项伯为保护刘邦，也拔剑起舞，掩护刘邦。危急关头，刘邦的部下樊哙带剑拥盾闯入军门，怒目直视项羽。项羽见此人气度不凡，只好问来者为何人，当得知为刘邦的参乘时，即命赐酒，樊哙乘机说了一通刘邦的好话，项羽无言以对，刘邦借机一走了之。

按照《周易》的理论，动是世界的阳面，静是世界的阴面。阳面是亨通，阴面则是驱动亨通的内在因素。人在行动的时候，往往会被认为很有力量，其实人在思考的时候最有力量。

所以，一个人处变不惊，从容淡定，才能化危为安；无所畏惧，又谨慎行事，才能堪当大任。

52. 艮卦：自我控制，把握尺度

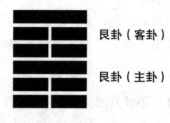

艮卦（艮下艮上）

艮：艮其背，不获其身；行其庭，不见其人，无咎。

【译解】艮卦象征抑止：止于背部，不得使身体面向所止的地方；就好像在庭院里行走，两两相背，不曾感觉到有人的存在，进入这一境界，就不会受害。

《彖》曰：艮，止也。时止则止，时行则行。动静不失其时，其道光明。艮其止，止其所也。上下敌应，不相与也。是以不获其身，行其庭，不见其人，无咎也。

【译解】《彖辞》说：艮，抑止之意。该止的时候就止，该行的时候就行。不论是行还是止，都要适当而不丧失时机，如此则自然会有光明的前景。艮就是抑止，抑止要抑止在恰当的地方。卦中的六爻上下两两相互敌对，不相交往，各止其所。因此看不见自身，行走在庭院中也两两相背，不曾感觉到有人的存在，没有咎害。

《象》曰：兼山，艮；君子以思不出其位。

【译解】《象传》说：艮卦的卦象是艮（山）下艮（山）上，为两山重叠之表象，象征着抑止；君子的思想应当切合实际，不可超越自己所处的地位。

初六，艮其趾，无咎，利永贞。

【译解】初六，抑止应该在脚趾迈出之前，这样就不会受害，而且将有利于长久坚守正道。

《象》曰："艮其趾"，未失正也。

【译解】《象传》说："抑止应该在脚趾迈出之前"，说明没有失去正道。

六二，艮其腓，不拯其随，其心不快。

【译解】六二，抑止人的小腿的行动，不能迈步追随应该追随的人，他的心中是不会快乐的。

《象》曰："不拯其随"，未退听也。

【译解】《象传》说："不能迈步追随应该追随的人"，又不能退下来听从抑止的意见，因而心中不快。

九三，艮其限，列其夤，厉薰心。

【译解】九三，抑止腰部的行动，断裂脊背的肉，危难将像熊熊的烈火一样烧灼他的心。

《象》曰："艮其限"，危薰心也。

【译解】《象传》说："抑止腰部的行动"，说明危险将像熊熊的烈火一样烧灼他的心。

六四，艮其身，无咎。

【译解】六四，抑止身体上部不动，就不会受害。

《象》曰："艮其身"，止诸躬也。

【译解】《象传》说："抑止身体上部不动"，自我控制不超越本身的地位。

六五，艮其辅，言有序，悔亡。

【译解】六五，抑止于口不随便乱说，说话很有条理，悔恨将会消失。

《象》曰："艮其辅"，以中正也。

【译解】《象传》说："抑止于口不随便乱说"，说明六五爻居于中位能守中道。

上九，敦艮，吉。

【译解】上九，能够以敦厚笃实的德行抑止邪欲，就吉祥。

《象》曰："敦艮"之吉，以厚终也。

【译解】《象传》说："能够以敦厚笃实的德行抑止邪欲"，就吉祥，说明上九爻能够将敦厚的德行保持至终。

【智慧解析】

艮卦是同卦（下艮上艮）相叠，属中下卦。艮为山，二山相重，喻静止。它与震卦相反。任何事情到达高潮后，必然出现低潮，进入相对静止的阶段。静止如山，宜止则止，宜行则行。行止即动和静，都不可失机，应恰到好处，动静得宜，适可而止。艮卦谈的乃是如何抑止自己的言行。

卦象显示：止于止是止，止于行也是止。也就是说，坚持不懈地做一件事，就是止于行的止；而坚持不做什么则是止于止的止。一切决定于时机，当要求止于行就止于行，当要求止于止就止于止。只有这样才能达到心中光明，即使最亲近者察觉不到自己的言行，也没有什么害处。所以，对于"君子"来说，即使是思想也要止在恰当的场合、恰当的时候，勿过也勿不及，既不保守，也不空想。要善于自我控制，把握尺度。

汉武帝时，诸侯王不再能与朝廷抗衡，他坐享大一统的局面，只是没有大一统的理论。汉武帝要改制，于是下诏求言。

董仲舒想一展自己的才华，乘机上《天人三策》书，这是一个合作纲领。

董仲舒把合法性作为第一项交换条件。皇帝受命于天，汉朝代周秦，并不是简单地继承前王而王，乃是天道运转，不得不然。——但天命何以体现呢？又怎么知道这就是天命呢？天不言，儒者多言。皇帝受命于天，因为儒生说这是受命于天。儒生是天命的解释人，口含天宪，披陈天意。

　　董仲舒提出一整套理论来证明天的意志，是可以观察、可以解释的。比如说，天欢喜，便有春；天快乐，便有夏；秋是天的忧愁，冬是天的悲哀。天道就是人伦，这叫天人合一。从四时交替到生活中最小的细节，无不体现天的意志。天道有常，人必须顺天承意，体现为皇帝要听从天的意志，臣民要听从皇帝的，儿子要听从父亲的，女人要听从丈夫的，如此等等。

　　董仲舒还提出一套基本的政治秩序。儒生可以证明、加入、维持以及在必要时修补这一秩序，作为条件，要罢黜百家，独尊儒术。

　　董仲舒和汉武帝两人一拍即合，于是便有了历史上最成功的一场勾结，或者叫做合作。

　　但在政策实施之初，这一合作只是初具规模，许多谅解尚未达成。如在董仲舒体系中，天的地位太高，还得"屈帝以伸天"，这是汉武帝不爱听的——他恨不得自己就是天。董仲舒最终未得重用，或许与此有关。另外，他的脾气过于朴直，常直言不讳，肆无忌惮，这也是汉武帝不喜欢的。

　　汉武帝也不喜欢儒生借天象以示警，但恰好建元六年（公元前135年）曾有辽东高庙和长陵高园便殿两次火灾，董仲舒与《春秋》比照后，得出结论，"天灾若语陛下"：你应该诛灭在藩亲贵中的坏人，就像我燔烧辽东高庙一样。他的草稿被主父偃见到，并偷去奏给汉武帝。汉武帝拿给众儒看，就连董仲舒的弟子吕步舒也不知道这是老师的文字，说这是"大愚"。因为妄言灾异，董仲舒被下狱。

　　所以，《周易》告诫我们，能够以敦厚笃实的德行抑止邪欲，就吉祥，反之就会惹祸。君子应自我控制，保持内心的平静，才能够将敦厚的德行保持至终。

53. 渐卦：循序渐进，动静相辅

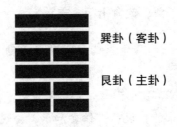

渐卦（艮下巽上）

渐：女归吉，利贞。

【译解】渐卦象征循序渐进：如同女子出嫁那样，按照一切婚嫁的礼节循序渐进，就会得到吉祥，有利于坚守正道。

《彖》曰：渐之进也，女归吉也。进得位，往有功也。进以正，可以正邦也。其位，刚得中也。止而巽，动不穷也。

【译解】《彖辞》说：渐渐地向前行进，如同女子出嫁按照礼仪循序进行，可以获得吉祥。渐进获得正位，说明前往可以建立功业。渐进而又能持守正道，就可以端正国家。渐行而居于尊位，这是由于具有阳刚中和的美德。只要守静而和顺，行动起来就不会走入穷途末路。

《象》曰：山上有木，渐；君子以居贤德善俗。

【译解】《象传》说：渐卦的卦象是艮（山）下巽（风）上，表明高山上的树木逐渐长得高大，象征循序渐进；君子观看高山上的树木逐渐长得高大的情况，由是修养德行，改善社会的风尚、礼节和习惯。

初六，鸿渐于干；小子厉，有言，无咎。

【译解】初六，鸿雁飞起来逐渐前进到水涯旁边，落伍离群，显得不安；象征年幼无知的孩子有危难，受到言语中伤，如果能够循序渐进，就不会受害。

《象》曰："小子"之厉，义无咎也。

【译解】《象传》说："年幼无知的孩子"有危难，不会发生什么危险的。

六二，鸿渐于磐，饮食衎衎，吉。

【译解】六二，鸿雁飞起来逐渐前进到安稳的磐石之上，饮食和乐，吉祥。

《象》曰："饮食衎衎"，不素饱也。

【译解】《象传》说："饮食和乐"，说明绝不是尸位素餐不干事情的。

九三，鸿渐于陆，夫征不复，妇孕不育，凶；利御寇。

【译解】九三，鸿雁飞起来逐渐前进到较平的山顶，好比丈夫远征而不复还，他的妻子怀孕难以养育，这当然是凶险的事；但却能以刚烈御强寇。

《象》曰："夫征不复"，离群丑也；"妇孕不育"，失其道也；"利用御寇"，顺相保也。

【译解】《象传》说："好比丈夫远征而不复还"，离开自己的同类是值得忧虑的；"他的妻子怀孕难以养育"，因为违反了夫妇正道；"以刚烈御强寇"，是因为守正能够使丈夫与妻子和顺相保。

六四，鸿渐于木，或得其桷，无咎。

【译解】六四，鸿雁飞起来逐渐前进到高树之上，或许能找到较平的枝杈得以栖息，这样就没有怨尤。

《象》曰："或得其桷"，顺以巽也。

【译解】《象传》说："或许能寻找到较平的枝杈得以栖息"，说明六四爻柔顺和服从。

九五，鸿渐于陵，妇三岁不孕；终莫之胜，吉。

【译解】九五，鸿雁飞起来逐渐前进到丘陵上，妻子三年没有怀孕；但邪终究不能胜正，因此最终得到吉祥。

《象》曰："终莫之胜，吉"，得所愿也。

【译解】《象传》说："邪终究不能胜正，因此最终得到吉祥"，实现了夫妇聚首的愿望。

上九，鸿渐于陆，其羽可用为仪，吉。

【译解】上九，鸿雁飞起来逐渐前进到高山之上，漂亮的羽毛可以作为典礼上洁美的装饰品，吉祥。

《象》曰："其羽可用为仪，吉"，不可乱也。

【译解】《象传》说："漂亮的羽毛可以作为典礼上洁美的装饰品，吉祥"，说明洁美高尚的志向是不能相乱的。

【智慧解析】

渐卦是风山渐，喻渐进蓄德，属上上卦。本卦是异卦（下艮上巽）相叠。艮为山，巽为木，山上有木，逐渐成长，山也随着增高。这是逐渐进步的过程，所以称渐。渐即进，渐渐前进而不急速。渐卦讲究办事不要急于求成，而要循序渐进。

卦象显示：下止则凝静不躁，上巽则欲动不急，不急不躁，恰有渐之进象。因为刚得中，得正，所以能利贞。作为"君子"要积"德"化俗，这些都不是一朝一夕之事，需要从小事做起，日积月累以成其大。

天下三分有其一的刘备也说："勿以恶小而为之，勿以善小而不为。"在复杂的政治斗争实践中，刘备领略到遵循儒家政治思想理念对于角逐天下的重要性，因此十分注意自身品德的修养，树立贤德之君的风范。临终时，他仍不忘留下遗诏告诫刘禅："勿以恶小而为之，勿以善小而不为。惟贤惟德，能服于人。"正是这个"惟贤惟德，能服于人"的基本政治理念，铸成了刘备一生受人敬重的政治品格，成就了他一生的王业。这句话至今对我们修身养性仍具有指导意义。刘备正是由于做事认真细致，不放过任何细节，才使得天下豪杰争相归附，有了与曹操、孙权抗衡的能力。

一代名将曾国藩曾说:"天下大事当于大处着眼,小处着手。"他是这么说,也是这么做的,最终得到了清廷的信任,将大权牢牢掌握在自己手中,实现了自己立名万世的梦想。

世间万物都遵循一个规律——由小到大,由简单到复杂。所以,君子不仅要做小事,还要懂得什么小事该做,什么不该做。孔子说:"于止,知其止所。"就是知止而止,知止而又善于止,那就是智士了。

54. 归妹卦:婚嫁之道,守德持家

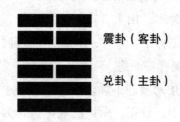

归妹卦(兑下震上)

归妹:征凶,无攸利。

【译解】归妹卦象征婚嫁:如果行为不正,前方会有凶险,不会有利。

《彖》曰:归妹,天地之大义也。天地不交而万物不兴。归妹,人之终始也。说以动,所归妹也。征凶,位不当也。无攸利,柔乘刚也。

【译解】《彖辞》说：嫁出少女，这是天地的大义。天地阴阳如不相交，宇宙万物就不能繁衍兴旺。嫁出少女，人类就能终而复始，生生不息。欣悦而动，说明正可以嫁出少女。有所行动必有凶险，说明居位不当。不会有什么有利之事，说明阴柔凌乘于阳刚之上。

《象》曰：泽上有雷，归妹；君子以永终知敝。

【译解】《象传》说：归妹卦的卦象是兑（泽）下震（雷）上，兑又代表少女，震又代表长男为嫁出少女之表象；君子应当永远使夫妇和谐，白头偕老，防止夫妇关系被破坏。

初九，归妹以娣，跛能履，征吉。

【译解】初九，嫁出的少女作为偏房，好像跛脚而奋力向前行走，前进可获得吉祥。

《象》曰："归妹以娣"，以恒也；"跛能履"，吉相承也。

【译解】《象传》说："嫁出的少女作为偏房"，这是婚嫁中的正常情况；"好像跛脚而奋力向前行走"，说明能以偏房侧室的地位辅佐和照顾丈夫，必获吉祥。

九二，眇能视，利幽人之贞。

【译解】九二，一只眼睛看不见，一只眼睛仍能看到东西，说明幽居之人利于守正。

《象》曰："利幽人之贞"，未变常也。

【译解】《象传》说："幽居之人利于守正"，这是因为能遵守恒常的规则。

六三，归妹以须，反归以娣。

【译解】六三，妹妹想冒充姐姐之位嫁为正室，结果还是作为妹妹嫁为偏房。

《象》曰："归妹以须"，未当也。

【译解】《象传》说："妹妹想冒充姐姐的地位嫁为正室"，这是不正当的。

九四，归妹愆期，迟归有时。

【译解】九四，待嫁少女错过出嫁的时机，延迟日期待嫁，静等好的时机。

《象》曰："愆期"之志，有待而行也。

【译解】《象传》说：错过出嫁的时机，是为等待更好的时机到来再嫁。

六五，帝乙归妹，其君之袂，不如其娣之袂良；月几望，吉。

【译解】六五，帝乙嫁出少女，正房的服饰，反不如偏房的服饰艳丽华美；月近十五将要圆了，吉祥。

《象》曰："帝乙归妹，不如其娣之袂良"也，其位在中，以贵行也。

【译解】《象传》说："帝乙嫁出少女，正房的服饰，反不如偏房的服饰艳丽华美"，说明虽身居中位，十分尊贵，却能保持勤俭谦虚的美德。

上六，女承筐，无实；士刲羊，无血；无攸利。

【译解】上六，女子的篮筐里空空荡荡没有实物，男子用刀宰羊却不见出血，说明没有利益。

《象》曰：上六"无实"，承虚筐也。

【译解】《象传》说：归妹卦的第六位（上六）"空空荡荡没有实物"，好比手持空空的篮筐。

【智慧解析】

归妹卦是雷泽归妹，喻立家兴业，属下下卦。本卦是异卦（下兑上震）相叠。震为动，为长男；兑为悦，为少女。以少女从长男，产生爱慕之情，有婚姻之动，有嫁女之象，故称归妹。男婚女嫁，是天地大义，人生的必然历程。

卦象显示：男女交感配合，使人类生生相续，代代不穷，如同天地相遇而有万物一样自然合理。这是关乎人之始与终的大问题，不可等闲视之,但主乎情失于礼则凶。对于君子来说,当远虑其终而防其蔽坏。对女子来说,婚嫁之道就是守德持家。

据说明朝的马皇后非常贤德,她为了帮朱元璋打天下,吃了不少苦。

有一次,朱元璋因故被郭子兴关禁闭,断绝了饮食。马氏就偷偷给他送吃的。她趁做饭的时候偷了几个煎饼,被郭子兴的亲信发现,匆忙中把滚烫的煎饼藏在怀里,胸前的一块皮肤都被烫伤了。

朱元璋在前方作战,将士们的家属就由马氏统领。朱元璋攻克太平后,由马氏率领将士们的妻妾渡江。当朱元璋在江宁的时候,东有张士诚,西有陈友谅,前线每日战事不断,马氏亲自与将士家属们一道做衣、做鞋,支援前线将士。陈友谅大举进攻龙湾时,朱元璋亲自带兵迎敌,战斗十分激烈。马氏把内室的全部金银、布匹都拿出来犒赏将士,鼓舞士气,朱元璋最终取得了对陈友谅的胜利。在一次激烈的战斗中,朱元璋遭遇不利负了伤,被汉军追赶,马氏"负之而逃"(背着朱元璋逃跑)。

朱元璋当上皇帝后,没有忘记马氏当年的辛劳,把马氏在艰难中为自己准备的饭食,称为"芜蒌豆粥""滹沱麦饭",比做东汉光武帝刘秀称帝前在征战饥困中所吃的粗糙饭食。他经常对群臣称颂马氏的贤德。有一次,在朝堂上,他又把马氏比作被唐太宗称为"良佐"、有贤德的长孙皇后。下朝后,朱元璋与马氏说起这件事,马氏说:"我听说,夫妻相保易,君臣相保难。陛下不忘我曾与您共贫贱,也应该不忘群臣曾和您同历艰难。而且,我又怎么敢和长孙皇后相比呢?"她要求朱元璋要像善待妻子一样,善待与他一起打天下的臣属。

在后宫,马后一有空闲就给宫人妃嫔们讲述古训。有一天,她问一个女史:"黄老之道讲的是什么,让当年的窦太后(即汉武帝的祖母)喜欢呢?"女史说:"清静无为为本。摈弃仁义,恢复孝慈,就是黄老之道。"马皇后听了后表示怀疑,说:"孝慈就是仁义。哪有绝仁弃义后还能为孝慈的?"

从这番对话中,我们可以发现,马皇后的思想中始终是以仁义为本的,由此,她才能辅佐朱元璋最终成就帝业。

55. 丰卦：丰不忘俭，持盈保泰

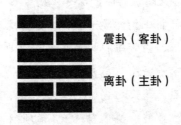

丰卦（离下震上）

丰：亨，王假之；勿忧，宜日中。

【译解】丰卦象征盛大丰满：亨通，君王能够使天下达到盛大丰满；不用忧愁，好比太阳位居中天，光芒万丈。

《彖》曰：丰，大也。明以动，故丰。王假之，尚大也。勿忧，宜日中，宜照天下也。日中则昃，月盈则食；天地盈虚，与时消息，而况于人乎？况于鬼神乎？

【译解】《彖辞》说：丰，盛大之意。离明在下震动而上行，象征太阳升至高空，故可得丰。君王可以达到这种盛大亨通的境界，说明君王崇尚宏大的美德。无须担心，宜于保持如日中天之势，说明此时适宜让盛大之光普照天下。太阳到了中天就会偏斜，月亮满盈即将亏蚀；天地大自然有盈有亏，都是随着时间变化而消亡生息的，更何况人？何况鬼神呢？

《象》曰：雷电皆至，丰；君子以折狱致刑。

【译解】《象传》说：丰卦的卦象是离（火）下震（雷）上，离又代表闪电，震为雷，为雷电同时到来之表象，象征着盛大丰满；君子应该像雷电那样，审案用刑正大光明。

初九，遇其配主，虽旬无咎，往有尚。

【译解】初九，遇见地位彼此相当的伙伴，虽然合作十天（很久）也不致受害，前往会受到尊敬重视。

《象》曰："虽旬无咎"，过旬灾也。

【译解】《象传》说："虽然合作十天（很久）也不致受害"，但是过了十天（超过了一定限度）就可能会有灾祸。

六二，丰其蔀，日中见斗，往得疑疾；有孚发若，吉。

【译解】六二，光明遭到云的蒙蔽，好比在明亮的白天看到了夜晚的北斗星，前往行事会被猜疑；如果能以自己的至诚之心去启迪，那么最后是能获得吉祥的。

《象》曰："有孚发若"，信以发志也。

【译解】《象传》说："能以自己的至诚之心去启迪"，是有信以展拓其盛大之志。

九三，丰其沛，日中见沫；折其右肱，无咎。

【译解】九三，光明被云遮掩，好比在明亮的白天看见了小星星；右臂被折断而难以有所作为，但终究不会受害。

《象》曰："丰其沛"，不可大事也；"折其右肱"，终不可用也。

【译解】《象传》说："光明被云遮掩"，不可成就胜任大事；"右臂被折断"，最终得不到重用或不可能有所作用。

九四，丰其蔀，日中见斗；遇其夷主，吉。

【译解】九四，光明遭到云的蒙蔽，好比在明亮的白天看到了夜晚的北斗星；但若遇到明主赏识，还是会吉祥的。

《象》曰："丰其蔀"，位不当也；"日中见斗"，幽不明也；"遇其夷主"，吉行也。

【译解】《象传》说:"光明遭到云的蒙蔽",是说九四爻所居的爻位不当;"在明亮的白天却看到了夜晚的北斗星",说明由于蒙蔽而出现昏暗;"但若遇到明主赏识",行动还是会获得吉祥的。

六五,来章,有庆誉,吉。

【译解】六五,有美德的贤能之士来辅佐,会有喜庆和美誉,吉祥。

《象》曰:六五之吉,有庆也。

【译解】《象传》说:丰卦的第五爻位(六五)的吉祥,必定会有喜庆。

上六,丰其屋,蔀其家,窥其户,阒其无人,三岁不觌,凶。

【译解】上六,房屋高大,蒙蔽居室,窥视窗户,寂静而无人,三年之久仍不见人,自闭孤立,定有凶险。

《象》曰:"丰其屋",天际翔也;"窥其户,阒其无人",自藏也。

【译解】《象传》说:"高大的房屋",好似在天际飞翔;"窥视窗户,寂静而无人",是说深深隐藏踪迹。

【智慧解析】

丰卦是雷火丰,喻日中则斜,属上上卦。本卦是异卦(下离上震)相叠,电闪雷鸣,成就巨大,喻达到顶峰,如日中天。此卦告诫我们,务必注意事物朝相反方向发展。治乱相因,盛衰无常,不可不警惕。

卦象显示:整个天地、整个自然界,都处在盈虚盛衰的不断变化中,所有的变化都是以时为进退,时间决定变化的性质,时间是变化的基本条件。就是说,人要主动掌握这个自然规律造福社会和自己。

乾隆是清朝中期很有声望和政绩的一位皇帝,他在政治上采用了"宽猛相济"的政策。在当政后十余年内,由于他"敬事慎谋",社会经济得以稳固发展,府库充盈,万民欢跃,颂声如雷,成为康乾盛世的顶峰。但乾隆在晚年怠倦政事,骄奢日盛,加上宠信贪官和珅,政治开始走向腐败,成为清代由盛至衰的转折点。面对这"日之将夕"的封建末世,为了巩固清朝政权,乾隆对异端邪说进行了空前规模的围剿。

他借编撰《四库全书》为由,剪除异端思想,对数以万计被清廷认为是"词义抵触"和"违碍"的书籍进行了删改、禁毁。乾隆还大兴文字狱,使中国文化遭受了一场历史上罕见的劫难,进步思想受到了钳制。

《周易》认为,万物盛极而衰,而人有时是因自大而倒。所以,谦虚自省,丰不忘俭,居安思危,才能持盈保泰,长久治安。

56. 旅卦:行旅之道,安定于正

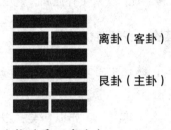

旅卦(艮下离上)

旅:小亨,旅贞吉。

【译解】旅卦象征旅行:小心谦顺可以亨通,旅行虽是小事,但能坚守正道必然吉祥。

《彖》曰:旅,小亨,柔得中乎外而顺乎刚,止而丽乎明,是以小亨,旅贞吉也。旅之时义大矣哉。

【译解】《彖辞》说:行旅,可以小获亨通,谦柔之人在外居位适中而且能够顺从阳刚者的意愿,安静守正而又依附于光明,所以说小获亨通,且行旅能坚守正道,必获吉祥。行旅时的意义是多么重大啊。

《象》曰:山上有火,旅;君子以明慎用刑,而不留狱。

【译解】《象传》说:旅卦的卦象是艮(山)下离(火)上,为火势匆匆蔓延之表象，象征行旅之人匆匆赶路；君子观此应谨慎使用刑罚，明断决狱。

初六，旅琐琐，斯其所取灾。

【译解】初六，旅行之始猥琐不堪，这是自己招来的灾祸。
《象》曰："旅琐琐"，志穷灾也。
【译解】《象传》说："旅行之始猥琐不堪"，是意志穷迫造成的灾祸。

六二，旅即次，怀其资，得童仆，贞。

【译解】六二，旅客住在旅舍，携带钱财，有童仆照顾，能坚守正道。
《象》曰："得童仆，贞"，终无尤也。
【译解】《象传》说："有童仆照顾，能坚守正道"，故不会有过失。

九三，旅焚其次，丧其童仆；贞厉。

【译解】九三，旅途中房舍失火，从而丧失了照顾自己的童仆，失去正道，会出现危险。
《象》曰："旅焚其次"，亦以伤矣；以旅与下，其义丧也。
【译解】《象传》说："旅途中房舍失火"，已经受到损伤；把童仆视为路人，童仆舍其而去，是必然的、合乎道理的。

九四，旅于处，得其资斧，我心不快。

【译解】九四，身处异乡暂为栖身，不能安居，虽然得到路费，但我的心情仍然不愉快。
《象》曰："旅于处"，未得位也；"得其资斧"，心未快也。
【译解】《象传》说："身处异乡暂为栖身，不能安居"，因为毕竟未得到长久安身的地方；"虽然得到路费"，但仍然客居他乡，故此时心中仍不畅快。

六五，射雉，一矢亡；终以誉命。

【译解】六五，用箭射野鸡，丧失一支箭；但最终获得荣誉和爵命。

《象》曰："终以誉命",上逮也。

【译解】《象传》说："最终获得荣誉和爵命",是由于能亲近居高位的尊者。

上九,鸟焚其巢,旅人先笑,后号咷;丧牛于易,凶。

【译解】上九,鸟巢失火被烧掉,行旅之人得高位先喜悦欢笑,后因遭祸事而号啕痛哭;牧人在牧场丢失了牛,这都预示有凶险。

《象》曰:以旅在上,其义焚也;丧牛于易,终莫之闻也。

【译解】《象传》说:作为旅客却在异乡身居高位,这样必然要遭到焚巢之灾;牧人在牧场丢失了牛,这个可悲的结局是不可挽回的。

【智慧解析】

旅卦是火山旅,喻依义顺时而安定,属下下卦。本卦是异卦(下艮上离)相叠。此卦与丰卦相反,互为"综卦"。山中燃火,烧而不止,火势不停地向前蔓延,如同途中行人,急于赶路,因而称旅卦。

卦象显示:止而立乎明,则能寄寓守正,不致邪暗,故可以小亨。天下事都当随时各适其宜,如果把握得好,人可以因"旅"而兴,反之,可以因"旅"而亡。

《周易》中有两个例子,告诫人们:在不安定的旅途中,如果稍有傲慢,童仆可能逃走,投宿的旅馆也可能被别人一把火烧了,那时就走投无路了。

如果旅途中有足够的资费,不必求助于别人。但你还是一个颠簸的人,人家可以乘你不安定之机,用重金收买你。因此,明德守正方为吉。孟子在齐国,齐王就以爵禄万钟,劝他留下,又赠给他黄金百镒,但孟子都不接受。孟子之德誉天下。

君子以德行天下,依义顺时而安定。

羊祜是晋朝南城人,字叔子,祖先世代为官,到羊祜为第九世,历代都以清廉德行闻称于世。

晋当时已决定攻灭孙吴,命羊祜都督荆州,镇守南州襄阳。羊祜以德怀柔远近,深得江汉民心。部属将帅中有人提议用欺诈计策取胜吴国,羊祜便以醇酒将他灌醉,使他不能在会议上陈说。羊祜在军中常穿便服,身不披甲胄。与吴将陆抗两军对峙时,羊祜更加勤修德政,对吴人诚实守信,广招吴人归附,来降者想要离去,悉皆听便。有一次羊祜行军吴国境地,割稻谷充军粮,命计算价值,送绢布偿还所欠。

吴将陆抗曾经害病,羊祜赠他医药。陆抗毫无疑心,把药服下,左右劝谏不可服。陆抗说:"世间哪会有毒人的羊叔子呢?"陆抗常对部属说:"羊祜专修仁德,我乃专行暴力,这样下去,不用兵战,人心自然都会归服对方了。"

羊祜五十八岁去世,南州人听说羊祜去世,莫不哀号痛哭,停止营业,街头巷尾哭声相接,孙吴守边将士也为之哭泣。羊祜一生仁德感召人心,竟有如此深厚。襄阳百姓在襄阳县南岘山为他立石碑,逢年过节祭祀不断,来往人士望见石碑,莫不思慕流泪,因此名叫堕泪碑。

《周易》认为,盛大到了极点,必然又会失去安定。生活不安定,思想不安定,周围就缺少关照之人,心里一定很悲戚。这个时候,情绪容易激动。因此要坚守正道,千万不要琐碎小气;如斤斤计较于小事,必有灾难。明德守正,谦虚对人,反而能转危为安。

57. 巽卦：谦虚柔顺，以屈求伸

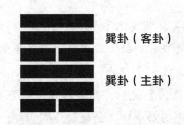

巽卦（巽下巽上）

巽：小亨，利有攸往，利见大人。

【译解】巽卦象征顺从：谦虚柔顺，小心从事可以达到亨通，这样才能利于前去行事，利于出现有道德并居于高位的人物。

《彖》曰：重巽以申命，刚巽乎中正而志行，柔皆顺乎刚，是以小亨，利有攸往，利见大人。

【译解】《彖辞》说：上下逊顺宜于尊者申谕命令，阳刚尊者以其中正美德被众人顺从而其意志得以推行，阴柔者都逊顺于阳刚，所以卦辞说小有亨通，利于前去行事，利于出现大人。

《象》曰：随风，巽；君子以申命行事。

【译解】《象传》说：巽卦的卦象是巽（风）下巽（风）上，为风行起来无所不入之表象，由此表示顺从。具有贤良公正美德的君主应当仿效风行而令物无不顺的样子，下达命令，施行统治。

初六，进退，利武人之贞。

【译解】初六，过度谦卑，缺乏信心，进退迟疑，利于勇武之人坚守中正之道。

《象》曰:"进退",志疑也;"利武人之贞",志治也。

【译解】《象传》说:"过度谦卑,缺乏信心,进退迟疑",是指意志懦弱犹豫;"利于勇武之人坚守中道",是勉励其修治,以树立坚强的意志。

九二,巽在床下,用史、巫纷若,吉,无咎。

【译解】九二,过度谦卑而屈居于床下,如果能像祝史、巫觋那样用崇敬谦恭的态度事神,将十分吉祥,一定不会有什么祸患。

《象》曰:"纷若"之吉,得中也。

【译解】《象传》说:"用崇敬谦恭的态度去神事"将十分吉祥,这是因为九二爻能够居中守正的缘故。

九三,频巽,吝。

【译解】朝令夕改,使人无所适从,会有祸患。

《象》曰:"频巽"之吝,志穷也。

【译解】《象传》说:"朝令夕改,使人无所适从",会有祸患,是因为当政者缺乏远大的志向。

六四,悔亡,田获三品。

【译解】六四,悔恨消失,田猎时会得到多种收获。

《象》曰:"田获三品",有功也。

【译解】《象传》说:"田猎时会得到多种收获",是因为能恪守"顺从"之道,所以才有所建树。

九五,贞吉,悔亡,无不利;无初有终;先庚三日,后庚三日,吉。

【译解】九五,坚守中道,可以得到吉祥,悔恨会消失,做任何事情没有不顺利的;开始时也许不会太顺利,但最后一定会通达。比如颁行新的法令、政令,可以在象征变更的"庚"日前三天发布,在"庚"日后三天再开始施行这些命令,才能使命令深入人心,从而使上下皆顺从，由此获得好的效果。

《象》曰：九五之吉，位中正也。

【译解】《象传》说：巽卦的第五爻位（九五）之所以吉祥，是因为它居中端正，守持中道，慎始慎终。

上九，巽在床下，丧其资斧，贞凶。

【译解】上九，谦卑恭顺到了极点而屈于床下，丧失了赖以谋生的资本，丧失了刚硬的本性，结果是凶险的。

《象》曰："巽在床下"，上穷也；"丧其资斧"，正乎凶也。

【译解】《象传》说："谦卑恭顺到了极点而屈居于床下"，处于穷极末路，无法前进，"丧失了赖以谋生的资本"，失去了生活能力，结果必然是凶险的。

【智慧解析】

巽义为顺，喻谦逊受益，属中上卦。本卦是同卦（下巽上巽）相叠，巽为风，两风相重，长风不绝，无孔不入。

巽卦，也可以说是军旅之卦，或者说是前一旅卦的后续和补充。但它不像师卦、丰卦、旅卦那样去直接陈述战争，而是在论述一些战争前后和远离战场之后的朝廷幕后的一些活动。也即是讨论如何进行战争和战后的庆捷活动，以及如何对待朝中将帅的谗言问题。

卦象显示：风吹万物，无处不入，人君也应当像风那样详细地体察民情物理，然后告知民众，如风之吹。对于"君子"来说，就是要先告诫再行事，说到做到，雷厉风行，并且要懂得谦虚柔顺，以屈求伸。

武德九年，年仅二十九岁的李世民通过玄武门之变，登上了大唐皇位，年号"贞观"，史称唐太宗。他即位不久，北方强大草原民族首领颉利便统率二十万铁骑兵临长安城下，大唐江山顿时处于风雨飘摇之中。李世民审时度势，决定以屈求伸，以退为进，与对手签订城下之盟，为朝廷赢得了增强实力、伺机反攻的宝贵时间。经过数年卧薪尝胆，厉兵秣马，李世民最终击败了强大的对手颉利，一雪前耻，实现了大唐一统。战争胜利后，李世民趁热打铁，大力推行"夷汉一家"的民族和解政策,缓解长期形成的民族矛盾,开创了中华民族大融合的新篇章,使草原各民族倾心归附,共同尊奉李世民为"天可汗"。

国家承平后,李世民以隋亡为鉴,推行开明的治国方略,选择了"抚民以静""偃武修文"的和平发展道路,坚定不移地把理政的重点放在发展农桑、安定民生之上,省官并职,整肃贪渎,虚心纳谏,健全法制,擢拔人才,繁荣文化,造就了"道不拾遗,夜不闭户"的良好社会风尚,使新生的唐王朝走上了一条快速发展的道路,大唐因此而成为一个四方来贺、八方来朝的强盛国家。

本卦中的"巽",不是谦卑柔弱,而是一种求伸的策略。所以,《周易》告诫说,屈居于床下,就等于将自己逼上穷途末路,无法前进;丧失了谋生的资本,失去了生活的能力,结果必然是凶险的。

58. 兑卦:悦人悦己,相互诫勉

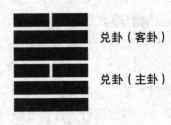

兑卦(兑下兑上)

兑:亨,利贞。

【译解】兑卦象征喜悦:亨通畅达,利于坚守中正之道。

《彖》曰:兑,说也。刚中而柔外,说以利贞,是以顺乎天而应乎人。说以先民，民忘其劳；说以犯难，民忘其死。说之大，民劝矣哉！

【译解】《彖辞》说：兑，就是悦的意思。阳刚居中而柔和处外，足以使人和悦相处并利于守持正道，因此真正的喜悦，上顺于天理之正，而下应于人心之公。君王大人以与民众和悦相处的精神来导引民众前进，那么即使劳苦之事，民众也能任劳任怨而忘其苦；以与民众和悦相处的精神来导引民众奔赴国难，那么即使有牺牲生命的危险，民众也能不避艰险视死如归。和悦的意义是多么宏大，可以使民众自我勉励啊！

《象》曰：丽泽，兑；君子以朋友讲习。

【译解】《象传》说：兑卦的卦象是兑（泽）下兑（泽）上，为两个泽水并连之表象。泽水相互流通滋润，彼此受益，因而又象征喜悦；君子应当效法这一精神，乐于和志同道合的朋友一道研讨学业，讲习道义，这是人生最大的乐趣。

初九，和兑，吉。

【译解】初九，能以平和喜悦的态度待人，获得吉祥。

《象》曰："和兑"之吉，行未疑也。

【译解】《象传》说："用平和喜悦的态度待人，获得吉祥"，是因为行为诚信端正，不被人猜疑。

九二，孚兑，吉，悔亡。

【译解】九二，心中诚信与人和悦，故而得到吉祥；悔恨可以消失。

《象》曰："孚兑"之吉，信志也。

【译解】《象传》说："心中诚信与人和悦，故而得到吉祥"，说明心志诚信、笃实，能获得好的结果。

六三，来兑，凶。

【译解】六三，特意去寻求欣悦，有凶险。

《象》曰："来兑"之凶，位不当也。

【译解】《象传》说："特意去寻求欣悦，有凶险"，是因为居位不中不正的缘故。

九四，商兑，未宁，介疾有喜。

【译解】九四，刚居柔位，对喜悦能保持一定的警惕，有所思量，心绪不宁，须排除凶险疾恶才会有喜庆的结果。

《象》曰：九四之喜，有庆也。

【译解】《象传》说：兑卦的第四爻位（九四）能拒绝诱惑，毅然守正，因此出现好的兆头，值得庆贺。

九五，孚于剥，有厉。

【译解】九五，诚心相信小人的巧言令色，必有危险。

《象》曰："孚于剥"，位正当也！

【译解】《象传》说："诚心相信小人的巧言令色必有危险"，只可惜它所居的正当之位了。

上六，引兑。

【译解】上六，引诱别人一同欢悦。

《象》曰：上六"引兑"，未光也。

【译解】《象传》说：兑卦的第六爻位（上六）"引诱别人一同欢悦"，不是光明正大的品行，而是偏离正德，这种所谓的欢悦将导致凶险。

【智慧解析】

兑卦是兑为泽，喻刚内柔外，属上上卦。本卦是同卦（下泽上泽）相叠。泽为水，两泽相连，两水交流，上下相和，团结一致，朋友相助，欢欣喜悦。兑也为悦。君子秉刚健之德，外抱柔和之姿，坚行正道，引导人民向上。

卦象显示：刚中诚信而顺乎天理，柔外和顺则应乎人心。当政者在行"悦"之"道"时，只需考虑如何顺乎天而应乎人，不要一心去想怎样使天下人拥护自己。只要民悦在先，则民可以自劝，为国家（社会）甘愿效力。"君子"因此要与志同道合者聚会切磋学问，相互劝勉。正所谓："有朋自远方来，不亦乐乎？"

在《周易》中，可以说兑卦才是谈论喜悦的卦，也是《周易》中唯一谈论喜悦的卦。

所谓"刚内柔外",就是内方外圆的处世之道。内方指做人内心原则坚定,外圆说的是待人圆通的技巧。

诸葛亮"挥泪斩马谡"是一个很经典的故事。"斩马谡"是为了严肃军纪,"挥泪"则是对马谡怜惜不舍的情感,因为"挥泪",使得"斩马谡"有了浓浓的人情味。诸葛亮此举既严肃了军纪,起到了杀一儆百的作用,又获得了众将领的理解,避免了上层之间和上下层之间可能发生的摩擦与内耗。

邓小平也是内方外圆的典范人物。在处理香港问题上,邓小平提出了各方面都能接受的"一国两制"方针,表现了高度的灵活性,为香港回归奠定了基础。但在香港驻军问题上,邓小平绝不放弃原则,香港是中国领土,驻军是绝不容商量的。应当说,邓小平把外圆和内方发挥到了极致。

与周围的人相处得"圆润"、和谐,能使人道德高尚而又获得良好的人际关系和众多的朋友,怎不可悦,何乐不为?

59. 涣卦:拯济涣散,行事端正

涣卦(坎下巽上)

涣:亨,王假有庙,利涉大川,利贞。

【译解】涣卦象征涣散:顺畅亨通,贤明

的君主去祠庙祭祀神灵以祈求保佑,利于渡过大川河流,利于坚守中正之道。

《彖》曰:涣亨,刚来而不穷,柔得位乎外而上同。王假有庙,王乃在中也。利涉大川,乘木有功也。

【译解】《彖辞》说:涣散而至亨通,是由于阳刚者前来居阴柔之中而不穷困,阴柔者获得正位于外而与在上的阳刚同德。君王以美德感格神灵而保有庙祭,说明君王居处正中而能凝聚人心。利于涉越大河巨川,说明乘着木舟合力涉险必获成功。

《象》曰:风行水上,"涣";先王以享于帝立庙。

【译解】《象传》说:涣卦的卦象是坎(水)下巽(风)上,为风行水上之表象,象征涣散、离散;先代君王为了收合归拢人心便祭祀天帝,修建庙宇。

初六,用拯马壮,吉。

【译解】初六,借助健壮的好马来弥补力量的不足,可以获得吉祥。

《象》曰:初六之吉,顺也。

【译解】《象传》说:兑卦的第一爻位(初六)之所以是吉祥的,是由于它能顺承阳刚的缘故。

九二,涣奔其机,悔亡。

【译解】九二,涣散之时,要迅速脱离险境,转移到安全的地方,悔恨便会消失。

《象》曰:"涣奔其机",得愿也。

【译解】《象传》说:"涣散之时,要迅速脱离险境,转移到安全的地方",脱离了危险,消失了悔恨,实现了自己的愿望。

六三,涣其躬,无悔。

【译解】六三,宁愿自身受到损失,因此没有什么悔恨。

《象》曰："涣其躬"，志在外也。

【译解】《象传》说："宁愿自身受到损失"，表明志向在外。

六四，涣其群，元吉；涣有丘，匪夷所思。

【译解】六四，尽散朋党，因而有大的吉祥；同时，它又能化解小群而聚成山丘一般大的群体，这不是常人所能想到的。

《象》曰："涣其群，元吉"，光大也。

【译解】《象传》说："尽散朋党，因而有大的吉祥"，表明无自私自利之心，品行光明正大。

九五，涣汗其大号，涣王居，无咎。

【译解】九五，像挥发身上的汗水一样发布重大的命令，同时亦能疏散君王的积蓄用以聚拢民心，这样做一定不会有什么祸患。

《象》曰："王居，无咎"，正位也。

【译解】《象传》说："疏散君王的积蓄以聚拢民心，这样做一定不会有什么祸患"，是因为九五爻居于正位，行事端正。

上九，涣其血，去逖出，无咎。

【译解】上九，摆脱伤害，远远地避开它，不再接近它，不会有什么祸患。

《象》曰："涣其血"，远害也。

【译解】《象传》说："摆脱伤害"，这就是避祸之道。

【智慧解析】

涣卦是风水涣，喻拯救涣散，属下下卦。本卦是异卦（下坎上巽）相叠。卦象显示：风在水上行，推波助澜，四方流溢。涣，水流流散之意，象征组织和人心涣散，必用积极的手段和方法克服，战胜弊端，挽救涣散，转危为安。

因此，"君子"要善于假舟以远行，以虔诚尊重和善于继承祖先优秀先例、树立榜样来聚合人心而成就大业。在社会关系中，人心舒畅则社会必和谐融洽。拯济涣散，使行事端正。

苏武是汉朝人。当时中原地区的汉朝和西北少数民族政权匈奴的关系时好时坏。公元前100年，匈奴新单于即位，汉武帝为了表示友好，派遣苏武率领一百多人，带了许多财物，出使匈奴。就在苏武完成出使任务，准备返回时，匈奴上层发生了内乱，苏武一行受到牵连，被扣留下来，并被要求臣服单于。

最初，单于派人向苏武游说，许以丰厚的俸禄和高官，遭苏武严词拒绝。匈奴见劝说无用，就决定使用酷刑。当时正值严冬，天上下着鹅毛大雪。单于命人把苏武关入一个露天的大地窖，断绝食物和水，企图以此改变苏武的信念。时间一天天地过去，苏武在地窖里受尽折磨，渴了就吃一把雪，饿了就嚼身上穿的羊皮袄。过了好几天，单于见濒临死亡的苏武仍然没有屈服的表示，只好把苏武流放到人迹罕至的贝加尔湖边。

在那里，单凭个人能力是无论如何也逃不掉的。唯一与苏武做伴的，是那根代表汉朝权威的使节棒和一小群羊。苏武每天拿着这根使节棒放羊，心想总有一天能够拿着它回到自己的国家。如此日复一日，年复一年，使节棒上面的装饰都掉光了，苏武的头发和胡须也都变白了。

苏武在贝加尔湖牧羊十九年后，匈奴又有了新单于，并执行与汉朝和好的政策，汉朝立即派使臣把苏武接了回来。

苏武在汉朝京城受到了热烈欢迎，从朝廷官员到平民百姓，都向这位富有民族气节的英雄表达敬意。

本卦中的"涣"其实还有"涣涣然"之义，谈的是如何发展壮大自己（内心坚定）。其中谈如何用"拯马"来补救自己，如何不失时机的"涣奔其机"，以及如何"涣其躬""涣其群""涣汗其大号""涣王居"诸问题。从某种意义上讲，涣卦与丰卦没有多大区别，也即皆言盛大无比之状；区别在于，丰卦着重于用武力侵伐吞并其他邻国，而涣卦探讨的是如何壮大强盛自己，即无自私自利之心，品行光明正大，行事端正，聚拢民心。

60. 节卦：节制之道，不逾规范

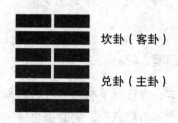

坎卦（客卦）

兑卦（主卦）

节卦（兑下坎上）

节：亨，苦节不可，贞。

【译解】节卦象征节制：节制可致亨通，但过分的节制也是不可以的，应当持正、适中。

《彖》曰：节亨，刚柔分而刚得中。苦节不可贞，其道穷也。说以行险，当位以节，中正以通。天地节而四时成；节以制度，不伤财，不害民。

【译解】《彖辞》说：节制或致亨通，这是因为阳刚与阴柔上下明白相分而阳刚又得中的缘故。但是不能过分节制，而应该守持正固，如果不这样的话，必然会导致节制之道走入穷困。物情欣悦就会勇于赴险，处位妥当就能自觉进行节制，居中守正而行事必将畅通无阻。天地自然正是因为有所节制，一年四季才得以形成；圣贤明主以典章制度为节制，就不会浪费资财和残害百姓。

《象》曰：泽上有水，节；君子以制数度，议德行。

【译解】《象传》说：泽卦的卦象是兑（泽）下坎（水）上，为泽上有水之表象，象征以堤防来节制。水在泽中，一旦满了就溢出来，而堤防本身就是用来节制水的盈虚的。君子应当效法节卦的义理，制定典章制度和必要的礼仪法度来作为行事的准则，以此节制人们的行为。

初九，不出户庭，无咎。

【译解】初九，不迈出庭院，没有危害。

《象》曰："不出户庭"，知通塞也。

【译解】《象传》说："不迈出庭院"，说明知晓通则当行，阻则当止的道理。

九二，不出门庭，凶。

【译解】九二，因过分节制而不跨出门庭，会有凶险。

《象》曰："不出门庭"，失时极也。

【译解】《象传》说："因过分节制而不跨出门庭"，因此失去了适中、妥当的时机。

六三，不节若，则嗟若，无咎。

【译解】六三，虽不能节制，但能发自内心自悔，则没有祸患。

《象》曰：不节之嗟，又谁咎也！

【译解】《象传》说：虽然不能节制，但能发自内心自悔，这样的话，又有谁能给它造成祸患呢？

六四，安节，亨。

【译解】六四，能安然实行节制，故而亨通。

《象》曰："安节"之亨，承上道也。

【译解】《象传》说："能安然实行节制"，故而亨通，说明谨守柔顺尊上之道。

九五，甘节，吉，往有尚。

【译解】九五，能适度节制从而让人感到美而适中，是吉祥的；前行一定会受到褒奖。

《象》曰:"甘节"之吉,位居中也。

【译解】《象传》说:"能适度节制从而让人感到美而适中",是吉祥的,这是由于居位中正的缘故。

上六,苦节,贞凶,悔亡。

【译解】上六,因节制过分,则会感到苦涩,而且会发生凶险,如果能对过分节制感到懊悔,则凶险有可能消失。

《象》曰:"苦节,贞凶",其道穷也。

【译解】《象传》说:"因节制过分,则会感到苦涩,而且会发生凶险",因为过分节制必然导致穷途末路。

【智慧解析】

节卦是水泽节,喻万物有节,是上上卦。本卦是异卦(下兑上坎)相叠。兑为泽,坎为水,泽有水而流有限,多必溢于泽外,因此要有节度,故称节。节卦与涣卦相反,互为综卦,交相使用。天地有节度才能常新,国家有节度才能安稳,个人有节度才能品性完美。节卦是谈节制自己行动的卦。

卦象显示:"节"贵乎中,如能处中,则亨。反之,就是无"节"或苦"节",就是失度之"节",都是有害的。"君子"因此要定制度,以德行是否适度而用人,使人尽其才、物尽其用,这就是适度之"节",可以遍行天下。

春秋时期,虚心纳谏的齐景公嗜酒如命,可以连喝三天三夜不停止。有一回,他兴致很高,竟喝得酩酊大醉,过了七天才清醒下床。

大臣晏子晋见景公时,问候道:"君王饮酒过量,身体不适吗?"

景公回答:"是的。"

晏子因而劝谏说:"古时饮酒,只要能达到宾主互通友好,聊以联络感情就够了。因此,男的不群聚宴饮以妨害农事,女的不群聚燕乐以妨害女红。若男女聚会宴饮,也是遵守着往来之间酒不过五巡的礼节,若有超过,就会受到责罚。可如今为君者在上如离德悖行,为民者便不重视赏罚。德行既不足观,赏罚又失去作用,事若至此,就丧失了立国的原则。但愿我君能节制不良嗜好，身服礼义，以德化民才是啊！"

听了晏子的劝说，景公也知道饮酒应适度，可还是心中不悦，只是没有立即发作。

大臣弦章又上谏说："君王已经连喝三天三夜了，请您以国事为重，赶快戒酒，否则就请先赐死我好了。"

之后，晏子又参见齐景公，齐景公向他诉苦道："弦章劝我戒酒，要不然就赐死他。我如果听他的话，以后恐怕就得不到喝酒的乐趣了；若不听的话，他又不想活，这可怎么办才好？"

晏子听了便说："弦章遇到您这样宽厚的国君，真是幸运啊！如果遇到夏桀、殷纣王，不是早就没命了吗？"

齐景公听了，果真戒酒了。

晏子这次劝诫别出心裁，既没有纵容君王喝酒，也没有直接阻止君王喝酒，只是以古时昏君加以比照，使齐景公引以为鉴，并从此戒掉陋习。

确实，吃喝玩乐是人人都喜爱的，但是应该有所节制，要懂得适可而止。我们自己固然不能逾越分寸，看到别人如此，也应该想办法加以劝阻，不要因为害怕得罪人就什么都不说。齐景公知过能改，肯虚心接受他人的劝告，这种宽大的度量同样值得我们学习。

只有懂得节制，才可能作出正确的选择。俗话说，小不忍则乱大谋，我们必须学会约束自己，时时审视自己，不要让一些坏习惯影响了自己的人生。

从君王到百姓，每个人都需要慎重地经营人生，不能潦草写就，也不能贪婪无度。如此，人生才会正道始，而以正道终。

61. 中孚卦：诚信之德，兴国安邦

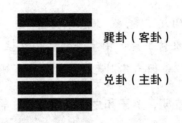

巽卦（客卦）

兑卦（主卦）

中孚卦（兑下巽上）

中孚：豚鱼吉，利涉大川，利贞。

【译解】中孚卦象征诚信：诚信施及到愚钝无知的小猪小鱼身上，从而感化了它们，因此获得吉祥，利于涉越大河大川，利于坚守中正之道。

《彖》曰：中孚，柔在内而刚得中，说而巽，孚乃化邦也。豚鱼吉，信及豚鱼也。利涉大川，乘木舟虚也。中孚以利贞，乃应乎天也。

【译解】《彖辞》说：内心诚信，柔顺处内能够谦虚至诚，刚健居外又能够内心诚实有信，从而下者欣悦，上者和顺，如此诚信之德就能够惠化邦国。诚信到能够感动小猪小鱼，因此可以获得吉祥，这就是说诚信之德已惠及小猪小鱼等世间万事万物。利于涉越大河大川，是因为此时能像乘驾木舟渡河那样方便可行，畅通无阻。内心诚信而又有利于守持正固，是因为应合了天的刚正之德。

《象》曰：泽上有风，中孚；君子以议狱缓死。

【译解】《象传》说：中孚卦的卦象是兑（泽）下巽（风）上，为

泽上有风，风吹动着泽水之表象，比喻没有诚信之德施及不到的地方，说明极为诚信。君子应当效法"中孚"之象，广施信德，慎重地议论刑法讼狱，宽缓死刑。

初九，虞吉，有它不燕。

【译解】初九，能安守诚信，可以获得吉祥，如果另有他求的话就会得不到安宁。

《象》曰：初九"虞吉"，志未变也。

【译解】《象传》说：中孚卦的第一爻位（初九）"能安守诚信，可以获得吉祥"，是因为其别无他求的志向没有改变。

九二，鸣鹤在阴，其子和之；我有好爵，吾与尔靡之。

【译解】鹤在山的北面鸣叫，它的那些同类一声声地应和着它；我有醇香的酒浆，愿与你一同畅饮。

《象》曰："其子和之"，中心愿也。

【译解】《象传》说："它的那些同类一声声地应和着它"，说明它们表露出了内心的意愿。

六三，得敌，或鼓或罢，或泣或歌。

【译解】六三，面临强劲的敌人，或者敲起战鼓发动进攻，或者兵疲将乏而致败退，或因为惧怕敌人的反击而哭泣，或由于敌人不加侵害而高兴地歌唱。

《象》曰："或鼓或罢"，位不当也。

【译解】《象传》说："或者敲起战鼓发动进攻，或者兵疲将乏而致败退"，均是因为六三爻居位不正的缘故。

六四，月几望，马匹亡，无咎。

【译解】六四，月亮将圆而未盈，好马失掉了匹配，不会有什么祸害。

《象》曰："马匹亡"，绝类上也。

【译解】《象传》说："好马失掉了匹配"，是指六四爻诚信专一，断绝与同类之间的交往，而专心侍奉君主。

九五，有孚挛如，无咎。

【译解】九五，具有诚信之德并以此牵系天下人心，天下的人也以诚信相应和，所以没有祸患。

《象》曰："有孚挛如"，位正当也。

【译解】《象传》说："具有诚信之德并以其牵系天下人心"，是指居位中正适当，说明中心诚信这种教化作用可以施及整个邦国。

上九，翰音登于天，贞凶。

【译解】上九，鸟高飞着，鸣叫声响彻天空，有可能出现凶险。

《象》曰："翰音登于天"，何可长也！

【译解】《象传》说："鸟高飞着，鸣叫声响彻天空"，这种声音虚而不实，声高于情，怎么可能长久保持呢？

【智慧解析】

中孚卦是风泽中孚，喻诚信立身，属下下卦。本卦是异卦（下兑上巽）相叠。孚本义孵，孵卵出壳的日期非常准确，有信的意义。卦形外实内虚，喻心中诚信，所以称中孚卦。此卦是讲立身处世的根本。

卦象显示：人心中不虚则有所牵累，有所牵累就不能信。心中不实则无所主，无所主则失其信。在上的能以诚顺巽于下，在下的以有孚悦从其上，这样的教化作用能够施及于整个邦国。以"中孚"涉险，如乘舟渡河，方便安全，诚信之德，足以兴国安邦。

三国时，诸葛亮出兵祁山，第四次攻魏，魏国发精兵三十万，迎战蜀军。紧要关头，蜀军中有八万人服役期满，正整装待返故乡。众将领为此感到忧虑，这些整装待归的士兵也在忧虑。蜀将领向诸葛亮进言，把这八万士兵留下，等打完这一仗再走。诸葛亮却断然拒绝，下令各部催促兵士登程。此令一下，准备还乡的士兵开始感到意外，接着欣喜异常，感激得涕泪交流。随后，一个让人感动的场面出现了：八万老兵纷纷报名要求留下参加战斗，在役的各队士兵也受到极大的鼓舞，士气格外高昂，结果使气势汹汹的魏军惨败而归。

从上述故事我们可以看到诸葛亮作为政治家、军事家的伟大气魄和深远政治见识。蜀军的胜利便是得益于他的守信重诺。古语说，士为知己者死。信守承诺，可以给对方巨大的精神抚慰和强大的心理镇定力量。

设想，如果诸葛亮反悔，不承认已许下的诺言，蜀兵必产生逆反心理，临阵脱逃甚至阵前倒戈都有可能发生，那样局面将更加难以控制。

古人对诚信很看重，认为一个人有诚信，做事才会成功。

从利益的角度来看，"践诚者成，毁诺者毁"，是一条颠扑不破的真理。从义的角度来看，守信之德，有着巨大的人格魅力。因为在很多情况下，尤其是在巨大的利益诱惑下，坚守一种操守，需要持之以恒的耐力和超乎常人的毅力。正是因为这种操守的坚持，才使得古往今来许许多多的风云人物成就不世之功。

62. 小过卦：小有过越，心存戒惕

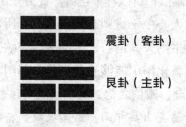

小过卦（艮下震上）

小过：亨，利贞；可小事，不可大事，飞鸟遗之音，不宜上，宜下，大吉。

【译解】小过卦象征略为过分：小过之时，可致亨通，但应以正为本，故而利于坚守中正之道；可以去干一些小事，但不可去涉足一些大事；飞鸟悲鸣之时，不应该向上强飞，而应该向下栖息，如此，大为吉祥。

《彖》曰：小过，小者过而亨也。过以利贞，与时行也。柔得中，是以小事吉也。刚失位而不中，是以不可大事也。有飞鸟之象焉；飞鸟遗之音，不宜上，宜下。大吉，上逆而下顺也。

【译解】《彖辞》说：小有过越，说明在日常些微柔小之事上有所过越，可以获得亨通。有所过越，利于守持正固，说明应该配合适当的时候来实行小过之道。阴柔处中不偏不倚，因此小过施行于平常柔小些微之事可以获得吉祥。阳刚失其正位而又不能居中，所以小过不能用以践履天下刚大之事。卦中有飞鸟的喻象，飞鸟发出了悲哀的叫声，不宜向上强飞而宜向下栖安，这样会大为吉祥，说明向上行大志则易违逆，而向下施行小事则会安顺。

《象》曰：山上有雷，小过；君子以行过乎恭，丧过乎哀，用过乎俭。

【译解】《象传》说：小过卦的卦象是艮（山）下震（雷）上，为山上响雷之表象，雷声超过了寻常的雷鸣，以此比喻"小有过越"；君子应效法"小过"之象，在一些寻常小事上能略有过分，如行止时过分恭敬，遇到丧事时过分悲哀，日常用度过分节俭。

初六，飞鸟以凶。

【译解】初六，飞鸟向上强飞将会出现凶险。

《象》曰："飞鸟以凶"，不可如何也。

【译解】《象传》说："飞鸟向上强飞将会出现凶险"，是咎由自取，无可奈何。

六二，过其祖，遇其妣；不及其君，遇其臣，无咎。

【译解】六二，超过祖父，遇到祖母；但不能擅自越过君位，君臣遇合，一定没有祸患。

《象》曰："不及其君"，臣不可过也。

【译解】《象传》说:"不能擅自越过君位",因为作为臣子是不能超越至尊的。

九三,弗过防之,从或戕之,凶。

【译解】九三,自恃强盛而不愿过分防备,将要为人所害,故有凶险。

《象》曰:"从或戕之",凶如何也!

【译解】《象传》说:"将要为人所害",说明面临的危险是多么的严重啊!

九四,无咎,弗过遇之;往厉必戒,勿用,永贞。

【译解】九四,没有祸患,不过分恃强恃刚就能遇到阴柔;但是主动迎合阴柔会有凶险,务必心存戒惕,施展才华,不能锋芒毕露,要永远守中正之道。

《象》曰:"弗过遇之",位不当也;"往厉必戒",终不可长也。

【译解】《象传》说:"不过分恃强恃刚就能遇到阴柔",因为九四爻以刚居柔位,位置不正;"主动迎合阴柔会有凶险,务必心存戒惕",是说若主动迎合阴柔,最终将不可能长久无害。

六五,密云不雨,自我西郊;公弋取彼在穴。

【译解】六五,天空乌云密布而不下雨,这些乌云是从城的西边飘过来的;王公们用细绳系在箭上射取那些藏在穴中的野兽。

《象》曰:密云不雨,已上也。

【译解】《象传》说:"天空乌云密布而不下雨",是因为阴气超过了阳气,阴阳不合,故而不能化雨。

上六,弗遇过之;飞鸟离之,凶,是谓灾眚。

【译解】上六,不能遇合阳刚却超越了阳刚,无安栖之所的飞鸟遭受射杀之祸,故而凶险,这就叫灾殃祸患。

《象》曰:"弗遇过之",已亢也。

【译解】《象传》说:"不能遇合阳刚而超越了阳刚",是指其过分已达到极点,再危险不过了。

【智慧解析】

小过卦是雷山小过,喻行动有度,心存戒惕,属中上卦。本卦是异卦(下艮上震)相叠。艮为山,震为雷,过山雷鸣,不可不畏惧。阳为大,阴为小,卦外四阴超过中二阳,故称"小过",小有越过。

卦象显示:小有所过,偏方可反于中。卦形像一只飞鸟,飞鸟的鸣叫声,向上听不见,向下才听得见。大吉大利,是因为遵循了上逆而下顺的道理。在"小过"之时,当过则过,过不是过,过是为了求中。但只可用之于小事,大事则不可过。因此,"君子"行要不怕过于恭敬,丧要不怕悲哀,用要不怕节俭。小有过越,须心存戒惕。

唐朝的郭子仪被封为汾阳王以后,他在首都长安的王府,每天都是大门敞开,任人们随便出入,连家务私事都被人看得清清楚楚,甚至他如何帮助夫人和爱女梳妆打扮的故事,都在京城成了街头巷尾的笑料。他的儿子们觉得面子上过不去,就劝父亲不要再敞开大门了。郭子仪语重心长地对他们说:"我这样做不是追求浮名虚荣,而是为了保全身家性命。"儿子们不解,他又解释说:"我已被封为汾阳王,再没有更大的富贵可求了。月盈而亏,盛极而衰,此时应当急流勇退,可眼下朝廷正在用我,是不会让我隐退的,所以我是进也进不得,退也退不得。如果再紧闭大门,不与外人来往,与我郭家结下冤仇的人,就会诬陷我对朝廷有二心,妒害贤能的小人再添油加醋,制造冤案,到那时,我们郭家的九族老少将死无葬身之地。"

没有过错也谨慎防范,绝不放纵,所以郭子仪才能成为官场上的常青树,在中唐险恶的官场中立于不败之地。

63. 既济卦：防患未然，慎终如始

既济卦（离下坎上）

既济：亨小，利贞；初吉终乱。

【译解】既济卦象征成功：此时功德完满，连柔小者都亨通顺利，有利于坚守正道；开始时是吉祥的，但如有不慎，终久必导致混乱。

《彖》曰：既济，亨，小者亨也。利贞，刚柔正而位当也。初吉，柔得中也。终止则乱，其道穷也。

【译解】《彖辞》说：事已成，亨通，说明此时连柔小者也获得亨通。利于守持正道，因为阳刚阴柔均行为端正居位适当。起初吉祥，说明柔小者能持中不偏。最终停止不前必将导致危乱，说明既济之道已经困穷。

《象》曰：水在火上，既济；君子以思患而豫防之。

【译解】《象传》说：既济卦的卦象是离（火）下坎（水）上，为水在火上之表象，比喻用火煮食物，食物已熟，象征事情已经成功；君子应有远大的目光，在事情成功之后就要考虑将来可能出现的种种弊端，防患于未然，采取预防措施。

初九，曳其轮，濡其尾，无咎。

【译解】初九，拉住车的轮子，不使它前进得过快，小狐狸渡河时沾湿了尾巴，无法快游，没有灾祸。

《象》曰："曳其轮"，义无咎也。

【译解】《象传》说："拉住车的轮子，不使它前进得过快"，说明事情成功之后，必须谨慎从事，小心防备，才没有灾祸。

六二，妇丧其茀，勿逐，七日得。

【译解】六二，丢失了妇人乘车的遮帘，不用去寻找，过不了七天就会物归原处。

《象》曰："七日得"，以中道也。

【译解】《象传》说：丢失妇人乘车的遮帘，"过不了七日就会物归原处"，说明此时正处于中位，坚守正道，不偏不倚，所以丢失了的东西可以失而复得。

九三，高宗伐鬼方，三年克之；小人勿用。

【译解】九三，殷高宗武丁征伐地处西北的鬼方国，经过三年的连续战斗才获得胜利；不可任用急躁冒进的小人。

《象》曰："三年克之"，惫也。

【译解】《象传》说："经过三年的连续战斗才获得胜利"，说明战争非常激烈又持续了三年之久，已经筋疲力尽了，胜利来之不易。

六四，繻有衣袽，终日戒。

【译解】六四，渡河的时候，为了防止船漏水，事先要准备破布棉絮，而且整天保持戒备，以防止发生灾祸。

《象》曰："终日戒"，有所疑也。

【译解】《象传》说："整天保持戒备，以防止灾祸发生"，说明此时心中有所疑虑，感到恐惧。

九五，东邻杀牛，不如西郊之禴祭，实受其福。

【译解】九五，东边邻国杀牛羊来举行盛大祭礼，不如西边的邻国举行简单而朴素的祭祀，这样才能实在地得到神降赐的福分。

《象》曰："东邻杀牛"，不如西邻之时也；"实受其福"，吉大来也。

【译解】《象传》说："东边的邻国杀牛宰羊来举行盛大的祭礼"，还不如西边的邻国能按时举行虔诚简单的时祭；西邻"实在地得到上天神灵降赐的福分"，说明此时正当其位，吉祥福分将不断隆临，非常幸运。

上六，濡其道，厉。

【译解】上六，小狐狸渡河时弄湿了头，有凶险。

《象》曰："濡其道，厉"，何可久也！

【译解】《象传》说："小狐狸渡河时弄湿了头，有凶险"，这是警告在事情成功之后，要更加小心谨慎，不然怎能长久不败？

【智慧解析】

既济卦是水火既济，喻盛极将衰，属中上卦。本卦是异卦（下离上坎）相叠。坎为水，离为火，水火相交，水在火上，水势已压倒火势，救火大功告成。既，已经；济，成也。既济就是事情已经成功，但终将发生变故。

卦象显示：水火不相容，但如能使之相辅相成，则吉；相克，则凶。事物初吉则终必乱，人若知"终乱"的道理而止之，则可不乱。"终止"则乱，也就是有患而不知预防，则乱不可避免，个人、国家（社会）都是如此。因此，"君子"要居安思危，善于预防。

汉初文景时期，晁错是最有忧患意识的大臣之一。他在分析汉文帝时期的大好形势之后，留意到社会的根本治安大计，提出要推行"削藩策"。他在讲到削藩政策的必要性时，曾经讲过这么一句话，"今削之亦反，不削亦反"，区别就在于早一点实行削藩政策，想造反的诸侯国还没有准备好，将逼迫它们提前造反，造成的祸害要相对小一些；如果推行削藩政策晚了，它们的势力将会更为强大，祸害将会更大。

这一番痛陈利害的话，特别是在皇帝和宗室、诸侯王之间作这样的利害分析，其实是需要有相当大的勇气的，因为在这个问题的背后，将会导致对政治权势人物的实际利益的伤害。也正因为如此，当晁错提出这一建议时，很多人都已经预见到晁错将不得好死，其中就包括晁错的老父亲在内。

晁错的父亲千里迢迢来到京城，一听到人们对晁错的议论，便立即制止自己的儿子，不要再用这种过于峭直的语言和政治风格来分析政治问题，这样做很危险。但晁错对自己的父亲说，为了国家利益，为了刘氏宗室的安宁，我不得不这样做。他的父亲非常失望，并且预见到儿子按照这种思路来处理问题，将来必定身遭大祸，所以他对儿子说："我不忍心活着看到晁氏倒霉，我要赶在大祸临头之前先行自杀。"之后他果真自杀了。晁错父亲其实是想用自杀这种方式，给儿子一个严重警告，但晁错依然不顾自身安危，坚持向皇帝进言削藩策。可想而知，随着削藩策的推行，吴楚七国叛乱爆发，晁错作为替罪羊被汉景帝处死了。

晁错并非不知道危险的存在，但他依然去做了，这是因为他心怀国家，心怀社稷。从个人而言，这是他的一个悲剧，但如果从世人应当承担的社会政治责任而言，我们应该对他表达一种敬意。

中华民族是一个饱经沧桑、忧患意识很强的民族。在中国人的心目中，"防患于未然"是智者避免灾祸的良方，是降低损失的最佳措施，既可以避免突发的灾难，又可以使未来的损失降到最小。无论国家还是个人，都应该牢牢握住防患于未然这把钥匙，打开通向安全平稳的大门，并把灾难和不幸挡在门外。

64. 未济卦：变易无穷，满怀信心

未济卦（坎下离上）

未济：亨；小狐汔济，濡其尾，无攸利。

【译解】未济卦象征事未完成：经过努力可以得到亨通；小狐狸渡河快到对岸了，却浸湿了尾巴，则没有什么吉利。

《彖》曰：未济，亨，柔得中也。小狐汔济，未出中也。濡其尾，无攸利，不续终也。虽不当位，刚柔应也。

【译解】《彖辞》说：事未成而至亨通，是因为柔顺而能守持中道。小狐渡河接近成功之时，实际上仍未脱出坎水之中；沾湿了尾巴而无所益处，说明努力没有持续至终。卦中六爻虽然皆不当位，但刚柔两两相应，勉力可获成功。

《象》曰：火在水上，未济；君子以慎辨物居方。

【译解】《象传》说：未济卦的卦象是坎（水）下离（火）上，为火在水上之表象。火在水上，大火燃烧，水波浩浩，水火相对相克，象征着未完成；君子此时要明辨各种事物，看到事物的本质，努力使事物的变化趋向好的方面，这样做则万事可成。

初六,濡其尾,吝。

【译解】初六,小狐狸渡河时被水浸湿了尾巴,会有麻烦。

《象》曰:"濡其尾",亦不知极也。

【译解】《象传》说:"小狐狸渡河时被水浸湿了尾巴",说明自不量力,不知道自己究竟能使多大的气力,急躁冒进,结果招致麻烦。

九二,曳其轮,贞吉。

【译解】九二,向后拖拉车轮,使车不快进,坚守正道可以得到吉祥。

《象》曰:九二贞吉,中以行正也。

【译解】《象传》说:九二爻之所以可获吉祥,是因其持中不移,端正不偏倚,有所节制,这样行事必获吉祥。

六三,未济,征凶,利涉大川。

【译解】六三,事情未完成,急躁冒进去远行,有凶险,但有利于渡过大河急流。

《象》曰:"未济,征凶",位不当也。

【译解】《象传》说:"事情未完成,急躁冒进去远行,有凶险",说明此时所处的位置不当。

九四,贞吉,悔亡;震用伐鬼方,三年有赏于大国。

【译解】九四,坚守正道可获吉祥,悔恨会消失;以雷霆万钧之势征讨鬼方国,经过三年的激烈战斗终于得到了胜利,被封为一个大国的诸侯。

《象》曰:"贞吉,悔亡",志行也。

【译解】《象传》说:"坚守正道可获吉祥,悔恨会消失",说明实现了建功立业的志向。

六五,贞吉,无悔;君子之光,有孚吉。

【译解】六五,坚守正道或获吉祥,没有什么悔恨;这是君子所具有的美德的光辉，有诚实守信的德行可以获得吉祥。

《象》曰："君子之光"，其晖吉也。

【译解】《象传》说："君子所具有的美德的光辉"，说明此时正处在事情即将成功的关键时刻，应该具有诚实守信、光明正大的美德，才能获得成功，光彩焕发，得到吉祥。

上九，有孚于饮酒，无咎；濡其首，有孚失是。

【译解】上九，满怀信心，充分信任众人，这时可以安闲自得地饮酒作乐，没有什么灾祸；纵情滥饮，被酒淋湿了头，说明过分信任他人，将会损害君子的美德。

《象》曰：饮酒濡首，亦不知节也。

【译解】《象传》说：纵情滥饮，被酒淋湿了头，喝得醉醺醺的，会误了大事，有灭顶之灾，这是放纵自己不知节制的结果。

【智慧解析】

未济卦是火水未济，喻事业未竟，属中下卦。这个卦是异卦（下坎上离）相叠。离为火，坎为水，火上水下，火势已压倒水势，救火大功未成，故称未济。《易经》以乾、坤二卦为始，以既济、未济二卦为终，充分反映了变化发展的思想。

卦象显示：因为首尾不能相接则不续终，所以无所往而利。如果能克服不利，虑善而动，则"未济"也可"济"。因此"君子"要分辨万物差别，还要使它们各得其所。

西汉的张骞曾两次出使西域。第一次是想联合大月氏打击匈奴，第二次是想迁移乌孙居住浑邪王之地。命运似乎总在捉弄这个执着的使者，他两次出使，目的都未能实现。所幸历史并不以成败论英雄。张骞兴国安邦的宏愿虽未实现，但两次西行却为他身后赢得巨大的声誉。

首先，张骞的出行促进了汉朝和西域相互了解。张骞两次出使之所以失败，一个很重要的原因就是西域诸国对大汉帝国一无所知。张骞的到来，使西域诸国了解到在东方还有一个强盛富实的大汉王朝，为后来班超稳定西域作出了贡献。

第二部分 推开玄义妙智之窗

其次,张骞这两次出行促进了经济的交流。西域的葡萄、苜蓿、葡萄酒、胡桃、石榴等物产,以及珊瑚、玳瑁、琥珀、玻璃、象牙等制品传入汉朝。汉朝的炼钢技术、凿井技术和利用渠道引水的方法传到大宛,进而传到西域各国和欧洲,提高了这些地区的生产技术水平。连接东西方的丝绸之路,也因此正式建成。

此外,张骞的出使行动扩大了中国的版图。张骞曾向汉武帝报告,他在西域大夏看到邛山出产的竹杖和蜀地出产的细布,当地人说这些东西是从天竺贩来的。他认为,既然天竺可以买到蜀地的东西,一定离蜀地不远。汉武帝即派张骞带着礼物从蜀地出发,去结交天竺,由此开发了西南地区。

雄姿英发如张骞,终其一生都在梦里"金戈铁马":两次背井离乡,二十年游说四方;甚至因统兵败阵,领了"死罪",发配回家;最后在联合乌孙国对匈作战失败中郁郁而终。但是,罗马人民因他而领略了丝绸的华美,大汉子民因他而品尝了石榴的甘甜。"壮志未酬身先死",他的生命并未因此而虚度,正如本卦所表示的"事未成而至亨通,是因为柔顺而能守持中道"。

《易经》认为,宇宙万物是变易无穷的,在某项事业没有成功时,千万不可急躁、盲目;急于冒进是凶险的。但也不能失去信心,而应保持乐观的心态,进一步修炼美德,循序渐进地做好自己应该做的事,即使最终无法达到预期目标,但在努力完成这些目标的过程中,人生一样可以取得巨大的成功。